新情報＆データ満載！

馬場のすべて教えます 2

～ＪＲＡ全コース徹底解説～

協力：ＪＲＡ施設部 馬場土木課

表紙用の写真を撮るべく、京都芝コースを
絶賛撮影中のコジトモです♪

omi Kojima 小島友実

サラブレッド血統センター

巻頭スペシャル馬場座談会

日本の馬場の現状と未来

JRA騎手&JRA馬場造園課座談会・前編（司会 小島友実）

（2024年１月31日　栗東トレーニング・センターで実施）

小島友実（以降、小島） 競馬関係者やファンにとって馬場は注目度の高い分野です。今回はなんと！ＪＲＡから川田将雅騎手、藤岡佑介騎手、坂井瑠星騎手。３名のトップジョッキーにお越しいただき、ＪＲＡ馬場造園課の皆さんとの意見交換の場を設けさせていただきました。ご参加いただいた皆さんは海外での騎乗経験も豊富です。今日は様々なお話を伺えればと思います。

一同 よろしくお願いします。

小島 騎手の皆さんはなぜ今回の座談会に参加して下さったのですか？

川田将雅（以降、川田） 正しく騎手側からの意見をお伝えしたいという思いからです。僕らがどう感じて、日々どのように馬場造園課の皆さんに馬場を造ってもらっているかを理解していただけたらと思います。

藤岡佑介（以降、藤岡） 僕も同じ気持ちです。今は情報もオープンになっていますから、そこに僕たちの意見が組み合わさり、より馬場を理解してもらえればと。

坂井瑠星（以降、坂井） 今の競馬はトラックバイアスも大事です。馬場を色々知りたいなと思って参加させていただきました。

馬場チェックのポイントは？

小島　皆様、どうぞよろしくお願い致します。最初に伺いたいのは馬場チェックについてです。騎手の皆さんが開催日に馬場を歩いている姿をよく見かけます（写真①）。どんなところを見ているのですか？

川田　開幕週だからといって、常に素晴らしい状態になっているとは限りませんし、逆に週を重ねてもきれいな状態を維持できている場合もあります。その時の状態によって、この馬には今の馬場が合うなとか、様々な事をチェックしています。

小島　具体的にはどんな点を？

川田　まず表面的な水分量を確認します。そこから馬場を歩いて、芝の生育状況、根付き、掘れ具合などをチェックします。例えば、京都競馬場の3〜4コーナーの下りになる箇所に水分が残っている場合は、馬が上滑りする可能性があるので、より気をつけなければならないなと

写真①　開催日の馬場を歩く川田将雅騎手

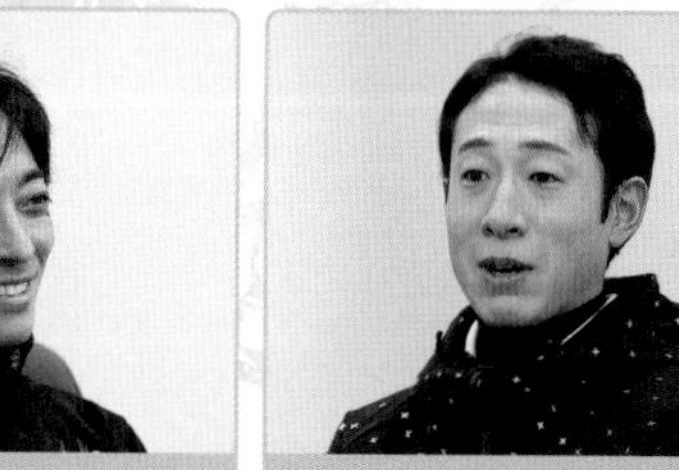

川田将雅（かわだ・ゆうが）
2004年騎手デビュー。22年にJRA143勝を挙げ、初リーディングを獲得したほか騎手大賞に輝く。23年にはリバティアイランドとのコンビで牝馬三冠を達成。海外では仏、英、米、豪、ドバイ、香港、サウジアラビア、韓国で騎乗経験がある。JRA通算2030勝（4月21日現在）。重賞はGI・26勝を含む135勝。

藤岡佑介（ふじおか・ゆうすけ）
2004年騎手デビュー。13年と14年にフランス遠征を経験。20年から日本騎手クラブ関西支部の馬場保全委員長を務めている。ＪＲＡ通算1025勝（４月21日現在）。重賞は46勝。ＧⅠは18年ＮＨＫマイルＣ（ケイアイノーテック）と24年フェブラリーＳ（ペプチドナイル）で２勝している。

坂井瑠星（さかい・りゅうせい）
2016年騎手デビュー。22年秋華賞（スタニングローズ）でJRAGI初勝利。17年にオーストラリア遠征を行い、サウジアラビア、ドバイ、仏、英、韓国でも騎乗経験がある。24年にはマッドクールで高松宮記念を勝利した。JRA通算437勝（4月21日現在）。重賞はGI・5勝を含む17勝。栗東・矢作芳人厩舎所属。

か。今日の天気でこの水分だと、レースまでには乾かないだろうなとか。状態によって、乗り方を変える必要があるかなど、色々確認しています。

小島　藤岡騎手は馬場保全委員長を務めていますから、馬場と向き合う時間も多いと思いますが、どうですか？

藤岡　当然、個人の競馬に向けてのチェックもしていますが、役職柄、ほかの騎手から馬場に関する意見が出た時にJRAに伝える役目があるので、常にアンテナを張っています。馬場造園課の皆さんとは毎週、騎乗する競馬場でお話ししていますね。

坂井　僕自身はまだ騎手としての経験が長くないので、自分の足で馬場を歩き、水分量や掘れ具合などを確認します。

小島　芝の状態によってどこを通った方が良いかなど、考えますか？

坂井　それは馬によって変わりますから決めつける事はないですが、だいたいは馬場を歩いた時のイメージで決めています。

小島　皆さん、かなり細かい部分までチェックしているのですね。

芝コースはどこまで軟らかくすべきか

小島　川田騎手と藤岡騎手は2004年にデビュー。芝は当時と比べてどうですか？

川田　圧倒的に違うと思います。前は今より傷むのが早かったし、馬の脚元にもきつい馬場になる事例が多かった。最近は馬場造園課の技術が上がり、経験を積んだ事によって、クッションの良さ、素晴らしい状態が続く時間が長くなっています。

藤岡　硬さを感じる事がなくなりましたね。時計が速いと、馬場が硬いのではないかという議論がされてきましたが、最近はあまり聞かれなくなりました。僕は「最近の馬場は硬くない」とずっと言ってきたから、伝わってきたのかなと思って嬉しいです。

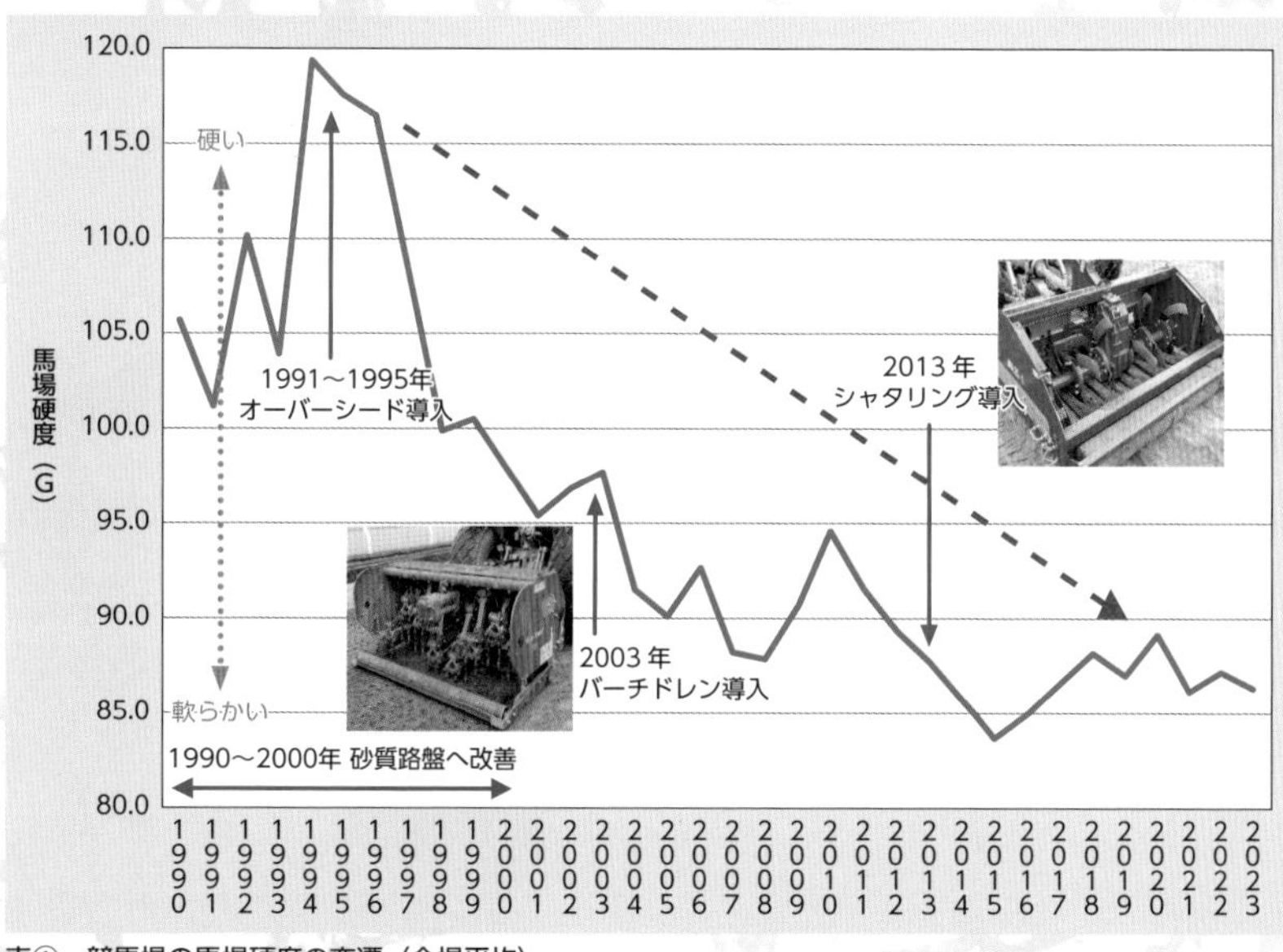

表①　競馬場の馬場硬度の変遷（全場平均）

小島　藤岡騎手は馬場に関するお話も発信していますものね。実際に馬場の硬度はどうなっていますか？

森本哲郎（以降、森本）　確かに昔の芝コースは今よりは硬くて、1990年代前半は120G（G＝衝撃加速度。この数値が低いほど、軟らかい）くらいの時もありました（表①）。しかし90年代後半からは100Gを切るようになり、2012年頃からは90G以下をキープしています。砂質路盤への改善を進めたほか、バーチドレンやシャタリングマシンなど馬場を軟らかくする機械を導入し、作業経験を積んできました。それらがクッション性の向上につながっていると思います。

小島　ではどこまで軟らかくするべきなのでしょう。ジョッキーの意見はどうですか？

川田　個人的には日本馬にとって適切なクッションだと感じていますから、これ以上軟らかくなる必要はないと思います。もっと軟らかくなると競技が変わってしまうというか、日本の競走馬が求めてきたスピードを阻害してしまうと思います。競走馬の能力が高くなり、馬を造る側の技術、馬場も進歩している中で、時計が速くなるのは当然です。でも、乗っている僕らの感覚では馬の故障が増えている印象はないです。

坂井　僕も今の状態がベストだと感じます。これ以上軟らかいと、ミスステップするなど、別のリスクが出てくると思います。

小島　なるほど。川田騎手から故障に関するお話がありました。推移はどうですか？

森本　故障率は下がり、2000年以降はほぼ横這い。増えていません。

小島　馬場を軟らかくすべきという議論が上がるのは凱旋門賞の後が多いですよね。川田騎手は凱旋門賞に4回、騎乗しています。馬場の印象はいかがでしたか？

川田　日本はきっちり整備されたコースで競馬を行う事が大前提ですが、ヨーロッパは元々ある地形を利用して競馬を行っているので、土壌の違いが大きいと感じます。それを凱旋門賞のためだけに、日本馬をそちらに寄せていくというのは、僕は違うと思います。凱旋門賞以外の海外のレースでは日本馬が結果を出していますからね。

小島　藤岡騎手は2013年、フランスに約7カ月間遠征しましたよね。

藤岡　フランスはヨーロッパの中でも、より整備されている印象を受けました。ただ、凱旋門賞の週は雨季であの時期に雨が多いだけで、パリロンシャン競馬場ではそれ以外は日本並みの好時計が出る日もありますからね（写真②）。僕も寄せる必要はないと思います。

東良剛（以降、東）　パリロンシャン競馬へ視察に行った経験があります。

森本哲郎（もりもと・てつろう）
1995年ＪＲＡ入会。函館、中山、京都競馬場勤務などを経て、2023年より本部・馬場土木課長を務めている。2012年に米国競馬場5箇所を馬場調査。

写真②　パリロンシャン競馬場の芝コース（2019年撮影）

東 良剛（あずま・よしたけ）
1999年ＪＲＡ入会。札幌、中京競馬場勤務などを経て、2021年より京都競馬場馬場造園課長を務めている。13年には研修生として仏・英・愛・独・米・加・豪で海外競馬を学び、19年には英・仏の５競馬場で馬場調査を実施している。

日本とは路盤の造りが違うのも大きいですが（写真③）、一番感じたのは場所によって水分量が違う事。フォルスストレートはかなり渋かったです。日本馬は走路内の馬場状態が極端に変わる経験をあまりしていないですからね。

川田　ロンシャンはアップダウンがあり、水分がたまる、たまらない場所は確実に出てきます。日本の芝コースは芝が掘れた時、キックバックが舞い上がる感じですが、向こうは（蹄が馬場に）刺さる際はもちろん、抜くのにも力を使うから体力があっという間に奪われてしまう。だから馬場が極端に悪くなった時はその適性に合った馬が結果を出します。一方で、昨年（２０２３年）の凱旋門賞のように乾いていれば速い時計が出ます。その時の馬場がどんな適性を要するかだと思います。

小島　日本馬が凱旋門賞を勝つためにはどうしたらいいでしょう。エルコンドルパサー（１９９９年2着）陣営が行ったような長期滞在をするとか。

川田　僕はそれをお勧めします。例えば、ディープインパクト産駒でもオーギュストロダン（英・愛ダービーなどを勝利）のように、生まれた頃から欧州で走れるように育てれば、あれだけの走りができるわけ

ＪＲＡ
（排水対策が施されている構造）
山砂
砂質路盤
砕石層
（フィルター層）

パリロンシャン競馬場
（古くからの地形そのままの構造）
肥沃土
（粘土質）
自然層
（石灰層）

写真③　ＪＲＡとパリロンシャン競馬場、芝馬場路盤構造比較

です。求められる資質が違うので、両方を取るのは非常に難しいです。

藤岡 あとは好天になるのを祈ってもらう方が早いかなと思います(笑)。

小島 そうですね(笑)。では、今の日本の芝コースに何か要望などはありますか?

藤岡 最近、情報開示が進んでいますが、それがすべてだと思ってほしくないです。例えば今年(2024年)、京都金杯の日の芝コースのクッション値は数値だけなら昨年(2023年)秋とあまり変わっていないので、良い馬場だと感じたファンが多かったと思うんです。でもその日、乗っていた騎手からは「馬場が軟らかくて、少し走りにくかった」といったコメントが出ていました。馬場も生き物です。数字と、乗っている騎手の感覚の違いは絶対にあるので、コメントなどから読み取ってほしいですね。実際、冬の京都は開催が進むにつれて傷んでいきましたからね。

川田 各場の事情などにより多少の違いはありますが、これだけ整備されて、素晴らしい状態を維持できているJRAの技術は素晴らしいと思いますから、特に馬場に対して求める事はないです。今後も皆で安全な馬場を維持していきたいと思います。

森本 そのように言っていただき、今までの取り組みが間違いではなかったと確認できて安心しました。でもこれで終わりではないのでさらに上を目指し、今後も皆さんの意見を参考にして馬場造りをしていきたいです。

京都競馬場の芝コースについて

小島 今、京都の芝コースについて、話がありました。現状はいかがでしょうか。

東 2023年に今の路盤ができて、月日が経っていない事が緩さの原因だと考えます。クッション性や水はけが良くなるように、芝コース路盤の山砂の粒度を調整して造っているのですが、その半面、砂粒同士の結びつきがまだ弱い状態です。今後、砂粒が適度に細粒化したり、有機物が増えると、砂粒同士の結びつきが強まり、路盤が安定していくと思います。振り返ると、中京競馬場が２０１２年に馬場改造工事をした際もタフな状態でした。京都も安定するまで２～３年かかると見ています。ただ、時間の経過を待つだけにはいきませんから、対策を考えています。

小島　具体的には？

東　２０２４年の２回開催後に芝を一部張替える予定で、その場所を先日、騎手の皆さんに相談させていただきました（実際には特に傷みの激しかった外回り３コーナーから４コーナーを中心に約２０００㎡の芝張替を実施）。ただ、張替えられる面積は限られていますし、今年（２０２４年）は春開催が宝塚記念まで10週間あるので、冬開催でできた傷みを引きずってしまうでしょうね。そのほかには、２回開催後に芝に少し緑色をつけて、地面の温度を上がりやすくしたり、日光を吸収しやすくさせたりする対策をします。野芝を少しでも元気にさせるチャレンジです。

坂井　へぇ。すごい。

東　夏に大規模張替を予定していますから、２０２４年の秋は良い状態で迎えられると思います。

小島　また、京都は芝外回りコースの４コーナーが少し緩やかになりました。これは騎手の皆さんからの要望だったとの事で、川田騎手と藤岡騎手は工事中の京都へ足を運び、要望を伝えたそうですね。

鹿内英登（しかうち・ひでと）
1998年ＪＲＡ入会。札幌、新潟、東京、京都競馬場勤務などを経て、2023年より栗東トレーニング・センター馬場造園課長を務めている。

川田　以前は内側にいる馬は外に向かって走ってしまい、外の馬は距離損を減らしたいから、内に向かってくる。クロスするような形で４コーナーの出口を迎えてしまう状況で、本当に危なかった。だからこれをできるだけ解消してほしかったんです。

鹿内英登（以降、鹿内）　Ｄコースが少し狭くなるけど、その方が安全だと。

川田　はい。（ライン的には）ほんの少しの変化ですが、とても安全になりました。その分、組み立てる競馬も変わりました。

小島　どう変わったんですか？（写真④）

川田　内ラチをしっかり回ってこられるようになったので、逃げ馬が外に広がる事がなくなり、昔の京都のように直線で内が開く所を狙うみたいな競馬は基本的にはできません。昔は普通に回ってきたら内が開いていた。今は開かないんです。

小島　リニューアル後の京都芝外回りの枠順別成績は5枠が勝率1位で、2位が8枠。一方、1枠は勝率3位と結果が出ているものの、2枠は10勝のみで勝率ワーストです（2023年4月22日～24年4月28日までの成績）。

坂井　川田さんのお話の通り、外回りでは内が開かないケースが増えたので内目の枠の勝率が低くなっているのかもしれません。

川田　前は逃げ馬の後ろの2列目にいれば、直線でどこでも行けたんです。逃げた馬が内に行けば1頭分出せばいいし、逃げ馬が外へ流れれば内を選べば良かった。でも今はその利点はない。前の馬は基本的にまっすぐ直線に入ってくるから、2番手は前が開かずに包まれてしまうケースがあります。だから内枠である利点が少なくなり、外枠に能力がある馬がいれば、勝てるようになったという事だと思います。

小島　外寄りの枠が好成績だったのはそういう事だったんですね。教えていただき、ありがとうございます。あとは東課長。２０２４年1回京都開催から取り入れた事があったそうですね。

東　芝コース外回りの3コーナー入口のラチをロープ柵から固定柵に変更しました（写真⑤⑥）。以前はここがロープ柵で、向正面から続く柵とは質感が違うからか、パトロール映像を見ると、モノ見をして外側に逃避したり、少し膨れて走る馬がいたんです。それで、少しでも安全になればと考えて、騎手の皆さんに提案させていただきました。

写真④　京都外回り４コーナー。以前と比べると少し緩やかになった

写真⑤　以前の3コーナー入口はロープ柵だった。確かに白い支柱が少し目立つ

写真⑥　2024年1回開催からは固定柵になり、支柱がシンプルな形状に変更された

川田　周回コースから仮柵になる箇所を、馬が違和感なく走れるような見え方にしてもらえたらと良いなと思いました。それで、こちらとしても相談させていただきました。

小島　実際に変わって、どうですか？

藤岡　すごく良くなったと思います。前は内を少し開けて走っていましたが、変更後はみんなラチ沿いを走っていますよね。

川田　不安がなくなりましたね。

東　そう聞くと、提案して良かったなと思います。

ロングラン開催を持ちこたえた阪神競馬場

小島　続いては阪神の話を伺います。２０２１年と22年は京都の代替で春と秋に3カ月間に及ぶロングラン開催を行いましたが、最後まで内側が良い状態で終わった印象がありました。坂井騎手がドルチェモアで朝日杯ＦＳを勝った時は12週間の連続開催の11週目。内目から抜けてきましたね。

坂井　使った事なりの傷みはありましたが、それでもまだ内も使えたのは素晴らしい馬場管理技術だなと思います。

藤岡　本当によく持たせてもらったと思います。あとは宝塚記念の頃の馬場が一番難しいと思うので、そこに照準を合わせていってもいいのかなと思います。一番良くないのは馬場が悪い事を懸念して、有力馬が宝塚記念に出走しない事。今後、何か求めていくとしたら、そこかなと思います。

川田　京都が休んでいる間、阪神はもちろん、中京も本当によく頑張ってもらいましたよ。中京は上り、下りがある分、阪神よりも水分がたまり、馬場が悪くなりやすい。でも、使い続けながらも競馬を続けられたのは馬場造園課の努力の結果です。僕らは馬場造園課の人たちと開催日に馬場について話し合いますが、以前はこれが当たり前の姿ではなかったんです。

藤岡　10年前は考えられなかったね。

川田　ここにいる皆さんをはじめ、馬場造園課の方たちが必死に良い馬場にしたいという思いで、僕らと話をしてくれる。僕らとしても良い馬場で乗りたいから、様々な話をしてきて、この数年間はより良く改善できていると思います。

本橋賢（以降、本橋）　皆さん、コミュニケーションを取っていただき有難いです。自分たちは馬に乗れない立場で馬場を仕上げていくので、皆さんからのアドバイスにいかにすり合わせていけるかを常に考えています。元々、京都の代替で開催が増える事はわかっていたので、阪神競馬場内に芝の養成地を増設したんです。ここ数年間は、そこでＪＲＡがしっかり育てた芝を根が厚い状態で張るようになり、張替面積も大幅に増えました。あともう一

本橋 賢（もとはし・けん）
2000年ＪＲＡ入会。阪神、東京、中京、新潟競馬場勤務などを経て、22年より阪神競馬場馬場造園課長を務める。19年に香港、ドバイに赴き、現地の馬場担当者と意見交換を行った。

つ挑戦したのが、冬の芝張替です（写真⑦）。今までは芝が動かない冬には張替をしなかったんですが、挑戦したら、オーバーシードの洋芝も頑張ってくれて、新しい発見でしたね。ロングラン開催を乗り切れたのはこれらの取り組みが功を奏したと思います。あとは宝塚記念の開催の馬場ですよね。6月は梅雨で、どうしても傷みやすくなってしまうのですが、やっぱりグランプリなので、その辺はさらに工夫しないといけないなと思いました。

小島　馬場造園課の歴史の中で、冬期の本格的な芝張替は2021年に阪神競馬場が行ったのが初めてだったそうですね。張替は通常、気温が高い夏に行いますよね。初めて冬に芝張替をした時、怖さはありませんでしたか？　うまく根付かなかったらどうしようとか。

本橋　正直、相当プレッシャーはありました。ですから、冬の張替を行った直後の阪神開催ではレース後に騎手の皆さんがどんな表情で戻ってくるのか、すごく緊張しました（苦笑）。

一同　（笑）

藤岡　新しい事に挑戦する姿勢は良い事だと思います。仮にうまくいかなかったとしても、馬場造園課の皆さんは同じ過ちを繰り返さないように、情報を共有してくれますからね。もし失敗しても、ジョッキーたちから「芝がすごく飛んでくるわー」などと言われるのを恐れずに、今後もどんどんチャレンジしてもらいたいと思います（笑）。

本橋　そのように言っていただけて感謝ですね。挑戦して良かったです。今後もできる限りの事をしていきたいと思います。

写真⑦　阪神競馬場で行われた冬の張替作業の様子

（後編・P223に続く）

ＪＲＡで使用されている芝

野　芝

日本の芝馬場のベースである野芝。
本州以南の競馬場で使用されている

エクイターフ

〝傷みにくい芝〟として注目されている
エクイターフ。野芝の一種である。

オーバーシード

野芝の上に洋芝（イタリアンライグラス）の
種を蒔き、冬も緑の馬場を実現している

洋　芝（ケンタッキーブルーグラス・ペレニアルライグラス・トールフェスク）

野芝の生育が難しい
函館や札幌で使用されている洋芝

パリロンシャン競馬場との比較

東京競馬場

開催日に野芝10〜12㎝、洋芝12〜16㎝の長さになるように調整

路盤

路盤に水はけの良い山砂を使用。山砂の粒が揃っているので、乾燥しても硬くなりにくい

凱旋門賞が行われる パリロンシャン競馬場

開催前日に９㎝で刈りそろえられている。
え!?　東京競馬場より短いの？
(詳細は第４章P208を参照)

路盤

路盤には粘土質が混じり、乾燥すると固まってしまう事も

芝コースで使われている主な機械

はたらく車!

スイーパー

芝刈で出た芝カスを回収する機械

バーチドレン

馬場に穴を開け芝の根に酸素を供給したり、路盤を軟らかくする際に使用。
最近注目のエアレーション作業に使用する

シャタリングマシン

硬くなった芝の路盤を揺さぶりほぐす機械。
こちらもエアレーション作業の一つ

馬場硬度測定車

JRAでは定期的にこの車で芝の硬度を測定。管理に役立てている（詳細は第3章P181を参照）

主な馬場作業（平日）

芝コース

芝刈

東京競馬場での芝刈の様子

ダートコース

ミキシングハロー

ダートコースの改修工事後などに路盤を安定させるために使われる

レベルハロー

砂厚を９㎝に揃える機械

砂厚測定機

◀ 砂厚を測る機械

砂洗浄機

ＪＲＡで使用しているダートコースの砂はこの機械で定期的に洗浄し、再利用されている

主な馬場作業（開催日）

芝コース

蹄跡補修

めくれた芝を

足で踏み

蹄跡を直す

蹄跡補修前

レースでできた蹄跡が

蹄跡補修後

ほとんどわからなくなっている!!
(詳細は第３章P198参照)

柵の移動も馬場作業員の重要な仕事

ダートコース

ハロー掛けの様子

馬場のすべて教えます2 ～JRA全コース徹底解説～

目次

第4章 馬場にまつわる素朴な疑問 201

第5章 ＪＲＡ騎手＆ＪＲＡ馬場造園課座談会・後編 223

第6章 地方と海外の馬場 231

はじめに

「『馬場のすべて教えます』の第2弾はいつ出ますか？」

２０１５年4月に発表した前作はおかげさまで自分でも驚くほどの反響があり、特にここ数年間はこのような問い合わせをいただく機会が多くありました。実は私の中で、第2弾を出したいタイミングは決まっていました。その時期とは京都競馬場の路盤改造工事と、美浦トレーニング・センターの坂路コースがリニューアルした後。この2つの工事は馬場要素的に大きなトピックスのため、何としても新しい情報を入れさせていただきたいと考えました。そして、２０２３年4月に京都競馬場がリニューアルオープン。10月には美浦トレセンに新しい坂路が誕生。こうして２０２３年11月より、第2弾のための取材と執筆活動が始まりました。

今回の第2弾では構成自体はあえて前作とあまり変えていません。しかし第1章から第6章まで、数多くの新情報やデータを掲載させていただきました。実際、ページ数比較では前作より48ページ増えています。そして今回、実際に原稿を書き進めて改めて感じたのは、ここ約10年間で馬場を取り巻く環境は大きく変わったという事です。まず一番は、馬場に関する情報開示が進みました。10年前は考えられなかった〝含水率〟や〝クッション値〟は今では毎週末、当たり前のように発表されています。これらについての詳細は、第1章の含水率とクッション値のページに記載しています。今回の第2弾でも〝JRA施設部馬場土木課〟のご協力をいただきましたので、各競馬場の含水率やクッション値の平均値データをお借りする事ができました。これらの数値はどの競馬本にも掲載されていない貴重なデータです。含水率やクッション値をどう競馬予想に取り入れれば良いかわからないという方がいらっしゃると思いますから、その活用方法なども書いています。データと併せてご活用いただければと思います。

中京競馬場を彩る大寒桜

ＪＲＡ全10場のコースや馬場の特徴を紹介する第2章では、前作同様に各競馬場の馬場の路盤断面図や馬場作業の内容などを最新情報を交えてご紹介しています。そして今回の第2弾ならではの特徴として、競馬場ごとに〝競馬予想に役立つポイント〟を掲載しました。これは長年、毎週レースが終わるたびに脚質別成績や馬場傾向を調べている私がその競馬場ごとの馬場傾向を導きだしたものです。毎週末、含水率やクッション値、週の中間から週末までの雨量など、様々な馬場オタク目線からレースを見ていると（笑）、競馬場によって馬場傾向がこんなにも違うのかと驚きます。また、路盤改造工事を行った競馬場では傾向が変わるケースがあり、２０２３年春にリニューアルオープンした京都芝コースの傾向は以前とは少し変わっています。この辺りも含めて、各競馬場のページに書かせていただいたので、参考にして下さい。

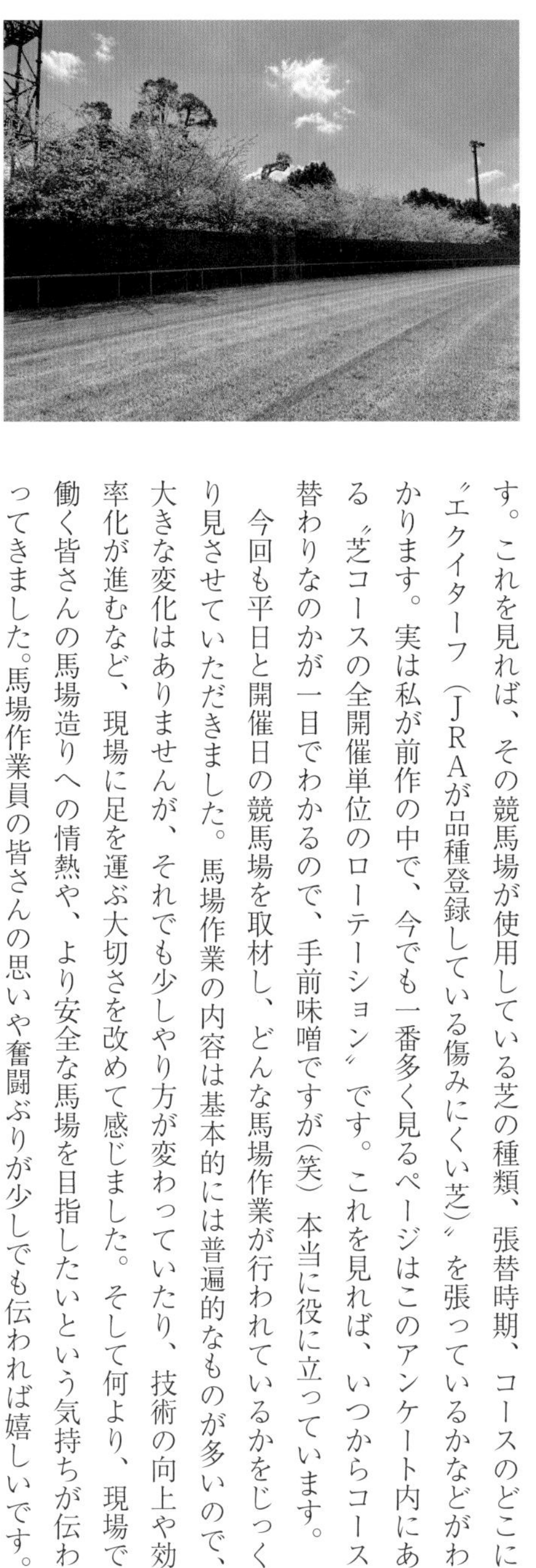

第2章には前作同様に〝各競馬場の馬場造園課長へのアンケート〟を掲載しています。これを見れば、その競馬場が使用している芝の種類、張替時期、コースのどこに〝エクイターフ（ＪＲＡが品種登録している傷みにくい芝）〟を張っているかなどがわかります。実は私が前作の中で、今でも一番多く見るページはこのアンケート内にある〝芝コースの全開催単位のローテーション〟です。これを見れば、いつからコース替わりなのかが一目でわかるので、手前味噌ですが（笑）本当に役に立っています。

今回も平日と開催日の競馬場を取材し、どんな馬場作業が行われているかをじっくり見させていただきました。馬場作業の内容は基本的には普遍的なものが多いので、大きな変化はありませんが、それでも少しやり方が変わっていたり、技術の向上や効率化が進むなど、現場に足を運ぶ大切さを改めて感じました。そして何より、現場で働く皆さんの馬場造りへの情熱や、より安全な馬場を目指したいという気持ちが伝わってきました。馬場作業員の皆さんの思いや奮闘ぶりが少しでも伝われば嬉しいです。

さらに近年、地方競馬場で話題となっている〝白い砂〟を導入している8つの地方競馬場に取材を行い、新砂導入の経緯や時計面の推移などを書いた記事を掲載しました。こちらのページは白い砂のニュアンスを正しくお伝えしたいという自らの希望で、あえてカラーページにさせていただきました。なにとぞよろしくお願いします！

なお、掲載している写真はＪＲＡや地方競馬場からお借りしたものもありますが、前作同様に私が撮りためてきたものを数多く使用しました。写真はいまだに素人ですが、少しでも現場の雰囲気が伝わればと思います。そして、本文中に記載しているＪＲＡ職員の皆さんの肩書は２０２４年2月現在のものである事を書き添えさせていただきます。

今回、この本で初めて馬場に触れるという方もいらっしゃる事でしょう。そんな方に改めて、私が馬場に興味を持ったきっかけを簡単に紹介させていただきますね。馬場に関心を抱くようになったのは２００３年の秋頃でした。この年の関東地方は冷夏であった事が野芝の生育に影響し、秋の中山開催の芝コースの走破時計が例年以上にかかっていたんです。この時、野芝って何？　なぜ冷夏だと芝の生育に影響するの？　と不思議に思った私は、秋の東京開催の馬場が気になり、東京競馬場を訪ねました。そしてそこで当時、東京の馬場造園課長を務めていた方が競馬場や季節によって使用されている芝が異なる事、それによって走破時計も変わる傾向があるなど、馬場の基本を丁寧に教えてくれました。そこからは、今の言葉で言う〝沼〟ですね(笑)。〝馬場沼〟にはまり、夏になると芝張替の様子を見に行ったり、開催替わり前には各競馬場の馬場造園課への取材を行ったり、馬場を歩かせていただいたりしています。

気づけば、馬場取材を始めて20年以上が経過しました。最近では〝馬場分析の専門家〟としてのお仕事が増えてきました。本当に有難い事です。今回の新作にはそんなコジトモの馬場取材情報と、馬場への愛が詰まっていると、胸を張って言えます。

競馬初心者の方から、ディープな馬場マニアの方にまで、奥深い馬場の世界が少しでも伝われば嬉しいです。

小島友実

第1章

馬場の基本

競馬場の芝・ダート、エアレーション作業、
含水率・クッション値、トレセンまで、
馬場の基本や最新情報を徹底解説

芝馬場の基本

ＪＲＡの馬場において、やはり注目度や関心度が高いのは日本ダービーや有馬記念などの舞台となる芝コースである。競馬を始めたばかりであれば、どこの競馬場でも使用している芝の種類はすべて同じだと思っている方が多いのではないだろうか。しかし、競馬場によって使用する芝は異なり、いくつかの種類がある。

ＪＲＡの芝は主に3種類

１９９０年、札幌競馬場に芝コースが完成し、ＪＲＡ10場の競馬場が芝コースを持つようになった。日本は南北に長く、北と南では気候が大きく異なるため、それぞれの競馬場や気候に適した芝を使用しており、おおまかに3つのタイプに分類されている（図①）。

一つ目は野芝１００％の野芝タイプ。文字通り野芝のみで、新潟の全開催、夏の小倉、そして9月の中山と阪神は、野芝のみでレースが行われている。

二つ目は野芝の上に洋芝（イタリアンライグラス）の種を蒔く、オーバーシードタイプだ。東京や京都の全開催などがこれに当たる。

そして三つ目が洋芝タイプ。これは函館や札幌で使用されている。

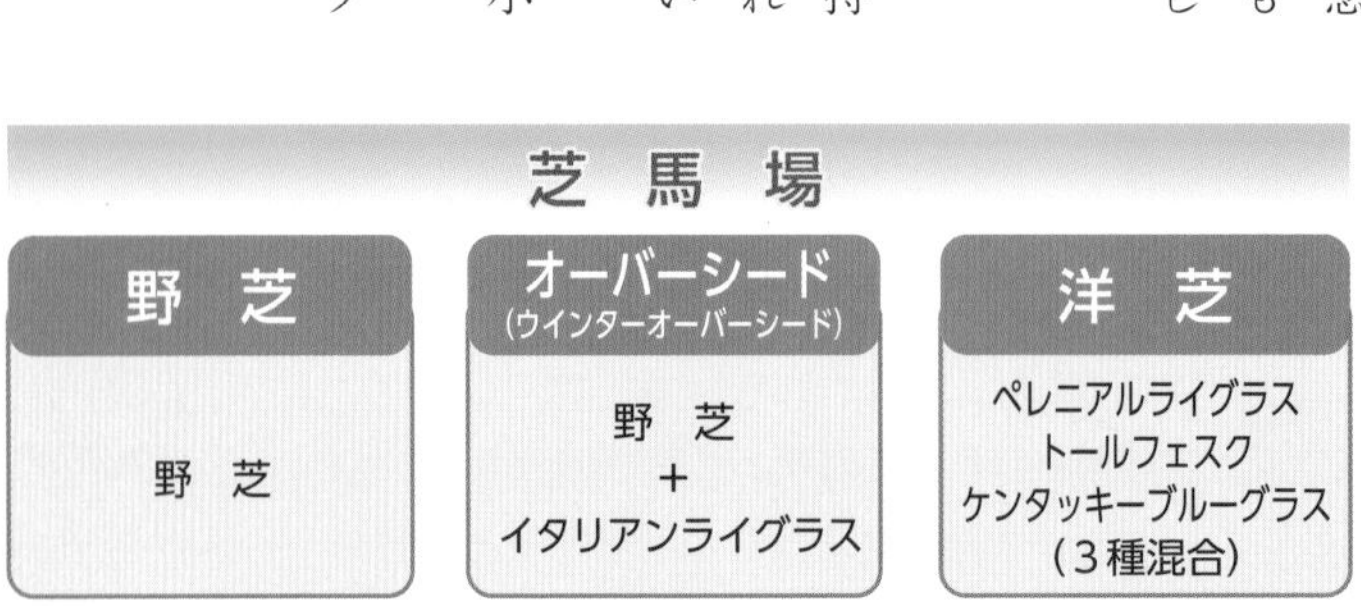

芝馬場		
野芝	オーバーシード （ウインターオーバーシード）	洋芝
野芝	野芝 ＋ イタリアンライグラス	ペレニアルライグラス トールフェスク ケンタッキーブルーグラス （3種混合）

図①

野芝 〜芝コースの基本は野芝〜

それぞれの芝の特徴を紹介していこう。

野芝は函館、札幌以外の8場の競馬場で使用されているもので、古くから日本に自生している芝だ。暖地型芝草であるため、暑さに強く、寒さに弱い。生育期間は関東では4月上旬から10月頃まで。最も旺盛に生育するのは日差しの強い夏季。この頃の野芝はびっしり生え揃うため（写真①）、レコードタイムのような速い時計が出るケースもある。3種類ある芝のうち一番タイムが出やすく、丈夫な芝が野芝というわけだ。ちなみに、近年の馬場事情の中で注目を集めてきたエクイターフも野芝の一種である。

野芝は10月後半から約5カ月間は休眠に入る。つまり、暖かい時期に生育し、冬になると枯れる。冬の公園で見かける芝生の風景を思い出してほしい。芝は茶色く枯れており、これが本来の野芝の姿だ。しかし、競馬場で見る芝は冬でも緑色をしている。これはＪＲＡが〝オーバーシード〟の手法をとっているためで、これについては後ほど、説明する。

現在、競馬場の野芝はそれぞれの場所に近い産地で栽培されたものや、競馬場内にある養成地で育てられたものを用いている。福島、新潟、中山、東京では茨城県の筑波産。中京や京都では福井県のあわら産。小倉では鹿児島県の鹿屋産の野芝を使用。阪神は最近変化があり、２０２1年からは鳥取県産の野芝が採用されている。

私はこの20数年間、各競馬場を歩いて取材を重ねてきたが、どこの馬場造

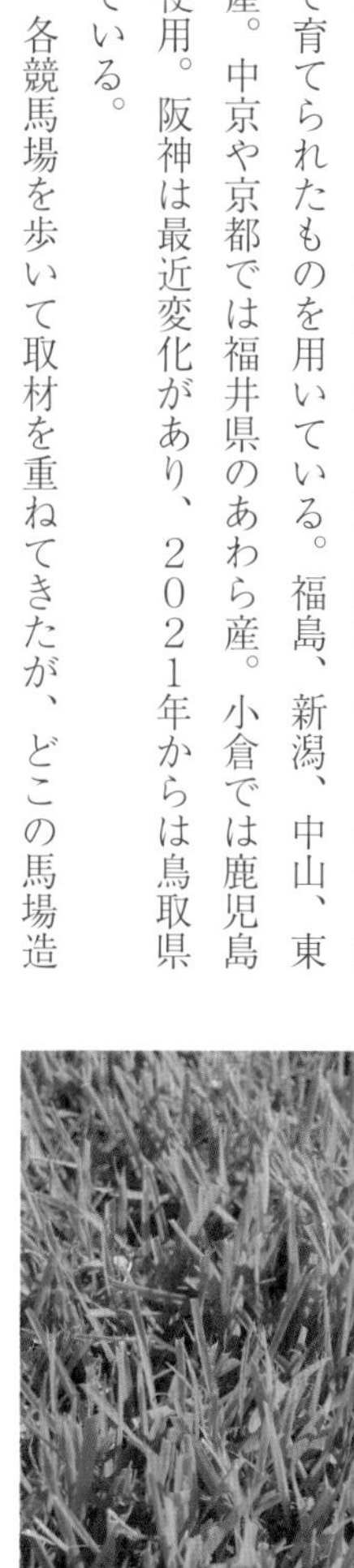

写真①　野芝

写真②　緑の芝の下にあるのが匍匐茎。茎が横に伸びてマット層を作っている

園課長も揃って口にする事がある。それが、「芝コースの基本はなんといっても野芝」という言葉だ。

　スタンドからは表面の芝しか見えないので、馬は目に見える芝に蹄を引っかけて走っていると思っている方が多いだろう。しかし実は、芝コースの下には〝匍匐茎（ほふくけい）〟と呼ばれる茎の層があり（写真②）、ここの密度が芝には大切なのだ。匍匐とは匍匐前進（ほふくぜんしん）の匍匐から来ていて、この言葉のように芝の地中で茎が横に伸びてマット状の層を作り、実はここで馬の脚を支えている。また馬が走り、表面の芝が飛んでしまっても、ある程度の気温があれば下に残った匍匐茎が伸びて、自己修復する。ちなみに、オーバーシードで使用される洋芝のイタリアンライグラスは単年草なので、芝が取れてしまった箇所はまた種を蒔かない限り、新しい芝は生えてこない。野芝が芝馬場の基本と言われるのは、この匍匐茎があるからなのだ。

　例えば、秋の東京開催などは11月に入ると、傷んだ内側の芝コースが茶色くなり、一見すると芝がないように見える（写真③－1）。しかし近づいてよく見ると、下の方には匍匐茎の層が残っている（写真③－2）。この茶色く横に伸びるのが匍匐茎。表面の芝がなくなっても、匍匐茎が残っていれば、馬の蹄や体重を支える事ができるのである。

写真③－1　オーバーシード馬場だと、このように一見、内側の芝がなくなっているように見える事もある

写真③－2　茶色く横に伸びるのが匍匐茎。表面の緑の芝がなくなっても茎が残っていれば再生できる

オーバーシード ～カツラみたいなもの～

野芝の上に洋芝の種を蒔いた（オーバーシーディング）馬場がオーバーシードタイプだ（写真④）。野芝は冬になると枯れてしまうので、そうなる前に野芝の上、コース全体に気温が低くても育つ洋芝（イタリアンライグラス）の種を蒔き生育させて、芝を緑色に保つようにする。ＪＲＡの芝コースが冬でも緑色なのはこの方法を取り入れているからだ。なお、オーバーシードは北海道以外の本州の競馬場で採用されている方法で、そのやり方はどこの競馬場でも同じとなっている。

そもそも１９８０年代まで、日本の競馬場には野芝のコースしかなかった。昔の有馬記念の映像を見ると、芝は茶色で、まさに冬の公園で見る芝と同じ色をしている。しかし今のＪＲＡの芝コースは1年中、緑色を保っている。そのきっかけが、ジャパンカップだった。ＪＲＡ施設部馬場土木課の森本哲郎課長はこう話す。

「第1回（１９８１年）の頃に来た外国馬の関係者が当時の冬枯れした芝コースを見て、『芝コースはどこにあるのか』と言った事がきっかけだと聞いています。以降、競走馬総合研究所の施設研究室や現場の馬場担当者が試行錯誤を繰り返し、１９９０年の福島から芝馬場にオーバーシードを導入しました」

以前、阪神競馬場の馬場造園課にいた方に話を聞いた事があるのだが、ＪＲＡがオーバーシードを導入する前、当時すでにオーバーシードを導入していた甲子園球場へ視察に行った事があったそうだ。その甲子園球場では暖地型芝草のティフトンをベースにして洋芝のペレニアルライグラスを

写真④　オーバーシードした状態の芝。下の方に見える葉の色が濃く幅広の芝が野芝。上の方の細い芝が洋芝（イタリアンライグラス）

オーバーシードしていた。しかし、体重70～80kgぐらいの野球選手と、５００kg近くある競走馬とでは、芝に求める条件が異なるため、甲子園球場と同じ方法を採用するわけにはいかなかった。そこで、前述したようにＪＲＡでは研究を重ね、野芝の上にイタリアンライグラスをオーバーシードするという今の手法にたどりついたのである。

オーバーシードで使用されるイタリアンライグラスは、横に広がる匍匐茎はなく直立に伸びる茎だけ。この洋芝は野芝の生長を邪魔しないし、秋期の初期生長が早いという特徴を持つ。春先に芽吹き始める野芝の生長にも悪影響を与えない事と、短期間で草丈（草の長さ）が伸びる点が評価され、イタリアンライグラスがオーバーシード用の洋芝として選ばれている。

こうして1年中、緑色をキープできるようになったとはいえ、さすがに寒くなるとオーバーシード馬場は少し色が変化していく。例えばオーバーシードしたばかりの10月初旬の東京開催の頃は野芝もイタリアンライグラスも緑色をしているが、ジャパンカップの頃になると、下のほうにある野芝は休眠期に入り茶色くなっている。だからこの時期に表面上、緑色に見えているのは、ほとんどがイタリアンライグラスだ。しかし重要なので繰り返すが、その下で馬の蹄を支えているのは、野芝の匍匐茎なのである。冬でも芝の基本は野芝。オーバーシード馬場における洋芝は見た目を補う要素が強い。要は、お化粧みたいなイメージと捉えていただくと良いだろう。

洋芝 ～3種類を使い分け～

函館や札幌で使われているのが洋芝（写真⑤）。野芝の北限は函館近辺のため生育しにくく、北海道の競馬場では気温が低くても育つ洋芝が採用されてい

写真⑤　函館と札幌で使用されている洋芝（3種混合）

る。この洋芝は寒地型芝草で生育適温は５度から25度くらい。現在、函館と札幌で使用されている洋芝は、ケンタッキーブルーグラス、トールフェスク、ペレニアルライグラスの３種類。なぜ３種類も使うかというと、それぞれが〝暑さに強い〟、〝寒さへの対応力がある〟、〝生長力が旺盛〟など様々な特徴を持つので、異なる種類を組み合わせる事でレースに耐え得る馬場を造っている。

３種類のうち、主草種（メインの芝）になるのがケンタッキーブルーグラスだ。この草種は横に伸びる匍匐茎を持っているので、野芝と同じように横のつながりがあり、野芝ほどの強靭さはないが強い。また洋芝の匍匐茎はマット層を形成し（写真⑥）、ここで競走馬の蹄から来る衝撃を緩衝する効果を担っているのだ。ケンタッキーブルーグラスが主草種と言われるのはこのマット層を有しているからである。

写真⑥　芝の下にあるのがマット層（茎を含む）。細い根が密に絡みあっている

ペレニアルライグラスは５度くらいの低温から生育する。初期生育が早く、暑さには弱い。根は浅く、葉はどちらかというと細い特徴を持つ。

トールフェスクの葉の形は野芝に似ている。以前、函館競馬場を訪ねた際、当時の馬場課長に、「これがトールフェスクですよ」と教えてもらい、実際に見せていただいた。その時、確かに緑色が野芝よりも一段濃い印象だが、よく似ていると感じたのを覚えている。そのほかの特徴としては、〝トール〟フェスクというくらいなので葉は高く伸びる。そして根は深く、暑さには強い。

このように特徴が違う３種類の洋芝を混ぜ合わせて使用しているが、洋芝のコースをパッと見ただけでは、どれがどの草種かはわからない。逆に、見ただけで高さや色などの違いがわかるような馬場では競走馬が物見をする原因にもなるので、そこは馬場造園課の腕の見せどころ。均一になるように造っているのである。

なお、北海道で使用している洋芝と、海外の競馬場で使用している洋芝は種類が違う。また、海外でもヨーロッパとアジアで使用している洋芝は種類が異なる。海外で使用されている芝の種類はP253に書いたので参考にしてほしい。

路盤は馬場を構成する重要な部分

表面からは芝の部分しか見えないので、芝の下がどんな構造になっているかは一見わからない。しかし実は芝の下にはいくつかの層があり、それぞれの役割を担って路盤を形成し、馬場を支えている（図②参照）。この路盤は馬場を構成する重要な部分。時には路盤の構造によって、水はけや馬場状態の回復に差が生じるケースもあるので、各競馬場の特徴を知る事も大切だ。今回も前作『馬場のすべて教えます』に続き、JRA全10場の馬場造園課から各競馬場の路盤断面図をお借りする事ができた。新潟競馬場のようにその土地柄の特徴を活かした路盤を有するなど、使用している素材は各場で多少異なる。各場の路盤の詳細は第2章でご覧いただく事として、ここではそれぞれの層の基本的な役割を説明しよう。

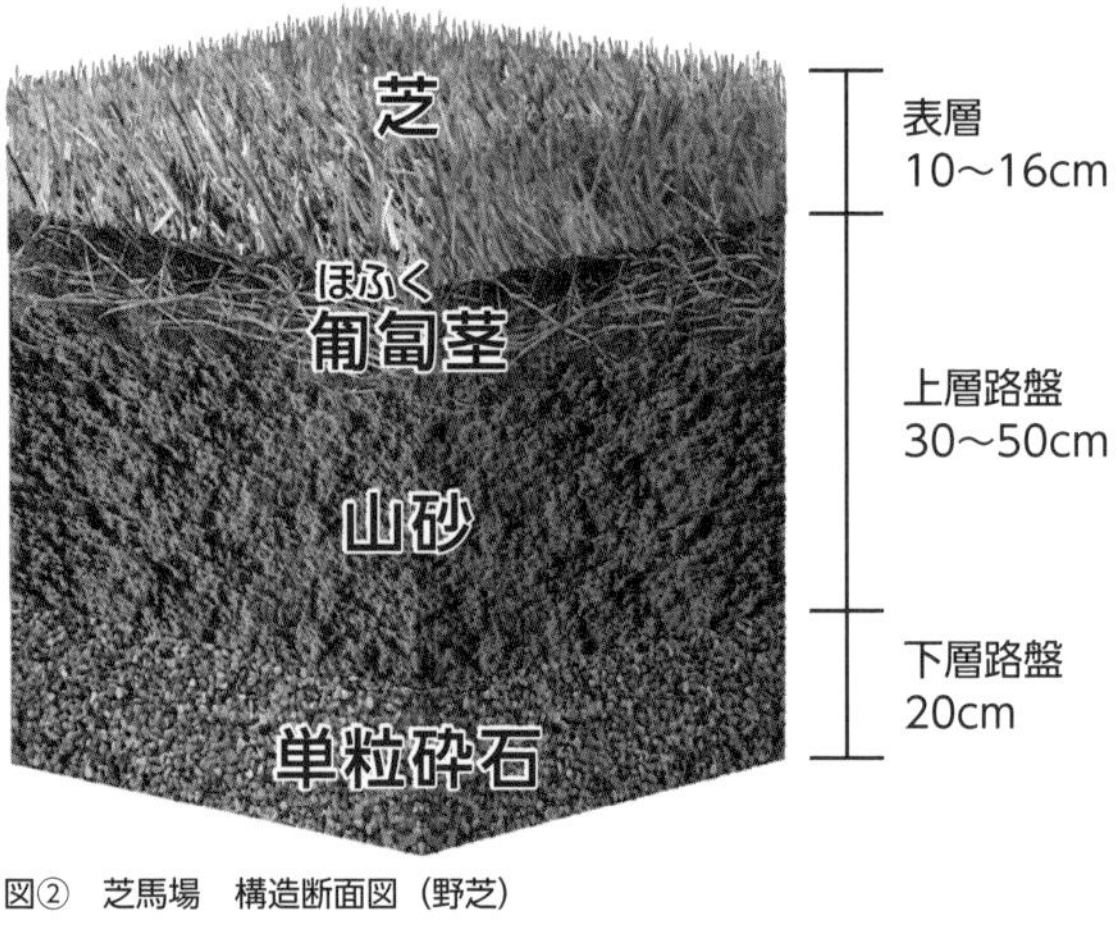

図②　芝馬場　構造断面図（野芝）

路盤の役割と特徴

まず芝が生えている部分が表層。競走馬の脚が直接触れる部分である。開催日の草丈は季節や競馬場によって変わるが、大抵は10～16㎝になるように管理されるのが一般的だ。

芝の下にあるのが上層路盤。山砂系の材料を締め固めた層が30～50㎝敷かれている。この上層路盤は馬場にとっての心臓部でとても大切な場所。というのも、ここで競走馬の蹄による衝撃を吸収し、かつ支持力を与える事で競走馬の推進力につなげる重要な働きを担っているからだ。また、芝が生育する土壌としての役割もあるため、上の部分には保水性や保肥性を高め、芝の根の生長を促すように土壌改良材〈バーク〈杉の皮〉やピートモス〈コケ類を乾燥させたもの〉などの有機物〉を混ぜている。

単粒砕石と呼ばれる粒の大きさが揃った小石が敷かれているのが下層路盤だ。この部分は排水面で重要な役割を果たしており、上層路盤から浸透してきた水分を速やかに流し、雨が降った際の馬場状態の悪化を抑えるとともに、下からの地下水を遮っている。さらに、上層路盤が受ける競走馬による着地衝撃を構造全体で吸収し、分散させる役目も持つ。なお、この下層路盤に砕石ではなく、その土地特有の砂を使用したり〈新潟競馬場〉、暗渠排水を加えたりして〈東京競馬場など〉、排水に対応している競馬場もある。

路盤の一番下にあるのが基盤。元々その土地にある土の層で、構造すべての土台となる部分だ。ここがしっかりしていないと構造全体が弱いものになる。そのため、土の層が軟らかい状態の時は、地盤を改良するため、固化材〈セメントなど〉を使うなどして、しっかりとした土台に仕上げている。

〝壊れる〟と〝受け止める〟

ここまで、〝山砂系の材料を締め固めた層〟、〝しっかりとした土台〟などの言葉が出てきているため、路盤は硬いのかと思われてしまう可能性があるので、馬場としての基本事項を書いておきたい。馬場に求められる条件は競走馬による着地衝撃を受け止めて、それを推進力につなげる事である。だから、その衝撃に耐える役割を果たすためにも、ある程度しっかりした状態でなければならない。しかし、衝撃にビクともしないような壊れない馬場では、今度は馬の脚に影響が出てしまう。つまり、〝壊れる事〟と〝受け止める事〟、この相反する要素を同時に兼ね備えた馬場が求められるのだ。そのため先人の馬場担当者や、それぞれの競馬場で馬場を管理している馬場造園課では、様々な工夫や改良を重ねてきている。

土系路盤から砂質系路盤への変換

今では信じられない話であるが、〝開設初期の京都競馬場では雨で馬場がぬかるんで馬が走れなくなり、畳を敷いて競馬を行った事があった〟らしい。これは以前、日本の昔の馬場について書かれた文献を読んだ時に見つけた衝撃の記述だ。この話の真偽も含め、昔の芝コースについて森本課長に話を聞いた。

「馬場に畳を敷いて競馬を行ったという話は私も先人の馬場担当者から聞いた事があります。1954年に日本中央競馬会が設立。初期の頃は国営競馬で行っていた競馬場をそのまま受け継いだもので、昔の記録によると芝コースといっても雑草だらけだったりと、路盤が整備されておらず、今とは構造が全然違っていました。10カ所あるJRAの競馬場で路盤改造工事が行われていったのは昭和30年代以降です」

しかし、芝は生き物である。理想の路盤造りへの道のりは容易ではなか

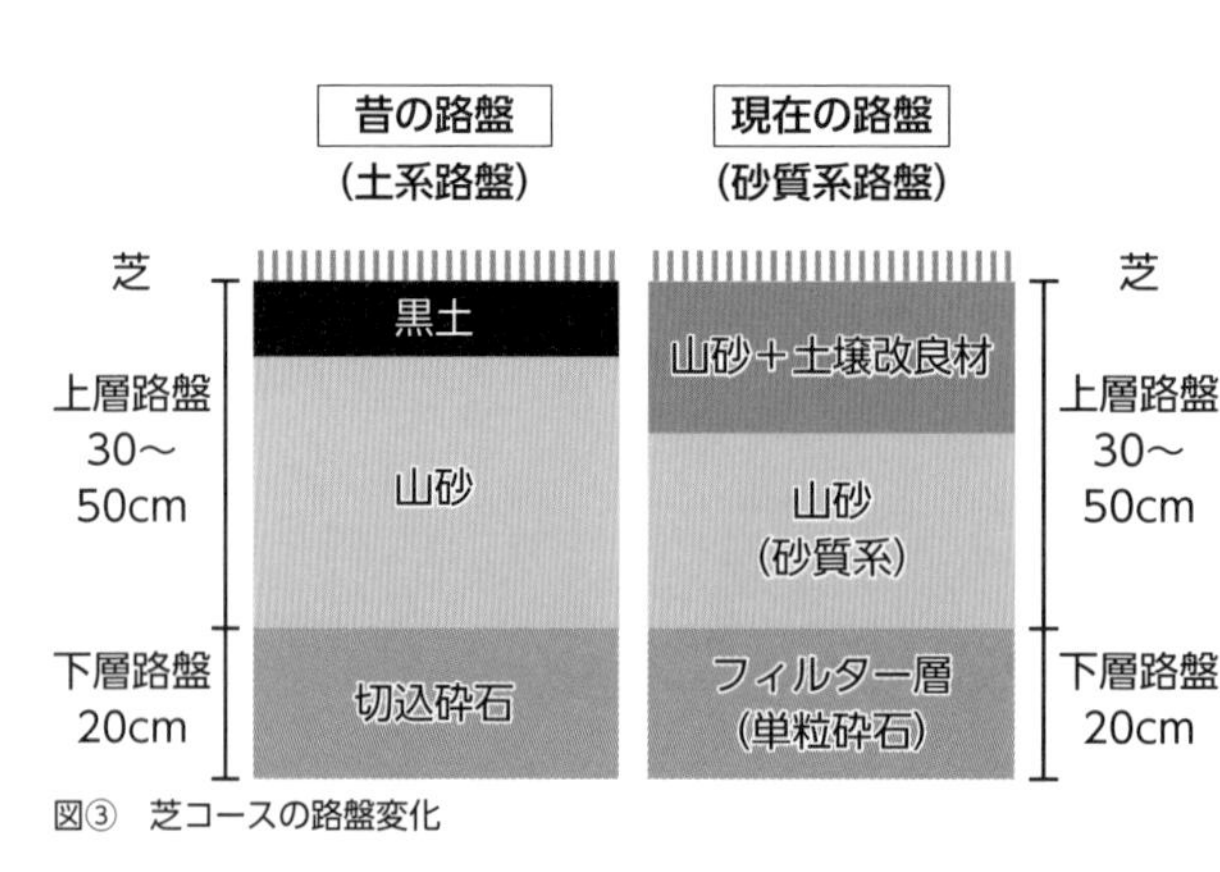

図③　芝コースの路盤変化

った。

「昭和や平成初期までの芝コースの路盤は芝の下に黒土があり、その下に山砂がある構造でした。この黒土は芝の生育を良くするために入れていたもので、シルト分と呼ばれる粒子の細かい砂がけっこうありました。だから雨が降ると、そこに水がたまってぬかるんでしまうんですね。その頃の芝コースは排水性が良くなかったと聞いています。そこで、土系の路盤から排水性の良い砂質系の路盤に変えようとなったわけです（図③）。ただ本来、砂質系路盤は芝にはあまり適していません。なぜなら、排水性が向上する事で芝が生きるための水分や肥料も流出してしまうからです」

そのため、このような対策が取られた。

「芝コースの下にある山砂にバークやピートモスなどの土壌改良材を混ぜて、保肥力を高める対策を実施。また、芝コースのラチの外側などにスプリンクラーを設置。生育に必要な水分を供給できるようにしました」

実際に砂質系路盤が導入されたのは平成に入ってからだった。

「最初に導入されたのは１９８９年の福島です。その後は１９９０年に札幌、１９９１年に阪神、１９９３年に中京、１９９４年に京都、１９９５年に函館、１９９９年に小倉、新潟が２００１年。また東京では１９９５年～１９９７年に、中山では１９９７年～１９９９年にかけて行われた路盤改造工事で導入されました（次ページ表①）。現在、ＪＲＡ全10箇所の競馬場の芝コースは砂質系路盤となっています」（年度は工事後の開催再開年）

ちなみに、芝コースができた当初から砂質路盤だった札幌を除く９場の重・不良の割合は砂質路盤導入前（１９８６年～各競馬場で砂質路盤に改造するまで）は14・８％あったが、砂質路盤導入後（改造後～２０２３年まで）は６・３％に減少したとのこと。森本課長が、「重・不良の割合がこれだけ減ったのですから、大きな変化ですよね。長い馬場の歴史の中で、土系路盤から砂質系路盤に変わった事が一番大きな変革だったかもしれません」と話していた。現在、日本の芝コースは雨が多いわりに水はけが良いと言われるのは、このような取り組みなどが功を奏しているのである。

暗渠排水

　そして、さらに排水性を高めるために取り入れられた方法がある。〝暗渠排水（あんきょはいすい）〟だ。暗渠排水とは主に田んぼや畑などの農地で取り入れられる手法。水はけが悪い箇所に筒形の排水管などを入れる事で、水が抜けやすくなる。ＪＲＡはこの暗渠排水も取り入れ、芝馬場の路盤に〝暗渠排水管（あんきょはいすいかん）〟を設置する対策を始めた。最初に入れられたのは１９９０年に芝コースが新設された札幌競馬場。札幌は〝初めての洋芝馬場〟という事で馬場の悪化を防ぐために、芝コース内柵の下に設置されたのだ。札幌ではこの暗渠管が今でも大仕事をしているのだが、各競馬場における暗渠排水の導入状況を含め、詳しくは第３章でご紹介しよう。

競馬場	実施年	内容
札幌	1990	洋芝馬場新設。当初から砂質系路盤導入。暗渠排水管設置
函館	1995	洋芝馬場新設（それ以前は野芝で施行）。砂質系路盤導入
福島	1989	砂質系路盤導入。1992年と1996年に一部改造
新潟	2001	右回りから左回りに変更。砂質系路盤導入
中山	1997〜99	砂質系路盤導入
	2014	芝コースに砕石層を設置。一部に暗渠排水管設置
東京	1995〜97	砂質系路盤導入
	2003	コーナー部に暗渠排水管設置
	2006	向正面に暗渠排水管設置
	2011	直線に暗渠排水管設置
中京	1993	砂質系路盤導入
	2012	芝コースに最大２％の坂を設置
	2016〜18	段階的に暗渠排水管を設置
京都	1994	砂質系路盤導入。暗渠排水管を設置
	2023	路盤改造工事を実施し、暗渠排水管を一新
阪神	1991	砂質系路盤導入
	2006	外回り新設
小倉	1999	砂質系路盤導入。暗渠排水管設置

表①　1990年以降の芝コース路盤改造工事の歴史

野芝は走破時計が速くなりやすい

　次のテーマは走破時計について。よく、「野芝は走破時計が速いが、洋芝は野芝ほど速いタイムが出ない」と言われるが、確かにそういう傾向はある。野芝は匍匐茎がしっかりしていて蹄のかかりが良いので、速い時計が出やすい。一方で、洋芝は野芝に比べて水分量が多い。水分を含めばそれだけ重くなるので、時計がかかりやすいというわけだ。

また、洋芝は特に雨が降ったら、より時計がかかる。それは洋芝が持つマット層が関係している。以前、ある馬場関係者から聞いたのだが、野芝の匍匐茎は生えている根が下の方で厚くなっていくのに対し、洋芝のマット層の根は時間が経つにつれて上の方に上がってきて、スポンジみたいに密集する性質があるそうだ。そんな状況で雨が降れば、水を含んだスポンジの上を走っているような感じになる。さらに水分を含んだ状態で馬が走って蹄が入ると、そのマット層ごとズルッとむけてしまう事もある。だからそうなると、余計に時計がかかる状況になっていく、というわけだ。

特に函館では雨が大量に降り不良馬場になると、極端に時計がかかりやすい。こんな時は、より道悪適性が問われるようになるので、時計の変化には十分に注意したい。

芝の張替作業

このように、雨が降ってしまった場合なども含めて、馬場は使い込んでいけば芝が掘れたりして、徐々に荒れてくる。そのため、それぞれの競馬場では原則的に年に1回、芝の張替作業が行われている。

芝の張替方法やその時期は、その競馬場の開催時期によって違うのだが、基本的には十分な日照があり、芝が根付きやすい夏場に行われる。

東京競馬場の例を見てみよう。

東京競馬場では２０１３年から春の開催が２週延びて、以前は３カ月半取れた張替作業と養生期間が３カ月になってしまった。そこで２０１８年からは作業を前倒しして、春の東京開催の芝コースがＣコースに替わる６月頃以降、もう使用しなくなった内側のAコースから順次、張替を行うようになっている。

東京競馬場の春開催では野芝に洋芝をオーバーシードした状態でレースを行っているので、まずは洋芝を除去する作業から行っていく。なぜ洋芝を先に取り除くのかというと、洋芝が残っていると夏に生長する野芝に十分な日光が当たらず、生育の邪魔になるからだ。そして、張替える場所は機械で古い芝をカット。それから新しい芝を張っていく。この作業のほかに、張替えなくても野芝が回復してきそうな箇所には芝を更新させる作業が行われる。競馬で使用してきた馬場は競走馬の走行などによって硬くなり、地中の根の通気も悪くなっている。そこで、バーチドレンやシャタリングマシンと呼ばれる機械で馬場に穴を開けたり、切り裂いたりして（写真⑦⑧）、硬くなった土をほぐし、馬場の通気性、排水性を向上させ、芝が健全に生育できる環境を整える。

厚張りと直張り

芝を張る方法は、その競馬場がどれくらい張替期間を取れるかによって二つに分かれる（写真⑨）。まず一つ目は、ある程度の時間が取れる場合なら〝直張り〟と言って、筑波などの畑から持ってきた芝を張り、時間をかけじっくり養生する方法。そして二つ目が〝厚張り〟で、張替期間が十分にない場合に用いられる手法。これはなるべく早く根付かせるために、競馬場内にある芝の養成地で数年育てきた、根が厚く生長している野芝を張る方法で、福島競馬場などで用いられ

写真⑦　バーチドレン

写真⑧　シャタリングマシン

写真⑨　右が直張り、左が厚張りに使う芝。厚張り用の芝は根が厚い

ている。なお今回、例として紹介している東京競馬場では直張りと厚張り、両方を採用している。

写真⑩は２０１９年の６月初旬に芝張替作業を取材した際の様子だ。この時はコース替わりですでに使用しなくなったA～Bコース部分へ、競馬場内の芝養成地で育てた芝を厚張りで張っていた。見ていると、作業員さんたちが路盤に横が約30cm、縦約70cm、厚さ約３～４cmほどの大きさにカットされた芝を次々と張っていく。実際に私も作業を手伝わせてもらったが、この芝がけっこう重いのだ。それに隙間がないようにびっしり敷き詰めていく作業が意外に難しい。また、立ったり座ったりの繰り返しで、腰が痛くなった。加えてこの日は、６月といえども夏日の陽気。芝コース上にはもちろん日陰がないので、汗びっしょりになってしまった。聞けば、作業員の皆さんはこの張替作業を炎天下の７月中旬まで行うのだそうだ。こんな地道な作業が、華やかなレースの舞台を支えている。

なお、北海道で使用されている洋芝も1年間に1回、芝の張替が行われる。作業内容は野芝とほぼ同じ。張替える箇所を見定め、古い芝をカット。その後、新しい洋芝を厚張りし、養生する。

写真⑩　東京競馬場での芝張替の様子（2019年６月４日撮影）

どの時期の芝が一番良い状態なのか

さて、張替えた芝コースはその後、どんな状態になるのだろうか。例に出した東京競馬場の場合は、1年を通してオーバーシード馬場なので、秋になり気温が低くなる前の8月下旬に洋芝（イタリアンライグラス）の種が蒔かれ、10月の開幕を待つ。秋開催初日を迎えた東京競馬場の芝コースは張替作業によって傷んだ箇所がなくなり、オーバーシードした洋芝も生長して絶好のコンディションとなっている。そしてこの馬場はコース移動を重ねながら、冬を越し、翌年の春まで使用される。つまり、どこの競馬場も芝の張替を行った直後が一番良い状態なのだ。競馬の一年は年明けの金杯↓年末のホープフルSのサイクルで考えるが、張替を夏に行う4大競馬場（東京、中山、京都、阪神）の芝馬場管理は、秋↓翌年春のサイクルで動いている。芝馬場の世界では張替えた直後の開催が使い始めの〝お正月開催〟なのである。なお、芝の張替時期や作業内容などは開催スケジュールの影響で、競馬場によって多少異なる。詳しくは第2章でお伝えする。

2 エクイターフ

傷みにくい芝・エクイターフ

〝エクイターフ〟と聞いて、ピンと来た方はなかなかの馬場マニアだ。もし、〝馬場流行語大賞〟があったとしたら（ないと思うけど）、この芝の存在がクローズアップされた頃に大賞をあげたかったと思うほど（笑）、馬場マニアから注目を集めてきた芝である。

エクイターフは丈夫で生育も早く、傷みにくい性質を持つ野芝だ（写真①）。近年、開催が進んでも馬場が傷みにくくなったと感じる人も多いと思うが、この10数年の間でJRAの芝コースに最も大きな変化をもたらしたと言っても過言ではないのがこの芝だ。2006年、東京で試験的に使用されたのが始まりで、その後、中山や福島など、ほかの競馬場へも本格的に導入。現在、エクイターフを使用しているのは本州で、最近、鳥取県産野芝を導入した阪神競馬場以外の7つの競馬場で使用。2023年4月にリニューアルオープンした京都競馬場でも本格的にエクイターフの使用を開始した。

この芝の特性に迫る前に、まずはエクイターフが開発された背景からひも解いていきたい。

芝の産地は各競馬場で異なっていると『①芝馬場の基本』で紹介し

写真①　丈夫で傷みにくい特徴を持つ〝エクイターフ〟。葉の量も多い

エクイターフの歩み	
年 代	内 容
1983 ～84年	より馬場に適した芝を求め、全国542箇所から野芝を収集。初期生育、匍匐茎の量などを調査し、特に優れていた長崎県五島列島に自生する野芝を選抜した
1984 ～2006年	五島列島の野芝を経過観察
2006年	五島列島の野芝を品種登録し、「エクイターフ」と命名
2006年夏	東京競馬場の一部に導入
2008年秋	中山競馬場の一部に導入
2008年秋	京都の一部に導入。その後、2023年の京都芝コース路盤改造工事で本格導入
2008年秋	福島競馬場の一部に導入
2009年夏	新潟競馬場の一部に導入
2011年夏	小倉競馬場の一部に導入
2012年春	中京競馬場の一部に導入
2012年秋	阪神競馬場の一部に導入（2021年夏以降、阪神では鳥取県産導入のため、エクイは使用していない）

た。新潟、福島、中山、東京は茨城県筑波産の野芝。中京、京都は福井県あわら産の野芝。小倉は鹿児島県鹿屋産の野芝が使われてきており、２００５年前後まではこれがスタンダードだった。

しかしその裏で、ＪＲＡ競走馬総合研究所（以降＝総研）はある研究を行っていた。それが芝の選抜調査。１９８３年から84年にかけて、より馬場に適した芝を探す事になり、日本全国５４２箇所から様々な野芝を集めたのだ。そしてそれらを数年かけて、初期生育、芝馬場のベースである匍匐茎の量などを重視して調査。中でも特に優れていると判明したのが長崎県五島列島に自生している野芝だった。その後も約10年、経過を観察。その結果、芝馬場用として優れている事がわかり、ＪＲＡでは２００６年に品種登録。この芝こそが〝エクイターフ〟である。

エクイがどれくらい良いのか、当時、総研が行った興味深いデータをご紹介しよう。

まず、筑波産、あわら産、かつて関東圏で使用されていた御殿場産の野芝、そしてエクイの比較調査を実施した。芝の掘られにくさを見る指標となるのが、地下部重量（茎、根がどのくらいあるのか。重いほど良い）なのだが、エクイは重量が一番重かった。また、せん断抵抗値と言って、地下茎のちぎれにくさを見る数値（高いほど、

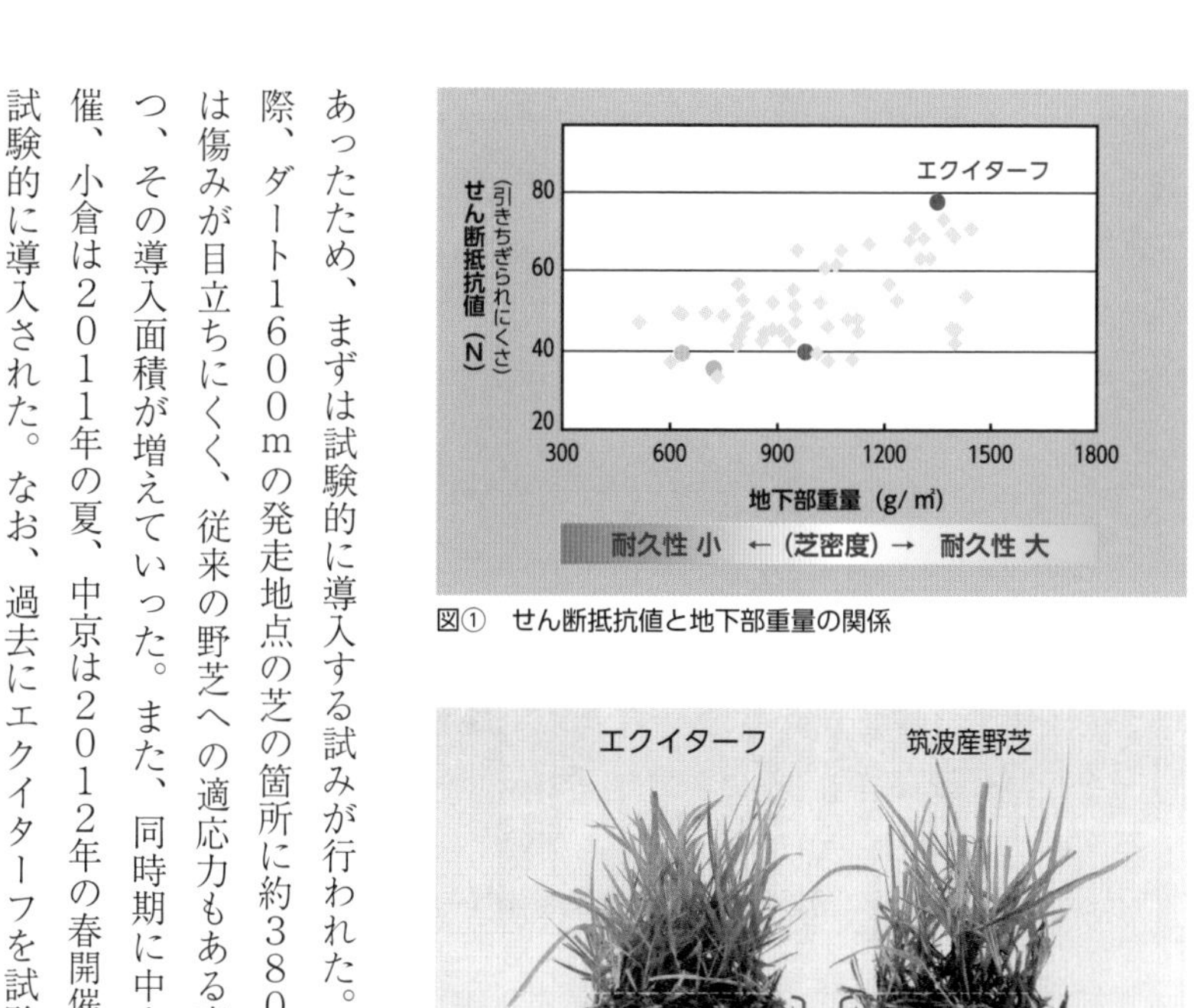

図①　せん断抵抗値と地下部重量の関係

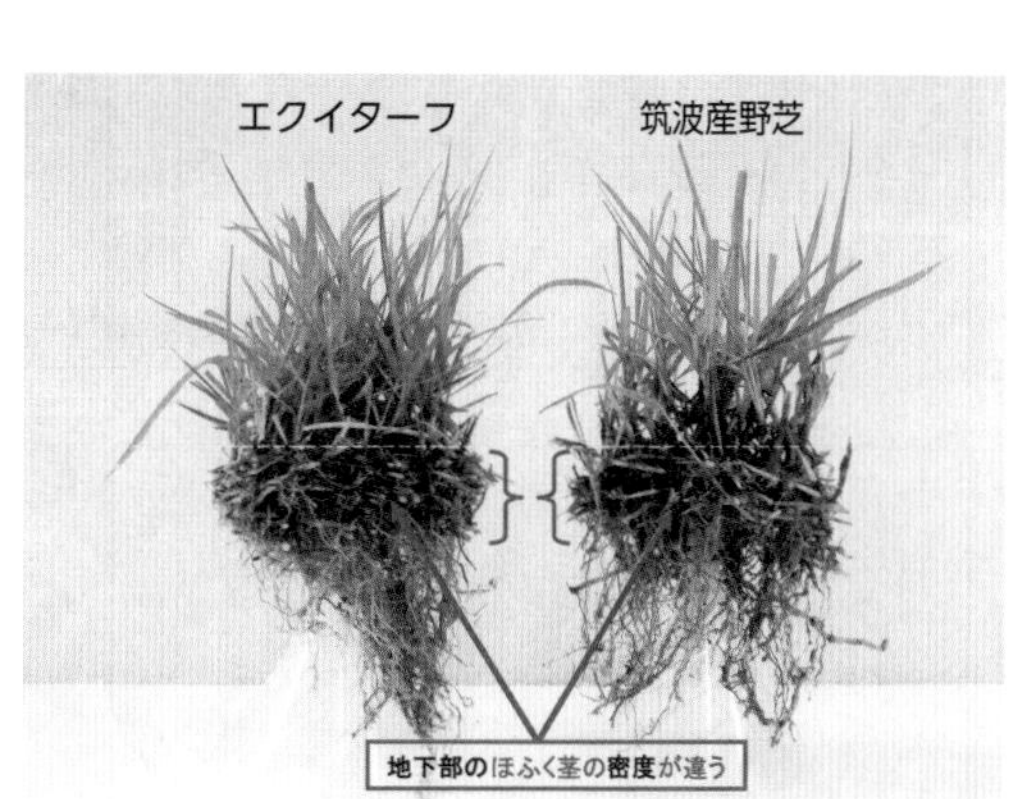

写真②

ちぎれにくい）もかなりの数値を示した（図①）。エクイターフと筑波産野芝を比較したのが写真②。エクイの地下部の匍匐茎は密度があり、根も多く、生えている葉の量も多いのがわかる。エクイは生長が早く、密で丈夫なターフを造る芝であるという裏付けとなった。

このように総研で様々な研究を重ねてきたエクイだが、実際にコースへ入れるとなると、生物として順応できるか、馬場としてきちんと機能するかなどを慎重に対応する必要があったため、まずは試験的に導入する試みが行われた。それが２００６年夏で、東京競馬場が芝の張替作業をした際、ダート１６００ｍの発走地点の芝の箇所に約３８０㎡、入れられたのである。その結果、エクイを張った箇所は傷みが目立ちにくく、従来の野芝への適応力もある事がわかった。そこで、２００８年の秋開催以降は少しずつ、その導入面積が増えていった。また、同時期に中山、福島へも本格導入。その後、新潟は２００９年の夏開催、小倉は２０１１年の夏、中京は２０１２年の春開催からエクイの使用が開始され、２０１２年の秋には阪神で試験的に導入された。なお、過去にエクイターフを試験的に導入したものの、元々傷みにくい背景があった事から、基本的に使用してこなかった京都は、２０２３年の路盤改造工事を機に本格的にエクイターフを導入した（写

写真③　京都競馬場での芝（エクイターフ）張替作業の様子（2021年6月撮影）

真③）。ただ前述した通り、近年の阪神競馬場では鳥取県産野芝が採用されており、２０２１年からエクイターフは使用されていない。その経緯や鳥取県産野芝の特徴などは第１章の後にある『馬場の小ネタ教えます』と、第２章の阪神競馬場のページに記載した。この鳥取県産野芝もエクイターフに引けを取らないほどに傷みにくい芝なので、ぜひお読みいただきたいと思う。

今でもエース級の活躍

２００６年の東京競馬場を皮切りに、各競馬場に導入されていったエクイターフ。２０２３年まで日本騎手クラブ関東支部の馬場保全委員長を務めていた田中勝春調教師も、騎手時代にそのすごさを絶賛していた。

「今までの芝とは全然違うよね。丈夫で傷みにくいのもそうなんだけど、雨が降った時に違いが出る。以前は雨が降って競馬をするとすぐに蹄跡がついていたけど、エクイが入ってからはあまりそういう事がない。すごく頑張る芝だよね」

このように、レースに騎乗する側からも上々の評価を得ているエクイターフ。芝が傷みにくくなったという事は、開催が進んでも内が荒れにくくなるわけで、例えばエクイが広範囲で使用されている福島では以前よりも荒れにくくなり（写真④）、開催が進んでも内側の先行馬が粘るケースが多く見られるようになった。

現状、このエクイターフをＪＲＡ施設部馬場土木課はどう評価しているのだろうか。森本哲郎課長に伺うと、

「現在、ＪＲＡで使用している芝の種類の中では一番レースに適しているという印象ですが、エクイターフでもレースで使えば、それなりの傷みは出てきますから完璧ではありません。ですから今後も、よりレースに適した芝があるかどうか、探し続けていきます。現在でも東京競馬場のターフビジョンの裏には芝の圃場（ほじょう）があり、よりレースに適した芝の研究を行っていますよ」と話していた。

なお改めて、現場の馬場職員に聞くと、「現状の芝の中では、やはりエクイターフは傷みにくい芝だと感じます」と口を揃える。という事で、この芝が登場した頃の強いインパクトは少し薄れてきたものの、現在でもＪＲＡの芝馬場を支えるエース級の存在として活躍している。

写真④　福島競馬場の芝コースはエクイターフ導入後、傷みにくくなっている

3 JRAが目指す軟らかい馬場造り

エアレーション作業とは

競馬で使用してきた芝コースは競走馬の走行などによって硬くなったり、地中の根への通気が悪くなってしまう。そのため、各競馬場の馬場造園課では芝を張替える際に、路盤を軟らかくする作業を行っているが、2013年頃からは張替時期とは別のタイミングでも馬場を軟らかくする取り組みを始めた。それが、〝エアレーション作業〟と呼ばれる方法である。

写真① バーチドレン。後部にある棒で馬場に穴を開けていく

写真② このように地中へ穴を開けていく

写真③ シャタリングマシン。下に見える刃が地中深くに入り、路盤を揺さぶりほぐす

その経緯をお伝えする前に、実際にどんな風に馬場を軟らかくしているのかを紹介しよう。まずは、〝バーチドレン〟と呼ばれる機械で芝に穴を開けて路盤をほぐし（写真①②）、通気性や排水性を向上させ、芝がより育つ環境を整える（開いた穴はその後、自然に埋まる）。バーチドレンは後部に直径12～24㎜の棒があり、この棒が地中へ深さ20㎝くらいまで入り、馬場をほぐす事ができる。ＪＲＡではこのバーチドレンを２００３年に導入した。

〝土を切り裂く〟シャタリング

さらに、ＪＲＡでは２００９年から〝シャタリングマシン〟を導入（写真③）。シャタリングマシンには約40㎝の刃が数枚付いていて、この刃が路盤の中の土を切り裂き、レースで使用して硬くなった路盤を揺さぶりほぐす事ができる。バーチドレンだと上から20㎝くらいまでしかほぐせないのに対し、このシャタリングは約30㎝と、深く地中に入る事ができる。そして縦方向だけではなく、横方向にも馬場を揺さぶりほぐす事ができる。これが大きい。そのため、今まで手が届かなかった部分まで機械が入るようになり、より軟らかい馬場造りが可能になった。

シャタリングマシンを最初に導入したのは２００９年の東京競馬場である。その後、２０１１年からは新潟や京都で使用され始め、中山では２０１２年から。そして２０１３年からは福島、阪神、中京、小倉、函館、札幌で導入され、ＪＲＡすべての競馬場で主に芝張替のタイミングで使用されるようになった。

開幕前のエアレーション作業

表①は１９９０年から２０２３年までの競馬場の芝馬場硬度の変遷である（全場平均）。

１９９０年代前半は１２０Ｇ（Ｇ＝衝撃加速度。この数値が低いほど、軟らかい）くらいになった事もあり、当時の日本の芝コースは硬かった。しかし、90年代後半は管理方法を工夫するなどして、１００Ｇを切るようになっていた。そこで、さらに軟らかい馬場を目指し始まったのが、開幕前のエアレーション作業だ。

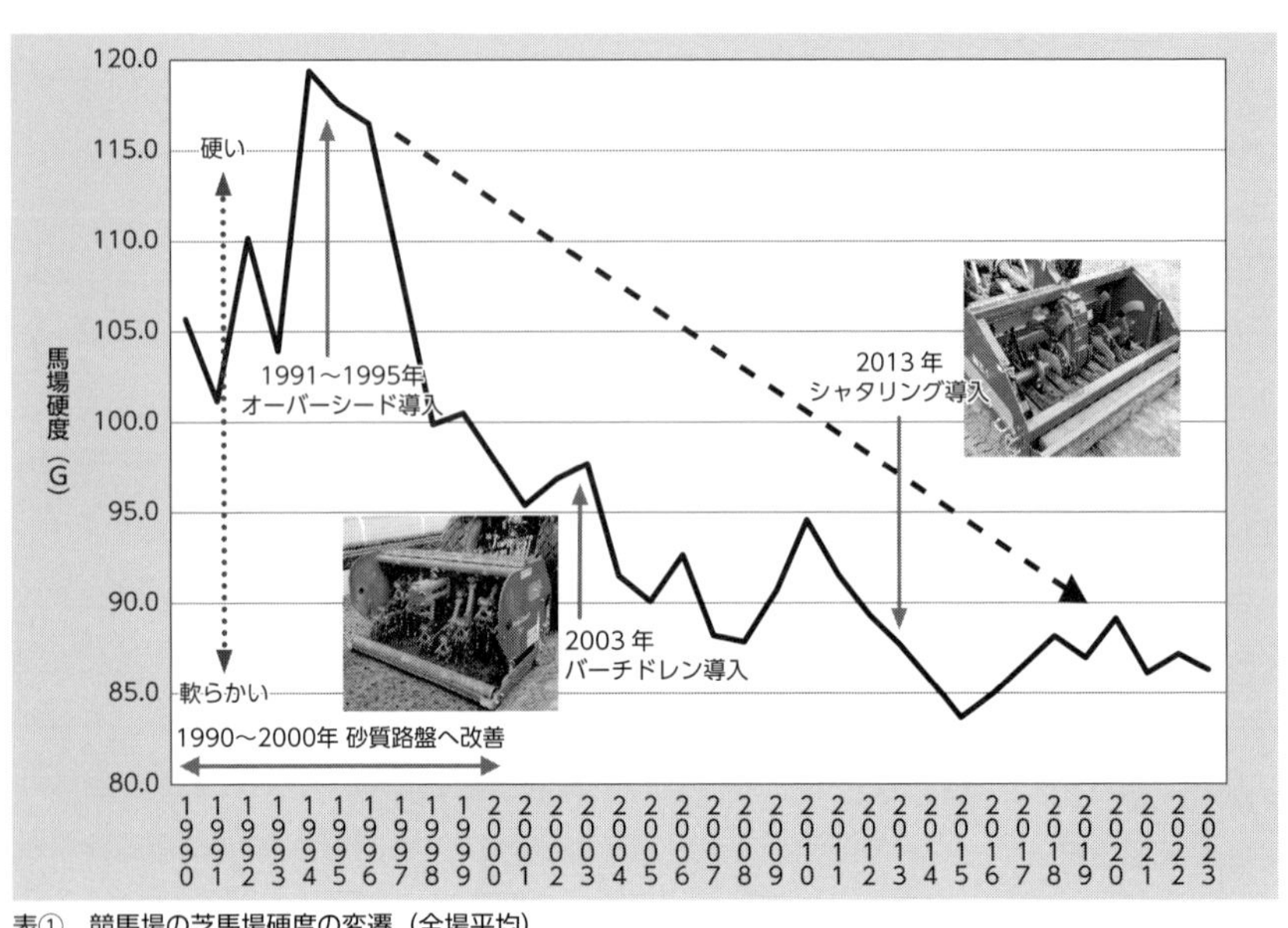

表①　競馬場の芝馬場硬度の変遷（全場平均）

実は、この方法は海外の競馬場を参考に始まったもの。JRA施設部馬場土木課の森本哲郎課長にその背景を伺った。

「2012年にJRAの馬場に関わる職員数名が海外の競馬場を訪れ、馬場の硬度を調べたり、管理方法を視察した事がありました。この時、イギリスやフランス、オーストラリアではレース開催の約1カ月前に、芝馬場を軟らかくするため、芝コースにバーチドレンを入れて穴を開ける作業をしていたそうです。それを現場で見た職員たちは『大きな収穫でした』と話していましたね。それで、この方法を日本でも試してみようとなり、JRA馬場土木課の方針として〝より軟らかい馬場造り〟を目指す事になったんです」

実際にこの、〝開幕約1カ月前にバーチドレンを入れる手法〟を初めて日本で取り入れたのが2013年の新潟競馬場である。当時新潟の馬場造園課の課長だった松原秀樹さんは2012年に海外視察を行ったメンバーの一人。その目で海外でのやり方を見た松原さんは、〝軟らかい馬場造りをしよう〟という方針を受けて、大きな一歩を踏み出したのだ。

「初めて（2013年の）夏開催の約2カ月前と約3週間前に、芝コースにバーチドレンを入れました。その効果で、馬場は昨年よりも軟らかくなっているので、今年の夏競馬ではおそらくレコードタイムは出ないと思うんですよ」

２０１３年夏の新潟開催の前、私は松原さんからこんな話を聞いていた。でも、その時の私は半信半疑だった。なぜなら夏の新潟開催は野芝１００％の状態で、それも真夏の一番強い日差しを受けて生長した芝が絶好の季節。それまでも夏の新潟開催といえば、レコードが出るような速い馬場という印象が強かったからだ。しかし蓋を開けてみれば、確かにこの年の夏はレコードが一つも出なかった。

そしてこの新潟に続き、２０１３年の秋の中山でも同様の作業が実施された。以降、この開幕前のエアレーション作業は全国の競馬場へ拡大。現在は芝の状態を見ながら、夏場の開催を中心に開幕の約２～１カ月前のタイミングでエアレーション作業が行われている。

日本の芝コースは軟らかくなってきている

改めて、表①を見てみよう。シャタリングマシンが使用されるようになってからはどんどん硬度が低くなってきている。そして、開幕前のエアレーション作業が導入され始めた２０１３年以降は90Ｇ以下をキープ。つまりＪＲＡの芝コースは軟らかくなってきており、開幕前にバーチドレンを入れる手法が十分に効果を発揮しているのだ。

今後のエアレーション作業の方向性を森本哲郎課長に伺った。

「これからも、各競馬場で実施しているようなエアレーション作業を継続し、クッション性を高めるような馬場造りを行っていきます。そして、今よりもっと軟らかくすべきなのか、今の硬度がベストなのか、というのも判断しなければならないと感じています。現状以上に軟らかくする事は技術的には可能です。ただそうすると、耐久性に問題が生じたり、キックバックがひどくなったりするので、ジョッキーが懸念するかもしれません。現に、騎手からは『確かに今の芝コースは速い時計が出るけれど、乗りやすい。馬場が傷む心配を考えると、現状の硬度が理想に近いのではないか』という意見が多くなっている印象です。もちろん、今後も騎手や現場で馬場を管理する担当者らと協議していきますが、当面は現状くらいの硬度を維持していく事になりそうです」

競馬ファンが注目すべきは、〝開幕前にエアレーション作業を行ったかどうか〟

2013年以降、この開幕前のバーチドレン作業は各競馬場に継承され、中山競馬場などでは冬の12月開催前にも開幕前のエアレーション作業を行っていた。しかし最近は芝コースの耐久性を考慮し、冬開催の前は行わないで、夏や秋開催の前を中心に行う競馬場が増えている。なぜなら、野芝の生育が旺盛な夏ならバーチドレンで開けた穴が1週間程度で埋まるが、冬は野芝が休眠に入り生育が止まっているからだ。

なお、馬券を買う競馬ファンにとっては、この〝開幕前にエアレーション作業を行ったか〟は、けっこう重要なポイントになる。

例えば、以前の秋の中山や東京開催の開幕週は先行馬の活躍が目立っていた。しかし、開幕前のエアレーション作業を行うようになってからは、開幕週から差し馬の出番もあり、様々な脚質の馬が活躍できるようになっている。そして競馬場によっては、軟らかくなった馬場が馬の蹄の踏圧によって締まっていくからか、開催後半になると内側が残りやすくなる現象が起こるケースがある。昔の競馬は開催後半になって馬場が荒れるにつれて外差しが決まるというのがおおよその傾向だったが、最近では先に紹介したエクイターフの効果もあり、後半でもまだ内側が伸びる。

なお、この開催前のエアレーション作業はその時の芝の生育状況や状態に影響されるため、競馬場ごとに事情が異なる。またその時の芝の状態によって作業時期が前後したり、取りやめになったりする事もある（詳細は第2章の各競馬場のページを参照）。なお、開催前にこの作業が行われると、JRAホームページの〝馬場情報〟の馬場概要を示す箇所に、「エアレーション作業を行いました」などと表記されるので、チェックしてほしい。

４ ダートの基本

アメリカとは大きく異なる日本のダート

東京のフェブラリーステークス、中京のチャンピオンズカップなど、様々なレースが行われているダートコース（写真①）。２０２３年のドバイワールドカップを勝ったウシュバテソーロを筆頭に、近年は世界のダートを舞台に活躍する日本馬が増加。また、冬期や３歳未勝利戦の終盤にさしかかるとダートレースが増えるので、その基本もしっかりと理解しておきたい。

ＪＲＡの競馬場で正式にダートコースが導入されたのは１９６０年の東京競馬場。アメリカのダートを元に、雨や雪が降っても競馬ができる全天候馬場として造られた。

しかし使用している砂の質は日本とアメリカでは異なっている。『ｄｉｒｔ』を辞書で引くと意味は『泥』。雨の少ないアメリカの西海岸で使用されているダートはこの意味の通りで泥分が多い。一方、雨が多い日本の気候には泥分の多い砂は排水に影響するので、適していない。そのため、日本では『ｓａｎｄ』、つまり『砂』に近いものが使用されている（写真②）。

砂に求められる条件

このように、日本のダートは砂に近い。さらにＪＲＡでは、次に挙げる

写真①　チャンピオンズカップが行われる中京競馬場のダートコース

ような厳しい条件を設けている。

①砂の粒は最大2㎜以下で形が角ばっておらず丸いもの（前を走っている馬が蹴り上げた砂が後続の馬や騎手の顔に当たり、傷つけないようにするため。および、クッション性を良くするため）。

②シルト分が1％以下である事（シルト分とは粒子が0・075㎜以下の非常に細かい砂。これが増えると埃が立ちやすく、水分を含むと、すぐにぬかるんだ馬場になってしまうため）。

③砂がある程度、重いもの（降雨時や強風時に簡単に流されたり、飛ばされたりしないように）。

④ある程度の硬さがあり、形状が潰れにくいもの（耐久性があり、すぐにシルトにならないように）。

これらの条件をすべて満たす砂を探す事は容易ではなく、JRAでは様々な産地の砂を使用してきた。以前は関東なら利根川や鬼怒川の川砂、関西では木曽川の川砂を使っていた時代もあったが、環境保護の理由から採れなくなり、1990年からは青森県の六ヶ所村周辺で採取される海砂を使用し始め、1999年にはすべての競馬場が青森県産になった。しかし、近年は事情が変わってきているのだ。

写真②　ＪＲＡの競馬場で使用されているクッション砂（撮影：中京競馬場）

もう青森県産の砂だけではない!?

JRA施設部馬場土木課の浅川敬之課長補佐はこう話す。

「青森県六ヶ所村産は我々が砂に求める条件を満たす理想的なもので、長い間、全10場で使用してきました。しかし2020年頃から、この良質な海砂が採れにくくなってきたんです。そのため、全国10カ所の競馬場ではそれぞれに適した砂を探す必要性に迫られ、調査を続けています。最近では青森県産の砂をベースにして、それぞれの競馬場に必要な要素を補える産地の砂を混ぜていますね。例えば阪神競馬場では西オーストラリア州アルバニー産、中京競馬場では愛知県瀬戸市産を混ぜています（各競馬場でどんな砂を混ぜているかは第2章で詳しく紹介）。今、世界的に砂が不足しているため、日本でもなかなか良質な砂を見つける事が難しい状況です。ですから今後、年によっては砂の産地が変わるケースが出てくるでしょうし、今後も各競馬場で最適な砂を探す作業は続いていくと思います」

近年、地方競馬場が相次いで、白い砂を導入し始めたのも国内で良質な砂が採取しにくくなってきた事が要因だ。砂はダート競馬を支える重要な存在。今後も人馬が安全な舞台でレースを行うためにも、良質な砂がこの世からなくならないでほしいと、切に願う。

写真③　西オーストラリア州アルバニー産の珪砂を使用している園田競馬場

なお、青森県産の砂をベースにほかの産地の砂を混ぜる方法を最初に行ったのが２０２０年の阪神競馬場だ。この年から、西オーストラリア州アルバニー産の珪砂を混ぜるようになっている。

珪砂はガラス製品や鋳物の原料としても使用されている砂。異物が混合しておらず、砂粒に角がないため粉砕しづらい。そのため近年はダートで使用する砂に適しているとして、西オーストラリア州アルバニー産の珪砂が園田競馬場、姫路競馬場、門別競馬場、船橋競馬場、大井競馬場で使用されている（写真③）。また、名古屋競馬場や笠松競馬場、金沢競馬場で使用されている愛知県瀬戸市産の砂も、実は珪砂である。珪砂はその見た目から、〝白い砂〟と評され、ＳＮＳ等で話題になる事も多いのでご存じの方もいると思う。なお、地方競馬場ではこれらの珪砂が単体で使用されている（詳しくはＰ２３２の『地方競馬場に広がる白い砂の正体』を参照）。

ＪＲＡの砂をすべて〝白い砂〟に入れ替える可能性はあるのか

ここで気になるのは今後、地方競馬場と同じようにＪＲＡが全10場を白い砂に入れ替える予定があるのかという事だ。ＪＲＡ施設部馬場土木課の森本哲郎課長に伺った。

「現状、ＪＲＡが一気に白い砂に入れ替える予定は今のところありません。というのも、ＪＲＡの全10カ所の競馬場では1年に1回、すべての砂を洗って再利用し、足りない分は新しい砂を足しています。軟らかくなり、摩耗した砂は取り除かれていき、強くて磨きこまれた、言わば〝砂のエリート〟が残っていますから、我々が砂に求める条件を十分に満たしています」

実際にレースに乗る騎手たちは、現状をどう見ているのだろう。

「ジョッキーからは、『今のＪＲＡの砂はクッションがあり乗り心地が良く、定期的に洗浄もされているから、今の状態が良いと感じている。だから、一気に白い砂にするなどの急な変更は避けてほしい』という意見が多いです（詳しくは『第5章　ＪＲＡ騎手&ＪＲＡ馬場造園課座談会』を参照）。ナイター競馬がある地方競馬場では白い砂によって視界が良くなるなどメリットも大きいと思いますが、ＪＲＡでは日中にレースを行いますからね。白い砂は眩しいなどの声もあります。ただし、ダート競走は地方競馬との交流が盛んになっているので、騎手や調教師を中心とする関係者の意見や、地方の状況もよく見ながら進めていく事も必要だと感じています」

という事で、ＪＲＡの競馬場のダートコースが急に白い砂に変更される事は現時点ではなさそうだ。

ダートコースの下にも路盤がある

さて、続いては砂の下にある路盤にスポットを当てよう。ダートも芝コースのように表面に見える砂の下にはい

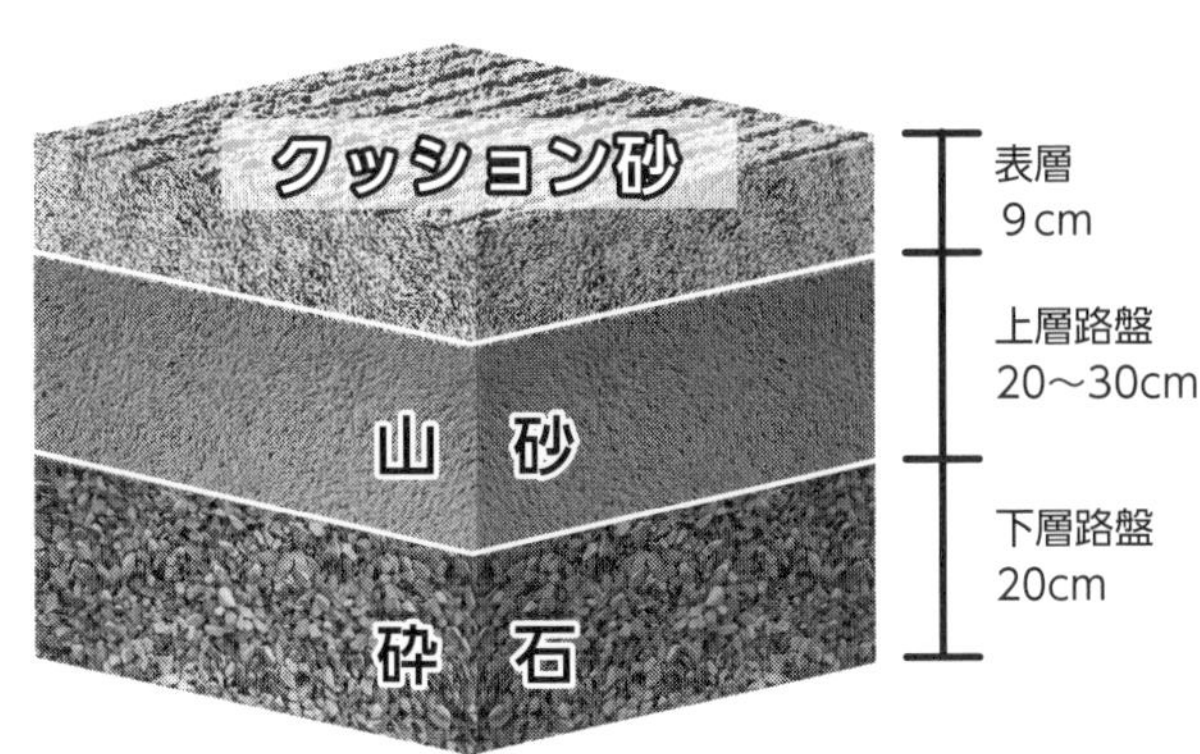

図①　ダート　構造断面図

くつかの層があり、路盤を形成している（図①）。まず表面にあるのが砂。馬場用語的にはこの砂を〝クッション砂〟と表現する。競走馬が脚を着いた時、名前の通りクッションの役割を果たし、蹄への衝撃を和らげているという訳だ。

　クッション砂の下には芝馬場同様、上層路盤があり主に山砂や真砂土を締め固めた層が約20㎝敷かれている。この上層路盤はダートコースの心臓部で競走馬の蹄による衝撃を受け止める大切な部分。衝撃緩和はクッション砂で十分に行われているため、ここで蹄をしっかり支持して、推進力につなげる役割を果たす。だから、芝馬場の上層路盤よりも、ダートの上層路盤はしっかりと締め固められている。なぜなら、もしもここが軟らかい状態だと、大雨が降った時に路盤が崩れてしまい、競走馬の安全な走行に支障をきたす恐れがあるからだ。そのためダートの上層路盤はしっかりと締め固め、安全性を高めている。

　その下にあるのが砕いた石などが敷かれている下層路盤。ここでは上層路盤が受ける荷重を分散させる役割を担う。

　そしてその下にあるのが基盤。その土地本来の土から成っており、土台として路盤を支えている。

全10場の砂厚は9㎝に統一

　意外に知らない人も多いかもしれないが、現在、ＪＲＡすべての競馬場のダートコースの砂厚は9㎝で統一されている。これは２００９年を機にそうなったもので、それ以前は競馬場によって砂厚は異なっていた。

砂厚の変遷についてはＪＲＡ施設部馬場土木課に記録が残っている。１９６０年代には砂厚が５㎝しかない競馬場もあった。しかし、１９７０年代に行われたクッション砂の衝撃緩和特性に関する実験結果から、ますは６㎝を一つの目安にしようとなった。その実験とは、砂の厚さによって馬の脚にかかる衝撃度がどれくらい変わるかを調べたもの。それにより、砂厚が６㎝以上になると馬の脚への衝撃が大きく緩和されるとわかったのだ。そこで、１９７０年代から１９８０年代にかけては６㎝を目安に調整されていた。

その後はより安全性への考えが高まり、１９８０年後半になると７㎝以上の競馬場が増え始め、２０００年代前半の頃にはほとんどの競馬場が８㎝以上となる。そして、２００９年から全10場のダートコースの砂厚が９㎝となり、現在に至っている。

ダートの走破タイムの出方は奥が深い

続いては、ダートの時計の出方についてお伝えしよう。

芝コースが水分を含むほど走破タイムを要するのに対し、ダートは基本的に、水分を含むほど時計が速くなる。これは海岸の砂浜でのランニングを思い出せばイメージしやすい。水分を含まないパサパサの砂浜は乾いて走りにくいが、海水で濡れた波打ち際は走りやすい。競馬におけるダートもこれと同じなのだ。

ただ注意したいのが不良馬場の時だ。現在、馬場状態の発表は良、稍重、重、不良の４種類で、不良馬場以上の状態はない。つまり、どんなに大雨が降っても不良の発表のままである。この不良の時は雨の降り方や含水量によって、時計の出方に差が出る事があるので注意しよう。例えば、重から不良になったばかりの頃はまだ走りやすく、速い時計が出やすいが、大量に雨が降りダートが田んぼのようになると、走りにくくなって時計がかかるようになる時がまれにある。以前、ある馬場担当者が、「ダートは含水量によって、その状態を変える事がある。だから、芝同様に〝ダートも生きもの〟なんですよね。奥が深いですよ」と話していた。ダートの砂はもちろん生きてはいない。しかし、状況によってその姿を変える可能性があり、芝コース以上に状態把握が難しい場合がある事を知っておくべきだろう。

ダートの砂は洗って再利用 ～洗った後は水はけが良化～

森本課長が先に話していたように、ＪＲＡのすべての競馬場のダートコースの砂は1年に1回、機械で洗浄されて再利用されている。

ダートは使っている間に馬の脚の衝撃などで細かく砕けて泥分が増えたり、ゴミが入ったりするので、そのまま

写真④　砂洗浄機。ＪＲＡが特注したオリジナル機械（カラーグラビアＰ19も参照）

写真⑤－１

写真⑤－２

にしておくと排水性が悪化する要因になる。そこで、砂洗浄機と呼ばれる機械（写真④）でコース上の砂をすべて洗っているのだ。私は何度か東京競馬場で行われていた砂洗浄の様子を見に行った事がある。馬場内にその洗浄機がドーンと置かれており、その幅は30m以上もあるとても大きな機械だった。

まず、コース上にある砂をすべて撤去して集めてきて、水で洗浄し（写真⑤－1、2）、泥分やゴミを取り除く。そしてきれいになった砂だけを再利用する。ダートコースすべての砂を洗うので、作業は約1カ月を要する。その後、足りなくなった分は新しい砂を加えて、砂厚調整を行い競馬の開幕を待つ。

写真⑥　向かって左が洗浄前。右が洗浄後。洗浄後は泥分がなくなり、水も透明だ

洗う前と後を比較したのが写真⑥。向かって左が洗浄前。泥分があるため、水が濁っている。しかし右側の洗浄後は瓶の中の水が透明で、飲んでもいいかもと思えるレベルである（笑）。1回の洗浄でここまできれいになるのだから驚く。さらに、洗浄後のダートは泥分が少なくなるので、水はけが良くなる。そのため雨が降って重馬場になっても、砂を洗う前の開催と比べると良馬場に回復するのが早くなりやすい。

砂を洗浄するタイミングは競馬場によって異なるので、その詳細は第2章で書いた。また洗浄作業が行われると、ＪＲＡホームページの馬場情報に〝クッション砂の洗浄を行いました〟と発表されるので、ぜひ参考にしてほしい。

なお、ダートのクッション砂を洗浄した後は、洗浄前と比べると走破時計の傾向が変わる事がある。その要因はシルトが除去される事による砂質の変化や、違う産地の砂を足した事による影響などが考えられる。ダートの時計の出方はとても奥が深い。気になる場合はその都度、気象条件などを含めて注意深く見ていく必要があるだろう。

凍結防止剤が与える影響 ～時計がかかるようになる事もある!?～

それから、ダート競馬を考える上で、把握しておきたい事がある。それは凍結防止剤だ（写真⑦）。冬になり気温が下がると、ダートには凍らないように凍結防止剤が散布される。冬に東北地方などに行くと、道路に白い融雪剤が撒かれているのを見た事がある人も多いと思う。ＪＲＡで使用されている凍結防止剤はそれと似たような物で、主に塩化ナトリウム、無水硫酸マグネシウム、硫酸ナトリウムから成っており、人馬への安全が保障された成分が使用されている。凍らないメカニズムは次の通りだ。

凍結防止剤に含まれた塩化ナトリウムがダート中の水分に溶けて、水の凝固点を下げる。普通、水は０度で凍る。しかし、凍結防止剤がダート１㎡あたり１００g撒かれているとマイナス１度まで凍らない。つまり、２００g入っているとマイナス２度まで、３００gだとマイナス３度まで凍らない。

各競馬場の馬場造園課では天気予報の最低気温やその時のダートの含水量を考えて、必要と判断したら凍結防止剤を散布している。

そして気になるのが、走破時計への影響だ。〝凍結防止剤が入ると時計がかかるようになる〟という話を聞いた事がある人も多いと思う。実際にはどうなのか。京都競馬場、馬場造園課の東良剛課長が次のように教えてくれた。

「凍結防止剤が入る前と後のダートの時計を比較しようとしても、含水率などの条件も複雑に絡むため、分析は困難です。ただ、僕も複数の競馬場で勤務し、実際に凍結防止剤を入れた時のダートを何度も見てきて、含水量に

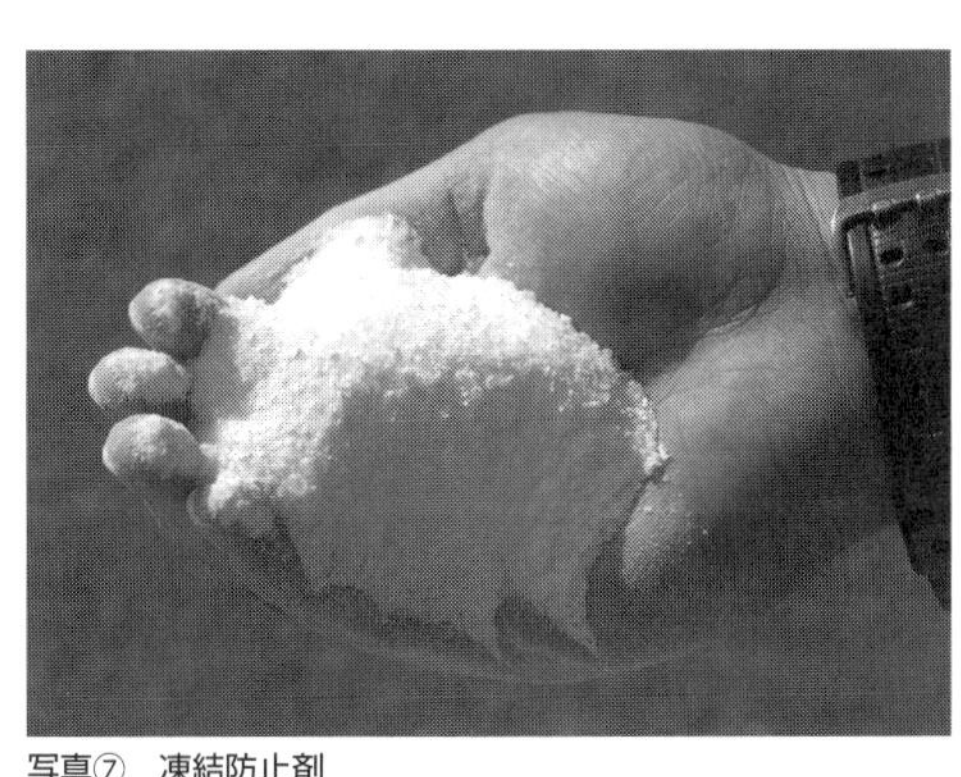

写真⑦　凍結防止剤

よって状態が変わるという印象は持っています。凍結防止剤はダート中の水分に反応して効果を発揮するので、元々、保水性があるんです。そのため防止剤が入ると、ある程度湿り気を保ちやすくなります。そして、ジワッと湿っているような時なら、脚抜きが良くなって走りやすくなる事がある。逆に不良馬場のような水分量が増えている際に防止剤が入ると粘り気が増して、脚が多少抜きにくくなる事もあるのかなと思いますね」

つまり凍結防止剤が入っている時と、入っていない状態を比較するとその様相は変わり、水分量によっては粘り気が増し、時計が遅くなるケースがあるという事だ。実際、騎手からは「砂に粘り気が出てゴーグルにつくので、防止剤を入れたら必ず教えてほしい。ゴーグルの数を増やして対応するから」という意見が聞かれるそうだ。そして、保水性があるという事は水持ちが良く、言い方を変えれば水離れが遅いという事にもなる。そうなれば、不良から重へといった馬場状態の回復が遅くなる傾向になる。やはりダートは生き物であり、状況によってその状態は刻々と変化するという事なのだろう。

最後に補足しておくが、冬場のダートが時計を要する要因は1年で最も乾燥している時期である事も関係している。冬のダートは凍結の恐れがあるので、あまり散水ができない。そのため、凍結防止剤が入っていなければ特に乾燥している状況が多いのだ。こうした背景もあり、時計がかかる事が多い。

5 含水率

含水率とは

ＪＲＡでは２０１８年７月から、馬場の含水率を発表している。

現在、馬場状態は良、稍重、重、不良の４段階で発表されており、この馬場状態を重視して予想を組み立てる競馬ファンも多いだろう。雨が降り続けば馬場は湿っていくので、芝コースの場合は走破時計がかかっていく事が想像される。しかし難しいのが良馬場の時。近年は馬場の改良が進み、実に芝のレースの８割以上が良馬場だ。しかし、この４段階の馬場表記だけでは、パンパンに乾いた良も、稍重に近い湿った良もすべて同じ〝良〟と発表され、どんな状態なのかを把握しきれない部分がある。

〝含水率〟とは馬場に含まれる水分をパーセンテージで示したもの。この数値を正しく理解できるようになれば、もう少し具体的に馬場の状態をイメージできるようになる。

芝とダートでは含水率の測定箇所が異なる

含水率はどうやって測定するのだろう。まず、芝とダートでは測定箇所が異なる事を理解する必要がある（図①）。

ダートの場合は路盤の上のクッション砂の含水率を調べるので、イメージ的にも理解しやすい。しかし芝は植物のため、葉や根、茎は生きるために水分を溜め

図①　含水率測定箇所。芝は路盤材の含水率を測定。ダートは表層のクッション砂の含水率を測定

込もうとする性質があり、目に見える芝表面の水分量にはばらつきが多い。そこで芝の場合は、芝の下にある路盤の山砂部分から試料を採取している（写真①②）。

そして芝、ダート共にそれぞれ採取した試料を赤外線水分計と呼ばれる測定器で計測（写真③）。試料は１８０度に熱せられ、蒸発した水分量から含水率が測定される。例えば、１００ｇの試料に15ｇの水分が含まれている時は含水率が15%となる。

なお、公表される含水率は芝、ダートともに４コーナーとゴール前の２カ所で、それぞれ内柵から１ｍの箇所で採取した試料を元に測定されている。

写真①　芝コースの含水率を調べるための試料を採取

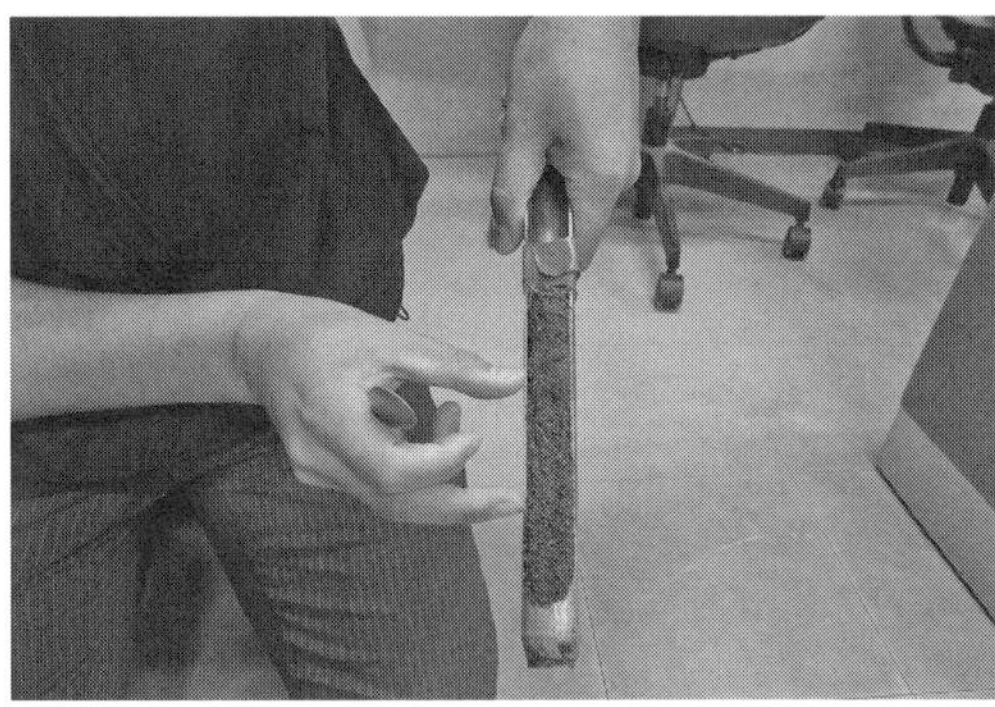

写真②　芝の場合、芝の下にある路盤の山砂から試料を採取（指で示している範囲）

写真③　赤外線水分計

含水率＝馬場状態決定ではない

含水率を正しく理解するために、大切なポイントが次の2点だ。

①含水率だけで馬場状態が決まるわけではない。

②各競馬場の芝コースでは使用している路盤の砂や材料などが同じではないため、芝コースの含水率の出方は競馬場によって違いがある（ただし、ダートの含水率の出方は全競馬場で同じ傾向）。

ここからはJRA施設部馬場土木課の森本哲郎課長に教えていただこう。まずは、ポイント①はどういう事なのか。

「公表する含水率は広大な馬場のうちの2カ所に過ぎません。含水率を測る作業には約1時間かかるため、何カ所も調べるわけにはいかないからです。そのため、馬場を知り尽くした競馬場の馬場担当職員が馬場を歩き、手で触り、踏んだ時に水が染み出ないかなどを確認（表①）。その上で、含水率も参考にして総合的に判断し、馬場状態を決定するのです」

以前、私が東京競馬場でレース当日の馬場作業を取材した際、含水率は良の範囲でも、馬場担当職員が実際に馬場を確認すると水分を含んだ状態だったため、稍重と発表されたケースがあった。含水率がそのまま馬場状態決定になるわけではない事を理解しておこう。

そして、②のポイントも重要だ。例えば芝の含水率が13・1％の時、東京競馬場では良になるが、小倉競馬場では不良になるケースがある。これはどうしてなのだろう

馬場状態	芝コース	ダートコース
良	踏みしめた際、馬場の表面はほとんど変化しない状態	クッション砂（表層）を握った際、固まらない状態。または固まってもすぐに崩れる状態
稍重	踏みしめた際に水は染み出ないが、馬場の表面がやや凹む状態	踏みしめた際に水は染み出ないが、クッション砂を握ると団子状に固まる状態
重	表面に水は浮いていないが、踏みしめると水が染み出る状態	表面に水は浮いていないが、踏みしめると水が染み出る状態
不良	表面や足跡に水が浮いている状態	表面や足跡に水が浮いている状態

表①　馬場状態区分の判断基準

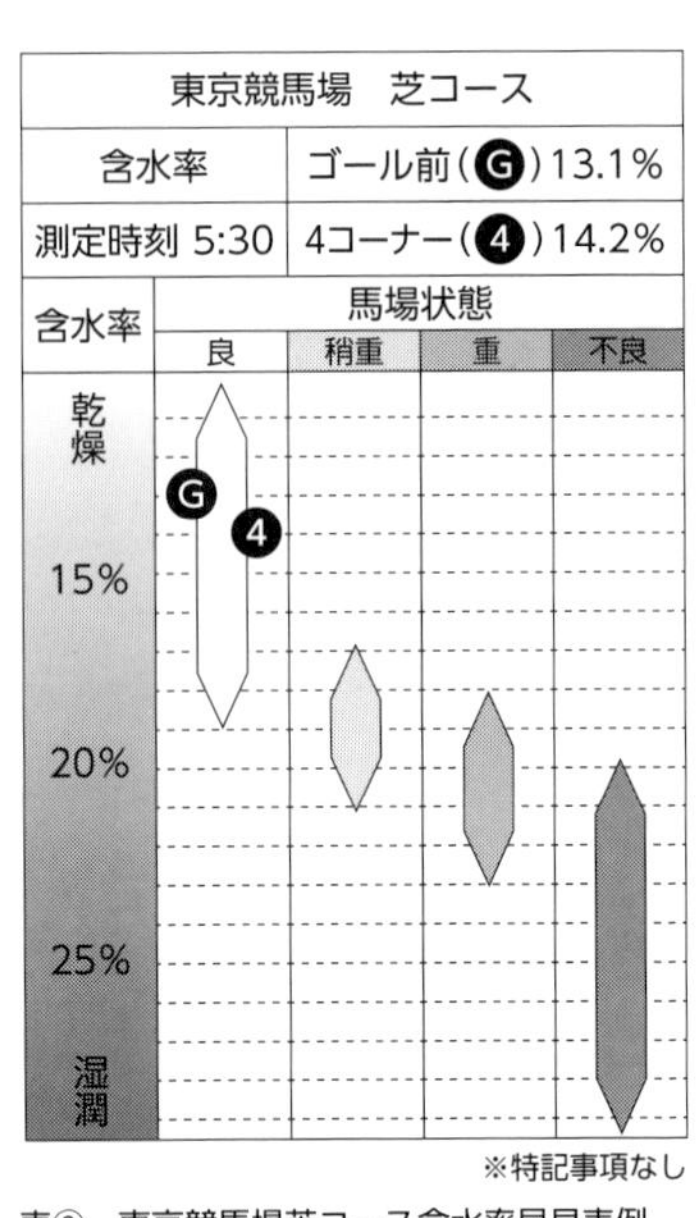

表②　東京競馬場芝コース含水率早見表例

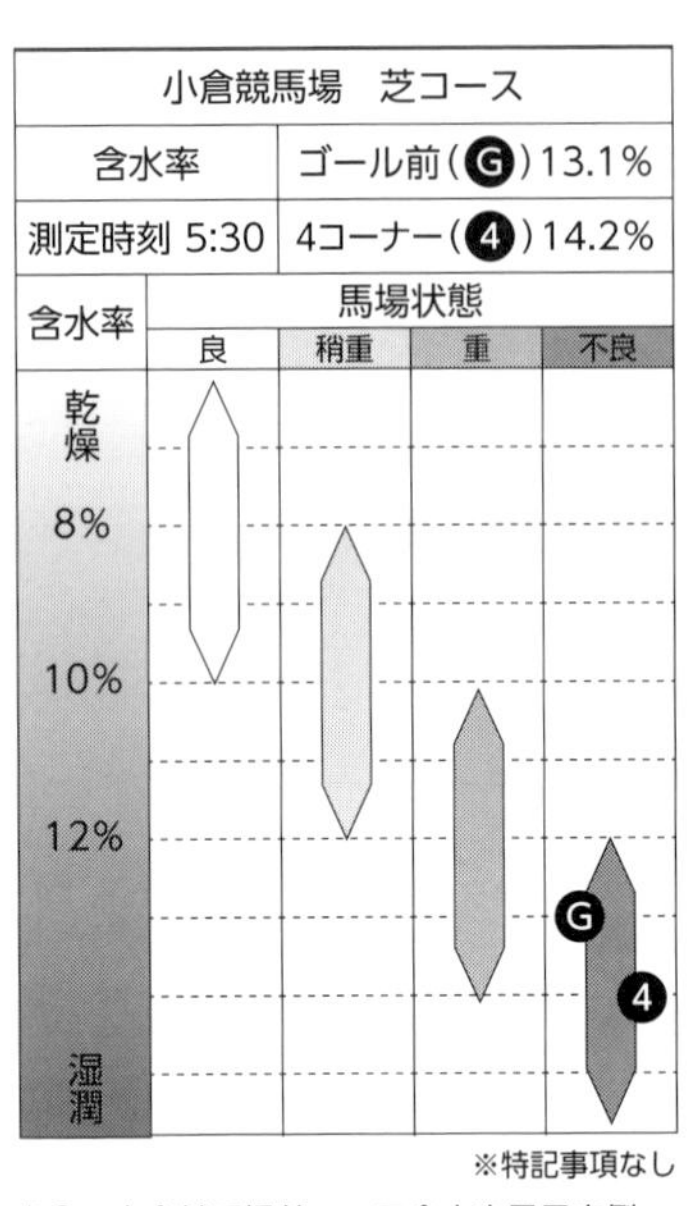

表③　小倉競馬場芝コース含水率早見表例

（表②③）。

「各競馬場の芝コースの路盤に使用している砂には、芝が生育するための水分や肥料成分を保持するために、それぞれの競馬場の気候風土に合った土壌改良材を混ぜています。その砂と材料が各競馬場で違うため、含水率の数値区分が異なるのです」

つまり、芝の含水率の基準は各競馬場、横並びではないという事だ。そのおおまかな目安になるのが、表④。興味深いのは先ほど例に出した東京競馬場と小倉競馬場。特に東京の良の範囲は19％までと幅広い。

「東京競馬場の路盤には千葉県君津産の山砂に、土壌改良材としてバーク堆肥（写真④）を混ぜていますが、ほかの競馬場よりもバーク堆肥の量が多いんですね。バーク堆肥とは杉の木の皮を発酵させたもので、水分を含んでいます。そのため、この量が多いと良馬場でも高めの含水率を示します。バーク堆肥は中山や福島、中京、札幌競馬場などにも入っていますが、その量は東京が一番多いです」

また、小倉の含水率は良が10％までとなっているのは以降の理由からだそうだ。

写真④　バーク堆肥

■芝コース

	良	稍重	重	不良
札幌	～15	14～18	17～21	20～
函館	～15	14～18	17～21	20～
福島	～15	13～17	15～19	17～
新潟	～15	13～17	15～19	17～
中山	～13	11～15	14～18	17～
東京	～19	17～21	18～23	20～
中京	～14	12～16	14～17	16～
京都	～13	11～14	13～16	14～
阪神	～12	10～13	12～14	13～
小倉	～10	8～12	10～14	12～

■ダートコース

	良	稍重	重	不良
全場	～9	7～13	11～16	14～

表④　含水率と馬場状態区分の関係性（各数字の単位は%）

「小倉競馬場の路盤で使用している長崎県西ノ浦産の海砂と山口県豊浦郡小串産の山砂の混合砂は砂粒が粗いです。粗いと隙間ができるので、排水性が良いんですね。だから水分が抜けやすい。そのため、含水率が低めに出る傾向なのです」

確かに東京の山砂と比較すると、小倉の方が粒子が粗いのがわかる（写真⑤⑥）。

意外なところでは阪神競馬場の区分が低めになっている。

「阪神の路盤で使用する青森県野辺地産の山砂はシルト分（粒子が非常に細かい砂）が少ないので、排水性が良いんです」

ではダートの含水率の出方はどうなっているのだろうか。

「ダートコースについては、表層に使用しているクッション砂の性状に大き

写真⑥（小倉）

写真⑤（東京）

東京競馬場の芝コース路盤で使用されている山砂（写真⑤）より、小倉競馬場の芝コース路盤で使用されている混合砂（写真⑥）の方が砂粒が粗い

な違いはないので、含水率と馬場状態区分の関係性は全10場で同じものになります（表④）」

さらにこの表④の数字をよく見ると、例えば東京競馬場の場合、芝コースの良のおおよその区分が19％までなのに、稍重が17％からとなっているように、良と稍重、稍重と重など、芝もダートもそれぞれで含水率の数値区分に重なる箇所がある。

「馬場担当職員が実際に馬場を確認すると、含水率が同じでも数字以上に水分を含み、稍重と判断する場合もあるので、このような幅があります」

これはポイント①につながる。やはり、含水率＝馬場状態決定ではないという事だ。

含水率の情報を得るためには？

開催競馬場の含水率はＪＲＡホームページの馬場情報の中で公表されている。まず、金曜朝に測った含水率は金曜昼過ぎに、開催日当日早朝に調べた含水率は朝9時20分頃に発表（表②③参照）。この表には測定時刻や、測定時刻までに何㎜の雨が降ったかも明記されている。また、表中のマーク〝Ⓖ〟はゴール前、〝④〟は4コーナーの含水率。矢印のどこに数値があるのかを見れば、パンパンの良なのか、稍重に近い良なのかなど、イメージをつかみやすくなっている。

含水率は水分量と温度が影響する

ここからは、含水率に関して起こり得る事象について、森本課長に聞いていこう。まずは、気になる含水率と走破時計の関係性については、実際どうなのだろう。

「含水率が発表された２０１８年以降、各競馬場のデータを蓄積し、分析を行っています。やはり芝コースの場合、含水率が高い時の方が時計はかかる傾向が出ています。そしてダートの場合は含水率が高くなると時計が速くなる傾向がありますね。やはり、含水率は馬場状態とリンクしやすいと言えると思います」

またこれは実際に毎週、含水率をチェックしていると時々遭遇するのだが、土曜に雨が降っていないのに日曜の含水率が上がっているケースがある。

「これには色々な要因があります。まずは含水率を調べる場所に印をつけるわけにはいかないので、土曜と日曜の測定箇所が少しずれる事があるんですね。あとは朝露が落ちたり、空気中の湿度が高い場合なども影響が出るケースもあります。ただ、いずれにしても差異は若干だと思います」

そして、土曜のレース後に散水を行った場合の影響も気になるところだ。

「まずご理解いただきたいのは、我々が行うのは芝が生きるための必要最低限の散水であり、馬場状態を変えるためではありません。例えば、土曜にかなり気温が上がってしまって、芝の生育に影響が出た場合、レース後の土曜夕方に散水する事があります。その後、日曜の天気が曇りで気温が上がらず、散水した水分が蒸発しない場合は前日より含水率が上がるケースがあります」

という事で、含水率を正しく扱うためにはレース当日の天気や気温も考慮した方が良い。

なお現在、含水率は朝に1回だけ発表されているが、今後は日中も更新されていく可能性はあるのだろうか。というのも、含水率発表後に雨が降れば、当然、含水率は高くなるはずだからだ。この件に関し、森本課長は、「競馬ファンの皆さんの中にはもっと更新してほしいと考える方もいるかもしれません。しかし、含水率を測る作業には約1時間かかり、例えば雨が降り続く中で新たに含水率を調べたとしたら、発表時には1時間前の数値になってしまいます。それはリアルタイムの数値ではありません。ですから現状では朝1回の更新となっています。しばらくはこの発表方法で運用し、ファンの皆様からの反響、課題などを収集しながら、できるだけ柔軟に対応していきたいと考えております」と話していた。

予想に含水率をどう活かすべきか

最後に、含水率をレース予想にどう活かすべきかを考えていこう。

まず、含水率はレース当日早朝の数値のため、その後、時間の経過や天候の変化とともに変わっている可能性がある。だから、その都度、各自で最新の馬場状態を考慮する事が大前提となる。

また、前述したように、芝コースの場合、雨の影響があって含水率が高い時は時計がかかると、容易に想像できる。やはり難しいのは良馬場の時の含水率をどう扱うかだろう。

アーモンドアイがジャパンカップで2分20秒6というJRAレコードを出した日の事を覚えている方も多いと思う。一流ホースたちが集った2018年11月25日。この日の東京競馬場の芝コース、4コーナーの含水率は12・1%。この日からさかのぼること約2週間、東京競馬場ではまったく雨が降っていない状態で、この12・1%という含水率はこの年の秋の東京開催における最低値。つまり、馬場がかなり乾いていたのだ。

このように、含水率は〝この東京開催の中で一番低い〟とか、〝先週より今週の方が低い〟など、短いスパンで比較する事がポイントだ。これに、芝コースの移動柵がAからBに替わるといったコース替わりが加われば、さらに速い時計が出る可能性が高まる。また、〝5回開催、3週目までの東京競馬場芝コースの平均含水率は、去年の同時期よりも低い。今年、速い時計が出ているのは去年よりも乾いている事が要因ではないか〟というふうに、その競馬場を同じ時期で比較するのも有効である。

なおこの度、JRA施設部馬場土木課に、含水率が発表になった2018年から2023年までの全10場の芝コースとダートコースの平均含水率を問い合わせた（表⑤）。これによると、東京芝コースの平均含水率は約15・1%となっており、これと比べても先ほどの12・1%という数字は低い事がわかる。含水率は年によって雨量の差などにより多少変化が生じる事もあるが、この表⑤は各競馬場の含水率傾向を把握する上でおおまかな指標になるので、ぜひ活用いただきたいと思う。

●芝コース含水率

年	場所	札幌	函館	福島	新潟	中山	東京	中京	京都	阪神	小倉
2023	ゴール前	12.9	14.9	11.3	12.8	11.7	14.7	12.6	10.7	10.4	9.8
	4コーナー	13.1	14.8	12.5	12.7	13.1	14.7	13.3	9.2	10.6	10.9
2022	ゴール前	12.7	14.6	12.3	12.4	12.2	15.0	13.5		9.8	9.2
	4コーナー	13.5	13.7	13.6	13.0	13.1	14.7	13.4		10.2	10.4
2021	ゴール前	12.8	14.0	12.4	12.6	11.7	14.5	13.9		9.9	9.2
	4コーナー	13.5	14.1	13.9	13.8	12.0	13.9	13.3		10.2	9.8
2020	ゴール前	12.3	15.0	12.4	12.8	10.8	15.4	13.1	10.9	10.4	8.6
	4コーナー	12.6	14.9	15.0	13.2	10.8	15.5	12.9	10.4	10.5	9.1
2019	ゴール前	12.4	15.0	12.3	12.6	10.8	16.2	12.9	10.2	9.4	9.1
	4コーナー	13.3	14.5	14.3	12.7	11.0	16.0	13.1	9.4	9.9	9.1
2018	ゴール前	11.8		11.0	12.5	10.9	14.9	10.9	10.9	10.6	7.9
	4コーナー	12.4		13.1	13.3	10.9	15.4	11.9	10.0	11.0	8.3
平均		**12.8**	**14.6**	**12.8**	**12.9**	**11.6**	**15.1**	**12.9**	**10.2**	**10.2**	**9.3**

●ダートコース含水率

年	場所	札幌	函館	福島	新潟	中山	東京	中京	京都	阪神	小倉
2023	ゴール前	5.6	10.6	6.3	5.1	5.8	5.8	6.2	7.2	7.2	9.6
	4コーナー	5.4	11.1	5.8	5.3	5.9	5.9	6.4	7.8	7.4	10.4
2022	ゴール前	4.8	7.4	8.6	7.4	7.4	6.7	6.6		6.1	6.6
	4コーナー	5.4	8.0	8.9	7.6	7.3	6.7	6.8		6.6	7.0
2021	ゴール前	4.6	4.0	7.8	7.5	6.7	5.9	8.5		6.4	10.6
	4コーナー	4.7	4.5	8.7	8.0	6.8	6.1	8.9		6.9	11.0
2020	ゴール前	4.8	7.2	8.8	7.3	5.7	6.3	6.8	7.1	7.8	8.6
	4コーナー	4.8	7.4	8.9	8.0	6.0	6.6	7.4	7.6	7.9	9.2
2019	ゴール前	9.2	6.3	8.6	7.8	5.1	7.6	8.3	5.4	6.6	8.1
	4コーナー	9.2	7.1	8.6	8.2	5.2	7.8	8.4	5.6	6.7	8.6
2018	ゴール前	11.4		4.9	8.4	5.1	5.8	6.1	4.7	10.5	5.0
	4コーナー	11.2		5.4	8.2	6.6	5.8	5.8	5.2	10.8	5.7
平均		**6.8**	**7.4**	**7.6**	**7.4**	**6.1**	**6.4**	**7.2**	**6.3**	**7.6**	**8.4**

表⑤　全10場の平均含水率。それぞれの下段には2018年～2023年における各場のゴール前と４コーナーすべての平均値を太文字で明記した

6 クッション値

近年、ＪＲＡでは馬場に関する情報開示を進めている。２０１８年に公表開始となった含水率に続き、２０２０年9月から発表されるようになったのが〝クッション値〟だ。

クッション性＝硬さの度合

クッション値とは馬場のクッション性を数値で表したもの。つまり、この数値で芝馬場の硬さがわかるのだ。ＪＲＡはなぜ、この数値を発表するに至ったのだろう。ＪＲＡ施設部馬場土木課の森本哲郎課長に聞いた。

「芝のレースで速い時計が出るたびに、『馬場が硬いのではないか』という声が寄せられてきました。しかしＪＲＡでは最近、軟らかい馬場造りを行ってきており、数十年前に比べれば軟らかくなっています。ですから、競馬ファンの皆様にもっと正確な情報をお伝えする方法はないか、模索してきました。２０１３年秋から、全10場の競馬場で芝馬場のクッション値を簡易的に測れるクレッグインパクトソイルテスター（通称クレッグ）を導入。数年間の試験期間を経て、正確な測り方や測定箇所などの準備が整ったのです。クッション値を事前に把握する事はファンの皆様にとってメリットになると考えました。これも公開するに至った大きな理由です」

測定方法は以降の通りだ。

「クレッグの重り（2・25kg）を45cmの高さから自由落下（力を加え

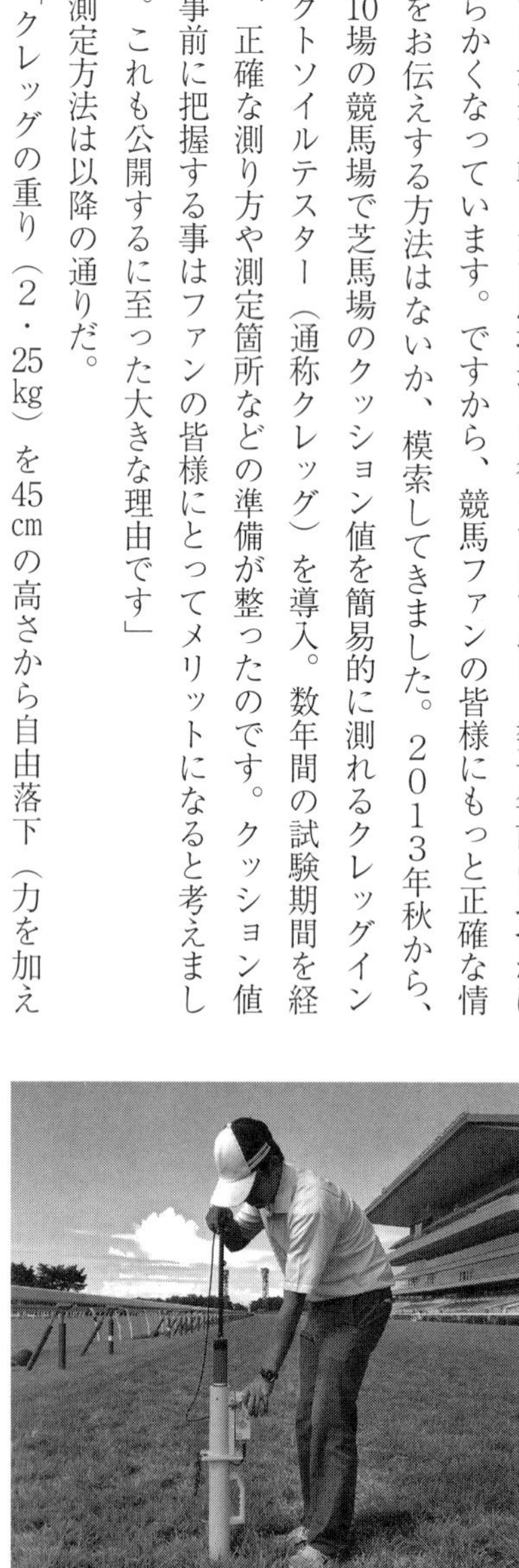

写真①　クッション値はクレッグで測定する

ずに自然に落とす）させ、馬場に衝突した際の衝撃加速度を測定します（写真①）。1カ所につき4回連続で落下させ、4回目の数値をその箇所の測定値とします。なお、この測定方法はクレッグを使用する際の一般的な方法です。重りを1回落とすにつれてどんどん締まっていき、これまでの調査では締まりの上限は4回目くらいになるとわかりました。ですから、4回目の数値を採用します」

測定する場所はどこになるのだろう。

「測定箇所はゴール前と4コーナーおよび、その間の各ハロン地点（図①）。各地点とも、芝コースの内柵から2～3mの場所を測定範囲とし、1地点につき5カ所を少しずらしながら測定。そして、各地点すべての数値を平均した値をクッション値として公表します」

すべての競馬場において測定範囲はゴールから4コーナーまでの直線部分で、京都や阪神、新潟にある外回りの4コーナーは対象外。なお、東京競馬場と中京競馬場はゴール前、残り200m、残り400m、4コーナーの4地点を調べるが、あとの8場は3地点となる。例えば、中山競馬場ではゴール前、残り200m、4コーナーの3地点で調べ（図①）、3地点×5箇所＝15回の平均値が、発表されるクッション値になる。

クッション値は含水率と同じタイミングで、ＪＲＡ

JRA　ネット投票ログイン　UMACAスマート スマッピー　メニュー

芝のクッション値

測定時刻

2月11日（日曜）8時00分　変更

クッション値　9.7

12　10　8　7

硬め　やや硬め　標準　やや軟らか　軟らか

クッション値とクッション性との関係性（参考）

芝馬場のクッション値	馬場表層のクッション性
12以上	硬め
10から12	やや硬め
8から10	標準
7から8	やや軟らかめ
7以下	軟らかめ

クッション値に関する基礎知識

表①　2024年２月11日の朝に発表された東京競馬場のクッション値（ＪＲＡホームページより）

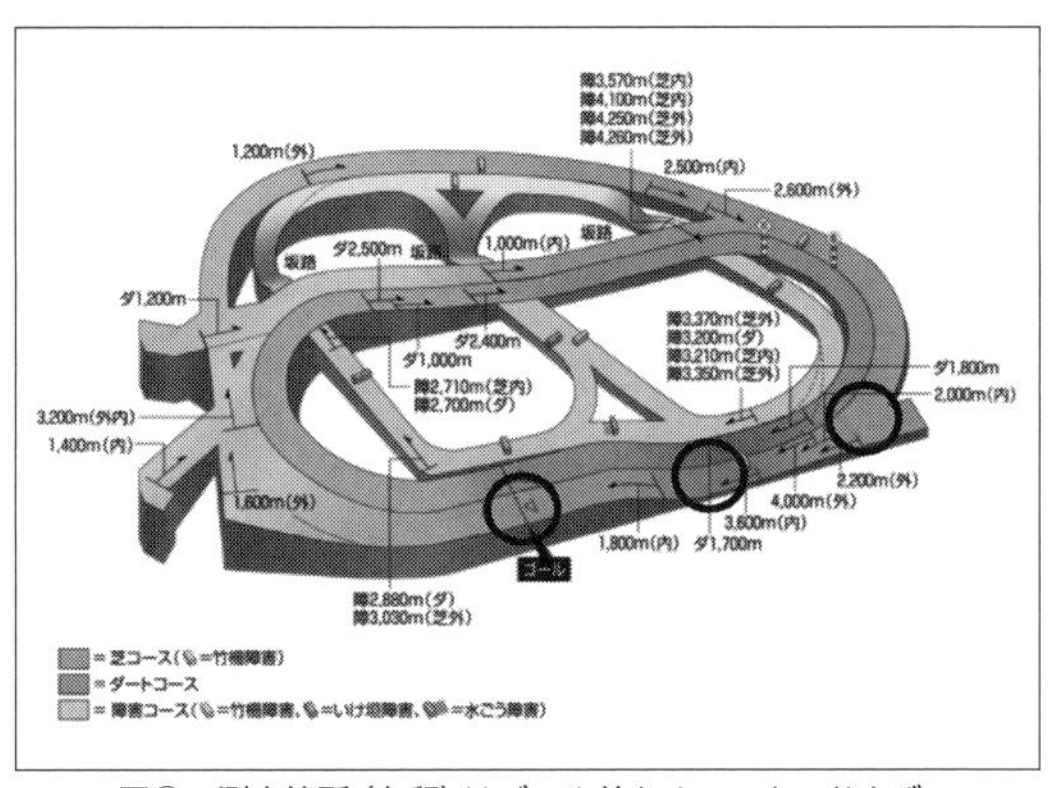

図①　測定箇所（丸印）はゴール前と４コーナーおよび、その間の各ハロン地点

ホームページの馬場情報にて公表されている。時刻は開催前日（金曜日）が昼過ぎ、開催当日は9時20分頃。その際、〝標準〟、〝やや硬め〟など、クッション値とクッション性との関係性も掲載されている（表①）。

芝の状態がより把握できるようになる

ここからは、クッション値をさらに理解するための情報をお伝えしていこう。まずは、数値の見方について。クッション値は数値が高いほど硬く、低いほど軟らかい。ちなみに、含水率は高いほど軟らかく、低ければ乾いている傾向になる。クッション値と含水率では逆のイメージになる事をしっかり認識しておこう。

そして、クッション値は含水率とは測定部分が異なる事も重要なポイントだ（図②）。

「含水率は芝馬場路盤の芝の根より下の部分の水分状態を測定しています。一方、クッション値は芝の表面に重りを落下させた際の反発力を測定しており、芝の生育状況による影響も測定値に反映されます。つまり、含水率が路盤のみの状態を表すのに対し、クッション値は芝と路盤の両方の状態を表すんですね。ですから、より芝の状態を把握することができます」

図②　含水率は芝の下の路盤を測定。クッション値は含水率より芝に近い箇所を測定

また、クッション値は芝の種類によって数値の出方が異なる傾向になる。

「札幌・函館競馬場で使用している洋芝（ケンタッキーブルーグラス、ペレニアルライグラス、トールフェスク）は地下部に細い根が密集したマット層があり、この部分の保水量が多いため、野芝の競馬場と比較するとクッション値が低くなる傾向があります。一方、本州以南の競馬場で使用する野芝は地下部に匍匐茎を持つ事が特徴。この匍匐茎は横方向に生育する強靭な根や茎であり、洋芝のマット層に比べて保水量が少ないので、洋芝馬場よりも高く出る傾向です。具体的には標準値として洋芝は7～8。野芝は8～10。

野芝に洋芝をオーバーシードした馬場も野芝がベースなので８～10くらいです」

海外の競馬場におけるクッション値はどうなっているのだろう。

「ＪＲＡが２０１９年にイギリス、フランス、香港、オーストラリア、アメリカの主要競馬場を測定した結果、クッション値はおおむね７～10の範囲内でした。ヨーロッパの競馬場は洋芝を使用しているので、値は北海道の競馬場とほぼ同じになります」

となると、札幌記念をステップに凱旋門賞へ挑戦するプランは、馬場硬度だけを考えれば正しい選択と言える。

競馬場によってクッション値の傾向は異なる

表②は今回、ＪＲＡ施設部馬場土木課から提供いただいた全10場の平均クッション値だ。これを見ると、競馬場によってだいぶ数値が異なる事がわかる。皆さんが意外に感じるのは東京競馬場ではないだろうか。『東京の芝コースは速い時計が出やすい。馬場が硬いのではないか』と言われるが、クッション値が発表になった２０２０年から23年における東京の平均値は約９・２。中山や阪神（ともに平均クッション値が約９・７）と比べると低い。つまり軟らかいという事になる。

ではなぜ、各場でこれだけ差が出るのだろう。ここからは、ＪＲＡ施設部馬場土木課の浅川敬之課長補佐に伺った。

「各競馬場の芝馬場の路盤に使用している山砂は競馬場によって異なります。また、芝が生育するための路盤環境などを整えるため、それぞれの競馬場の路盤砂に合った土壌改良材や有機物を混合しています。そのため、含水率やクッション値は競馬場によっ

●クッション値まとめ

年	札幌	函館	福島	新潟	中山	東京	中京	京都	阪神	小倉
2023	7.7	7.5	8.8	9.2	9.3	9.2	9.3	9.4	9.3	8.9
2022	7.3	7.2	8.4	9.4	9.3	9.1	9.5		9.8	9.2
2021	7.8	7.4	8.3	9.3	9.8	9.3	9.6		9.5	9.1
2020			8.3	9.3	10.3	9.0	9.9	8.7	10.0	
平均	**7.6**	**7.4**	**8.5**	**9.3**	**9.7**	**9.2**	**9.6**	**9.1**	**9.7**	**9.1**

表②　2020年～2023年における各場の平均クッション値

て異なる傾向があるのです」

話を東京競馬場の例に戻そう。東京の芝馬場は軟らかいのに、なぜ速い時計が出るのだろうか。

「東京では土壌改良材にバーク（杉の皮）を使用しており、その量が多いため、締め固まりづらいのです。それが軟らかくなっている要因だと思います。そして、時計との関係ですが、例えば秋の東京開催では夏に芝を張替えた直後の開催で芝の状態が良く、走りやすい状況である事が背景としてあると思います。また、東京では移動柵を３ｍごとにＡからＤコースまで設定できます。理想的な芝コースの運用ができますから、状態を保ちやすいという事もあると思います」

つまり、〝芝はしっかり。でも、路盤は軟らかい〟という事だ。これは、パンのコマーシャルを思い出すとわかりやすいかもしれない。よく、〝表面はカリッと。中はふんわり〟といった表現が使われるが、東京の芝コースはまさにそんな感じなのだと思う。芝自体はしっかりしているので、速い時計が出る。この説明で少しはイメージが伝わる事を願う（笑）。

このように、各競馬場では路盤砂に合った土壌改良材や有機物を混合しており、その素材や割合がクッション値に影響を与える傾向があるというのは興味深い。ちなみに、クッション値が発表された２０２０年以降の中山競馬場の数値は10を超える事も珍しくなかった。この理由を中山競馬場馬場造園課の野津智課長に伺ったところ、「中山では２０１４年の路盤改造工事の際にバークを入れたのですが、その後、毎年の芝張替作業などで減少している状況にありました。それがクッション値の高さに影響している一因だと考えられます。そのため、２０２１年夏の張替時から毎年夏にバークを補足するようになりました。最近は数値が落ち着いてきていると思います」との事。

確かに、最近の中山のクッション値は以前ほど高くない。バークの影響が出ていると思われる。

クッション値とタイムの関係

ＪＲＡでは開催競馬場のクッション値を公表した２０２０年からこの数値をデータとして保存しており、様々な角度から分析している。森本哲郎課長によると、「色々と設定条件を変えて調べたり、情報処理の専門家に分析を依頼するなどしていますが、時計や事故率との因果関係ははっきりわかっていません。まだ調査開始から数年しか経っていないので、データが不足しているのかもしれませんね。今後も分析していきます」との事だった。

なお、クッション値は芝の状態や季節によって出方が変化する場合があり、同じ競馬場でも季節が変われば数値の出方が異なる場合がある。だから、扱いが難しい。ただ、私がこの数年間、毎週クッション値を調べていて感じるのは、雨量とリンクしやすいという事だ。数週間雨が降らず、クッション値が高くなっている時は速い時計が出るケースが多い。

２０２３年12月の５回中山開催を例に取り上げる。この開催で行われた有馬記念など４つの芝重賞の勝ちタイムはすべて２０２２年より速かった。そして、有馬記念はハーツクライ産駒のドウデュースが勝ち、ホープフルＳはスワーヴリチャードを父に持つレガレイラが勝利するなど、瞬発力に富んだ馬たちの活躍が目立った。この５回中山開催では開幕初日からホープフルＳ当日までの総雨量が23・５㎜と少なかった事で、開催日すべてのクッション値を平均化した値は約９・５。一方、２０２２年５回中山開催の総雨量は56㎜で、クッション値の平均は約９・２だった。つまり、２０２３年は雨が少なかった事でより締まった状態だったのだ。そうなれば馬の蹄で馬場が掘れる度合いが減るので、馬場が荒れにくくなる。結果として、走りやすい状態をキープできているため、ずっと速めの時計が出続けた、というわけだ。

また、馬場の内側ばかりが伸びる時もクッション値をチェックしてほしい。２０２２年１月の中京の例を紹介しよう。１月５日の金杯デーと、１月８日からの３日間開催の芝のレースはやたらと内側を通る馬が残った。中京では1月1日から10日まで雨が降っておらず、5日と3日間開催のクッション値は10を超えていた。中京の平均クッション値は約9・6だから、やや硬かった事が内側優勢につながったと考えられる。

このように、クッション値を活用するためには少しコツがある。表②を見てもわかる通り、競馬場によって数値傾向が異なるため、含水率同様に競馬場同士で比較するのはあまり意味をなさない。例えば、中山と福島がともに8・4だったとしよう。福島の平均クッション値は約8・5なので、この8・4は福島にとっては標準的な値となるが、平均が9・7の中山からすれば8・4は少し軟らかい状態となる。だから、クッション値を比較する際は競馬場ごとに、近い時間の範囲で、または同じ時期で比較する事が重要だ。

もう少しクッション値のデータが揃ってくれれば、もっと具体的な傾向がわかるようになり、新たな競馬予想の指標になるかもしれない。そのためには今後も、この数値に注目していきたい。

なお、JRAホームページの馬場情報には、〝過去の含水率・クッション値〟が公開されており、各競馬場の過去の数値がわかるようになっている。興味がある方は参考にしてほしい。

舗装種類の違いによるクッション値参考表

舗装種類	クッション値	用途等
ダスト舗装	63	校庭
クレイ舗装	27	校庭
ゴムチップ舗装	22	陸上競技場
砂入り人工芝	52	テニスコート
人工芝	18	東京競馬場パドック
芝	10	野球場
芝	9	サッカー場
ニューポリトラック	7	美浦トレーニング・センター調教コース
ウッドチップコース	4	美浦トレーニング・センター調教コース
畳	7	
体育マット	5	

●クッション値のポイント

1．クッション性＝硬さの度合
2．クッション値が高いほど硬く、低いほど軟らかい
3．野芝と洋芝では数値の出方が異なる傾向
4．数値が高くなると時計が速くなる事がある

7 美浦・栗東トレセンの馬場

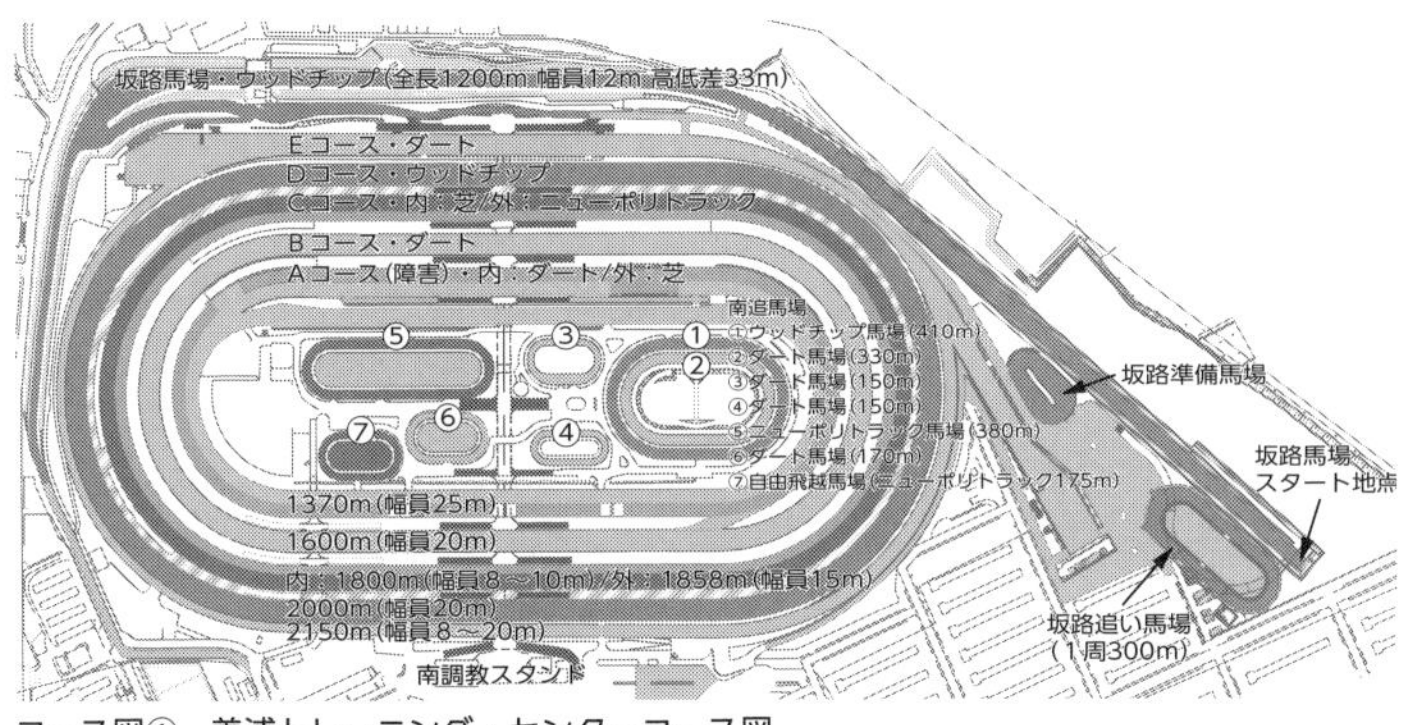

コース図①　美浦トレーニング・センターコース図

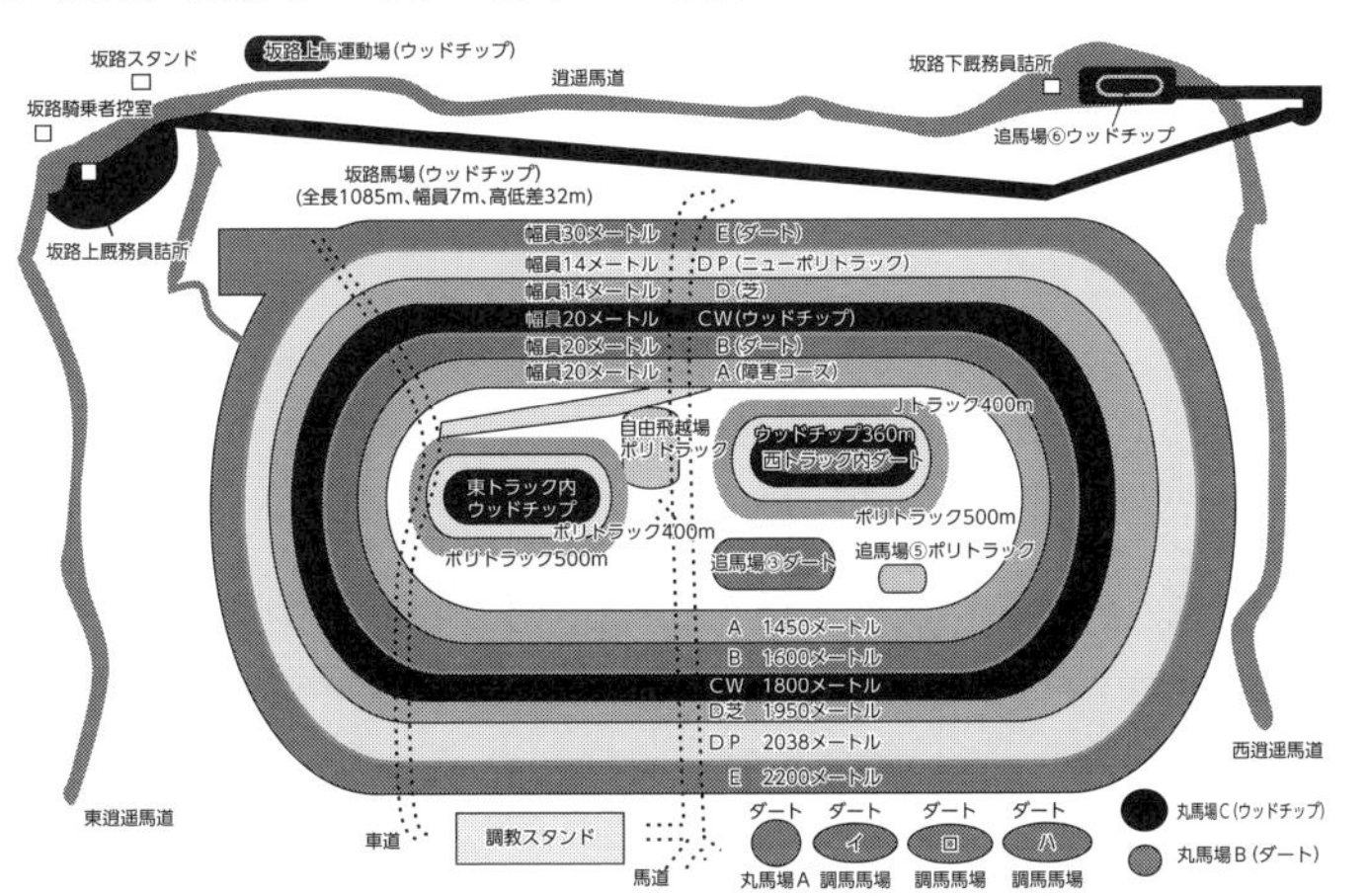

コース図②　栗東トレーニング・センターコース図

競走馬は人間に例えるとアスリートだ。だから日々、トレーニングを行っている。かつては、関東馬なら東京や中山競馬場、または今は競馬学校がある千葉県白井にあったコースで調教されていた時代があったが、栗東トレーニング・センターが1969年、美浦トレーニング・センターが1978年に開場してからは、関東馬は美浦、関西馬は栗東の厩舎に所属し、鍛錬を積んでいる。

開場当初から南馬場と北馬場があった美浦トレセンでは2023年に北馬場が閉鎖。現在は北馬場にあった障害コースを含むすべてのコースが南馬場へ集約（コース図①）。そして栗東には6本のコースと坂路がある（コース図②）。

なお近年、美浦では大規模改修工事が

実施されており、2023年、ついに坂路コースがリニューアルした。これについてはこの項の後半で詳しく紹介する。

トレセンの砂厚も競馬場と同じ9㎝

トレセン内にはダートコースが複数あり、美浦も栗東もBとEがダートコースになっている。脚元に不安のある馬や長めに乗ってスタミナをつけたい馬、初めてダートのレースへ向かう予定がある馬などが利用するが、坂路やウッドチップコースを利用する馬が多いので、ダート調教馬の数は少ない傾向にある。

美浦のダートで使われているクッション砂は青森県産。栗東では青森県産をベースに京都府の城陽市産の砂を足したものが使われている。なお、トレセンのダートは競馬場よりも砂厚が厚いと思っている人もいると思うが、競馬場と同じ9㎝となっている。

トレセンで使用されている芝の種類は?

美浦ではCの内側、栗東ではDの内側が芝コース。芝は競馬場ではメインの馬場だが、トレセンでは馬の脚元への負担も考えられて、芝コースをメインの調教コースとして使うケースはあまりない。初めて芝のレースを使う馬のスクーリングや降雨時など、ほかの馬場のコンディションが悪くなった場合などに使われるケースが多い。

美浦の芝コースでは以前はケンタッキーブルーグラス（洋芝）が使用されていたが、近年の暑さにより衰退したとの事で、2020年からは筑波産の野芝が使用されている。

栗東で使用されている芝は鹿屋産の野芝。これは小倉競馬場と同じだ。

トレセンの芝コースの張替は傷みが激しい箇所を部分的に張替えるくらいで、競馬場で行われているような大がかりな張替は行われていない。トレセンの芝コースは元々の使用頻度が低く、ほとんど傷まないのがその理由だ。

ただ芝の生育を促すために、バーチドレンなどを入れて、芝を更新させる作業は行われている。

ウッドチップの硬度は芝のおよそ半分

ウッドチップを使用しているのが坂路コースとウッドチップ周回コース。この2つは追い切り（レース前の強めの調教）で使用する事が多いため、競馬関係者はもちろん、ファンからも注目度は高い。美浦の場合はD、栗東はCがウッドチップコース。ウッドチップは緩衝性や安定性に優れているという特徴があり、馬の脚元への負担が少ないと言われている。

ウッドチップの素材は〝ウッド〟の名の通り木が使われており、20㎜前後の大きさに破砕された国産の杉と赤松を1対1で混合したものが用いられている。ただ、すべてを新品のチップで賄っているわけではない。というのも、新品のチップは粒度が揃っていて締まりにくいため、それだけを入れたのでは滑りやすい馬場になってしまうからだ。そこでチップは、新材（写真①。まっさらなチップ）、篩材（写真②。使い込んだチップをふるいにかけ、細かくなったものを取り除いたもの）、そして再用材（写真③。使い込まれている細かいチップ）と、性状の違う3つのタイプのチップを各コースの状況に合わせて混ぜ方を調

写真①　新材。まっさらなチップ

写真②　篩材。使い込んだチップをふるいにかけ、細かくなったものを取り除いたもの

写真③　再用材。使い込まれている細かいチップ

整し、使用している。

実際に篩材や再用材を見た事があるが、長期間使用されたチップは木片の角がなくなって、適度に水分を含んで軟らかくなっており、これは馬の脚に優しいだろうと感じたのを覚えている。ちなみに、以前、ある馬場関係者が、「馬場硬度でいうと、仮に芝コースを100とするならダートコースが70、ウッドチップコースは50。つまりウッドは芝の約半分の硬度なんですよ」と教えてくれた。この事からも、ウッドチップコースや坂路コースが人気となるのはある意味、当然だと思う。

このウッドチップが敷かれている坂路は1985年に栗東、1993年に美浦へ導入された。その勾配を活かしてしっかりとした負荷をかけられるのと、馬の脚に優しい素材という事もあり、両トレセンの中核を担う調教コースとなっている。それだけに使用頻度も高いため、栗東では年に2回（春と秋）チップの交換を実施。なお美浦の坂路は栗東よりも幅員が広く馬の走行が分散される事から、チップの交換は年に1回となっている。

また、美浦と栗東のウッドチップコースのチップは年に1回、取り替えられている。ただ状態に合わせ、必要なタイミングで補充されたり、交換される時もある。

ニューポリトラックコース

2007年に美浦のCの外側（写真④）、2009年に栗東のDの外側に造られたのがニューポリトラックコースだ。

ニューポリトラックとは、砂に電線被覆材やポリエステル不織材、ポリウレタン繊維、ワックスなどを混ぜたもので、1990年代にイギリスで誕生した〝ポリトラック〟を改良した素材である（写真⑤）。優れた排水性を持ち、降雨による馬場の悪化や走行時のキックバックが少ない。またクッション性に優れ、かつグリップ力があるため、滑りにくく均一性の高い馬場だ。そして凍結しにくいので冬でも凍結防止剤を撒く必要がなく、どんな天候で

写真④　美浦トレーニング・センターのニューポリトラックコース

写真⑤　ニューポリトラック

も対応可能という性質から、〝オールウェザー〟、〝全天候型馬場〟とも呼ばれる。

ニューポリトラックを含む全天候型馬場は多くの種類があり、その開発は１９７０年代前半からヨーロッパを中心に始まっている。ＪＲＡ施設部馬場土木課に残る資料によると、ニューポリトラックは２００１年にイギリスのリングフィールド競馬場で使用され始め、その後はアメリカの一部の競馬場にも広がった。日本では１９９６年に美浦、栗東、それぞれの内馬場にある追馬場をポリトラックに、２０００年にニューポリトラック素材へ改築。約10年にわたり、馬場としての耐久性や馬体に与える影響などの調査が行われた。その結果、安全性や追い切り馬場としての有用性が認められ、調教コースとしての導入が具体化。まずは２００７年、美浦トレセンにニューポリトラックコースが誕生し、２００９年には栗東トレセンにも造られた。

ニューポリトラックは耐久性がある素材なので、10数年は交換の必要がないと言われている。美浦トレーニング・センター馬場造園課の青山裕介課長と、栗東トレーニング・センター馬場造園課の鹿内英登課長に確認したところ、両トレセンとも2023年秋の段階で、導入以降一度も取り替えられていなかった。ただし、美浦では2014年に全層を攪拌するリフレッシュ工事、2018年にはクッション性の回復と透水性の向上を図るため表層材の補充を含む路盤改造工事を実施。栗東では2019年、全面的に表層部5cm程度が新品に交換されている。

なお、栗東トレセンでは2009年にニューポリトラックコースが新設された以降はコースの大きな形状変更はないが、ほかの調教施設については2023年9月、馬場内に新しい追馬場が完成。栗東トレセンの鹿内課長は、「今後も逍遥馬道の増設工事など、人馬にとってより安全な調教環境を提供できるよう施設改善に努めていきます」と話していた。

美浦の坂路は高低差が18mから33mに変更

最近のトレセンに関するトピックスの中で注目されているのが、2023年に美浦の坂路が大きな変貌を遂げた点だ。美浦では2018年末から大規模改修工事を実施（各施設の改修内容はP87の図の通り）。この改修工事は長く懸念されてきた東西格差の是正を図る事が大きな目的。ポイントになるのは南調教馬場の再編成（北馬場がなくなり、南馬場へ集約。コース図①参照）と、坂路馬場の改造である。

そもそも坂路の歴史は栗東トレーニング・センターの方が古く、1985年に完成。自然の地形を利用して造られたもので、高低差は32mである。一方、美浦は敷地がほぼ平坦だったため、1993年に完成した坂路は盛土を

写真⑥　新しくなった美浦トレーニング・センターの坂路コース

して造られており、高低差は17ｍ（全長８００ｍ、計測区間６００ｍ）。２００４年には４００ｍ延伸され高低差は18ｍになったが（全長１２００ｍ、計測区間８００ｍ）、伸びた箇所はほぼ平坦だった。栗東坂路の高低差32ｍと比べると美浦は約半分しかなかったため、坂路におけるトレーニング効果の違いが競走成績に影響しているのではないかという声は多く、美浦坂路の改善を望む馬主や厩舎関係者が多かった。

長年かけて関係者が協議を重ねてきた結果、２０１８年頃に北馬場を閉鎖し、そこに厩舎を建設する計画が具体化。坂路のための土地を確保できた事から、坂路改修工事を行う事が可能となったのである。

坂路の工事は２０２０年６月に着工。地下25ｍまで土を掘削し、巨大なコンクリートの地下構造物を築造。掘り下げた坂路部分（６６０ｍ）を造り、既存の坂路につなぐというＪＲＡの土木工事の中でも前例のない規模のもの。工事は３年３カ月を要し、２０２３年９月に完成（写真⑥）。この年の10月から本格運用となった。

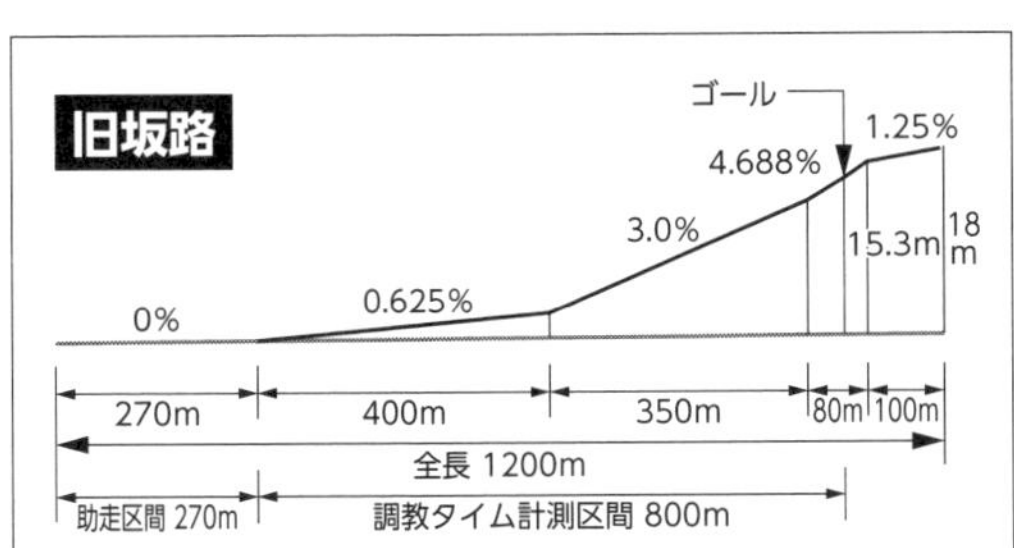

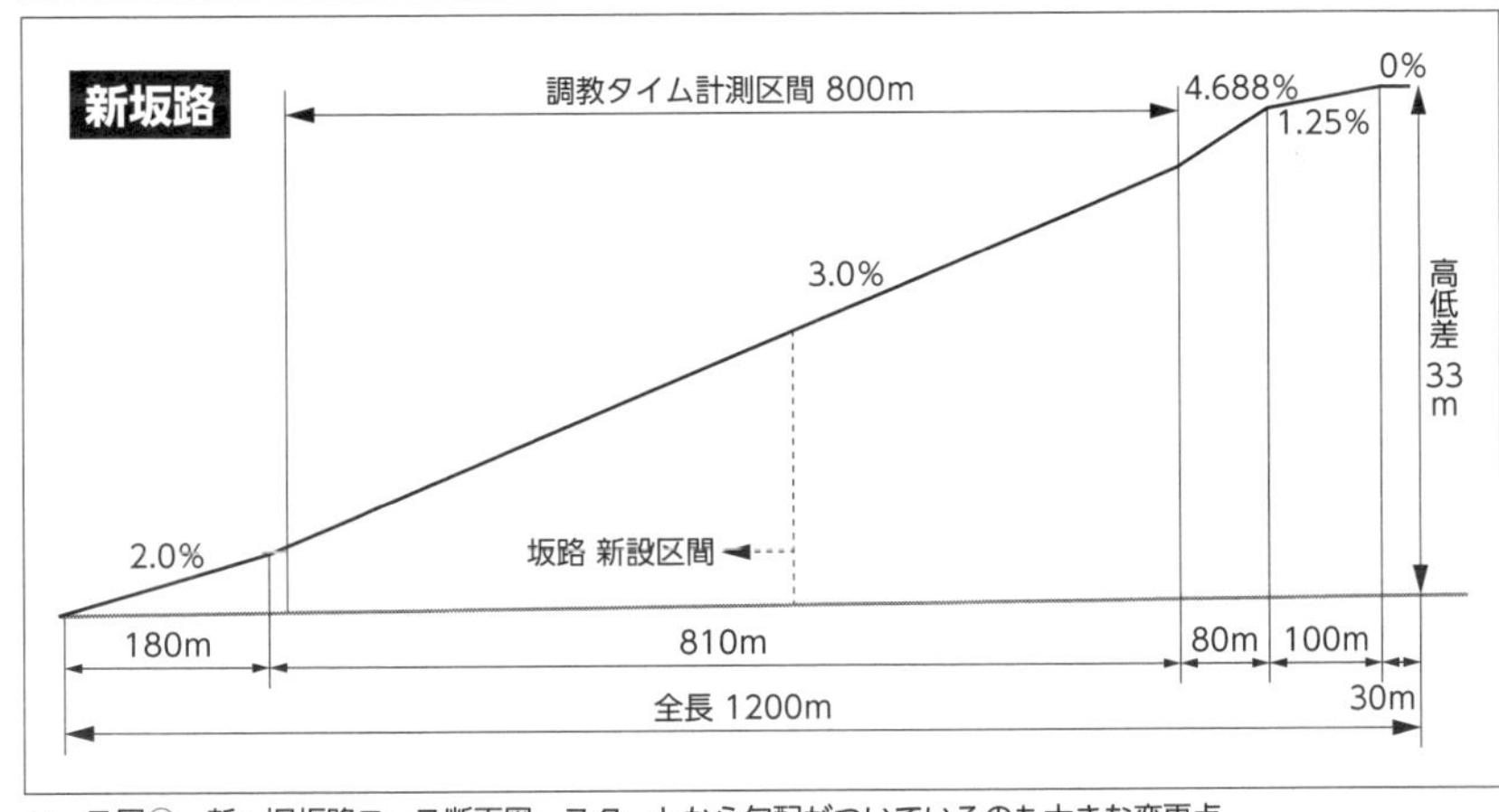

コース図③　新・旧坂路コース断面図。スタートから勾配がついているのも大きな変更点

最大の変更点は高低差。以前は18mだったが33mになり、栗東坂路の高低差32mを1m超える坂路に生まれ変わった（コース図③）。

また、以前の坂路はスタート付近が平坦だったが、新坂路はスタートから勾配がある。スタートから約180mが2・0%。その後、約810mが3・0%。ゴール（計測区間終了地点）を過ぎた後の80mが約4・6%と、きつくなっている。なお、全長1200m、計測区間800m、幅員12mは以前と変わらない。

頂上部分も改良された。ゴール地点を50m手前に移設し、減速区間が延伸。より安全に減速できるような構造になった。

大雨対策用に排水ポンプを設置

大雨が降った際の対策も整っている。坂路全長にわたり、両側の路肩に暗渠排水管を設置。スタート地点にはポンプ室があり、地下ピットに溜まった水を強制的に排出する構造になっている。このポンプは3台設置されており、かなりの大雨でも対応できる能力がある。

坂路の排水は他のウッドチップ馬場の排水同様、構内の調整池を経て美浦村の下水処理場へ送られ、浄化。その水は再度トレセンに送られ、馬場散水に用いられるという環境に配慮した構造になっている。

なお、冬は日陰となる時間が多いため、馬場の凍結が懸念されていたが、美浦トレセン馬場造園課によると、運用を開始した初年度の冬は特に大きな問題はなかったとの事だ。

ウッドチップコースの延長も大きな変化

今回の新坂路。美浦の厩舎関係者に聞くと、評判が良い。高低差の変化によるトレーニング効果を期待する人が多いのはもちろん、スタートから勾配がある事で、馬が集中して走れているといった声が多い。また、ゴール地点が50ｍ手前になり、より安全に乗れるようになったと話す人も多い。

この坂路のリニューアルばかりに注目が集まるが、２０１９年に調教コースのメイントラックであるウッドチップコースが２０００ｍに延びて、右回りだけではなく、左回りでも使用できる事になったのも実は大きな変化だ。

日本調教師会関東本部馬場保全委員長の小島茂之調教師は、「ウッドチップコースが延びた事で、長い距離での追い切りができるようになりました。新しくなった坂路を含めると、調整のバリエーションが増えましたね。新坂路の方が話題になっていますが、このウッドコースの変化の方が恩恵は大きいかもしれません」と話していた。

このように、様々な改修が行われた美浦トレセン。西高東低が続いている現状が今後どのようになっていくか、注目されるところである。

【2018年末から美浦トレセンで行われている大規模改修の内容】

【南馬場】
・ウッドチップ：
　B（1600m）⇒D（2000m）に移設
　（2019年９月３日完了）
・ダート：D⇒Bに移設
　（2020年１月28日完了）
・Ｅコースを新設：発走練習用
　（2023年までは右回りのみで運用。2024年東京開催時から左回りも運用開始）
【坂路馬場】
・高低差が18m⇒33mに
【厩舎地区】
・北馬場がなくなり、新厩舎を建設
　（現在、工事中）

馬場の小ネタ教えます その1

エクイターフと並び注目！　鳥取県産野芝とは？

近年の阪神競馬場の芝コースは本当に傷みにくくなった。２０２１年と２０２２年には京都競馬の代替開催で春と秋にそれぞれ約3カ月間にわたり開催を行ったが、最終週まで内目が伸びて、良い状態を保てていた。この陰の立役者が、〝鳥取県産野芝〟である。阪神競馬場馬場造園課の本橋賢課長に導入の経緯を聞いた。

「京都の代替競馬により阪神の開催日が増える事に備えて、相当量の芝を確保する必要がありました。そこで、２０１７年から２０１９年にかけて阪神競馬場内にある芝養成地を拡張（詳しくは「第2章 阪神競馬場」を参照）。そこに導入したのが鳥取県産野芝です。以前の阪神では鹿児島県の鹿屋産野芝やエクイターフを使用していました。ただ、代替開催に備えて張替面積が増えるタイミングで、鹿屋産野芝の安定的な確保が厳しくなりました。そこで、阪神から近く、生産地として広大な面積を保有している鳥取県産の野芝に注目しました。実は鳥取県は全国有数の芝の産地で、栽培管理が徹底された高品質な芝を生産する事から高い評価を受けているのも導入した理由です。鳥取県産野芝はせん断抵抗値（芝のちぎれにくさを現す指標）が高いとされるエクイターフや鹿屋産野芝と比べても引けを取らず、実際、阪神の養成地で2～3年ほど養生させた芝の生育も非常に順調。その芝を、根が5㎝残った状態の厚張りで張っている事もあり、競馬で使用しても傷みにくい印象です。加えて、作業員の技術力向上と作業効率化を図り、従来よりも短期間で広範囲の面積を張替え、芝の養生期間を長くとるなどして開幕週を良好な状態で迎えられた事も手伝い、3カ月の連続開催でもしっかり耐えてくれました」

阪神ではこの鳥取県産野芝を２０２１年夏の張替時から使用している（実際のレースでの使用は10月開催から）。その状況から、馬場担当者の間では鳥取県産野芝の良さが評判になっているとの事。中京競馬場では２０２３年の12月開催に向けた張替時に初めてこの鳥取県産野芝が導入され、主に直線に張られた。中京競馬場、施設整備課の長岡慶幸課長は、「張替で使用した正面直線部は開催で3週間使っても傷みが少なく、非常にしっかりしていました。２０２４年以降も積極的に使っていきたいです」と話していた。今後はこの鳥取県産野芝を使用する競馬場が増えてくるかもしれないので、大いに注目していきたい。

第2章

全10競馬場 徹底解明

ＪＲＡ全10場を詳細なデータ交え徹底解説

東京競馬場
TOKYO RACECOURSE

年間通し良好な状態を保つチャンピオンコース

コース図・紹介

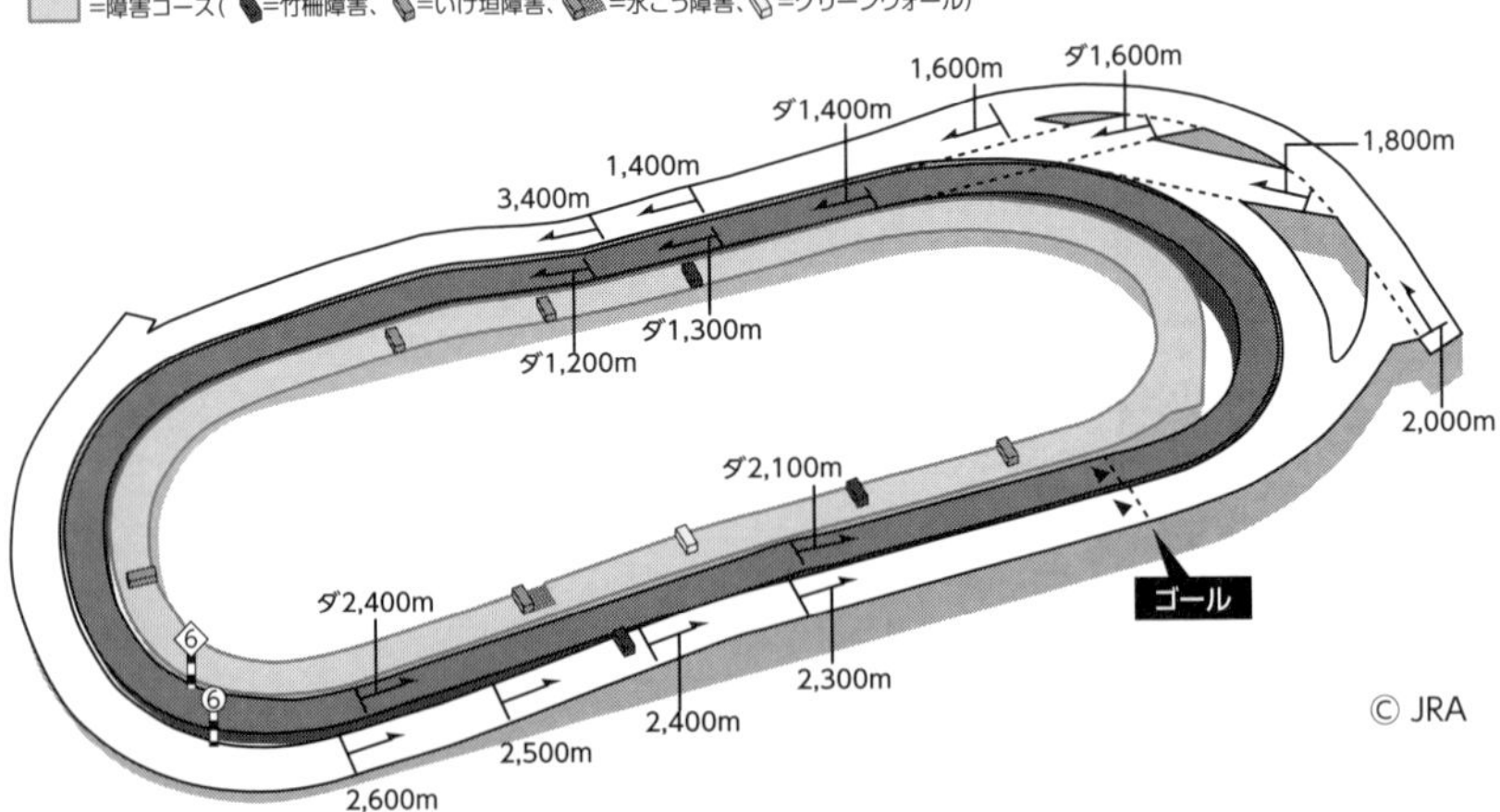

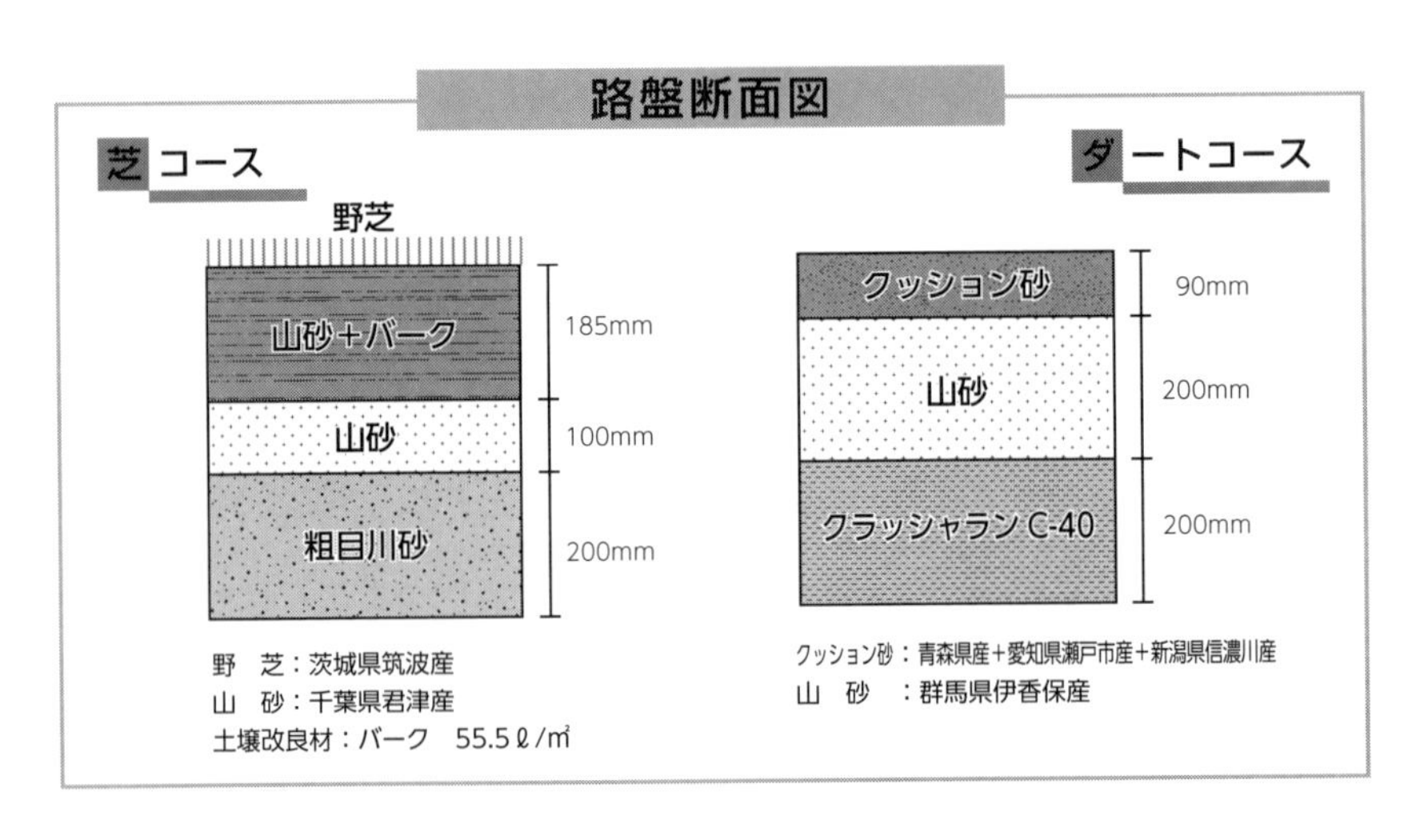

野　芝：茨城県筑波産
山　砂：千葉県君津産
土壌改良材：バーク　55.5ℓ/㎡

クッション砂：青森県産＋愛知県瀬戸市産＋新潟県信濃川産
山　砂　：群馬県伊香保産

芝コース

コース	一周距離	幅員	直線距離	高低差	発走距離
A	2,083.1m	31~41m	525.9m	2.7m	1,400m、1,600m、1,800m、2,000m、2,300m、2,400m、2,500m、2,600m、3,400m
B	2,101.9m	28~38m			
C	2,120.8m	25~35m			
D	2,139.6m	22~32m			

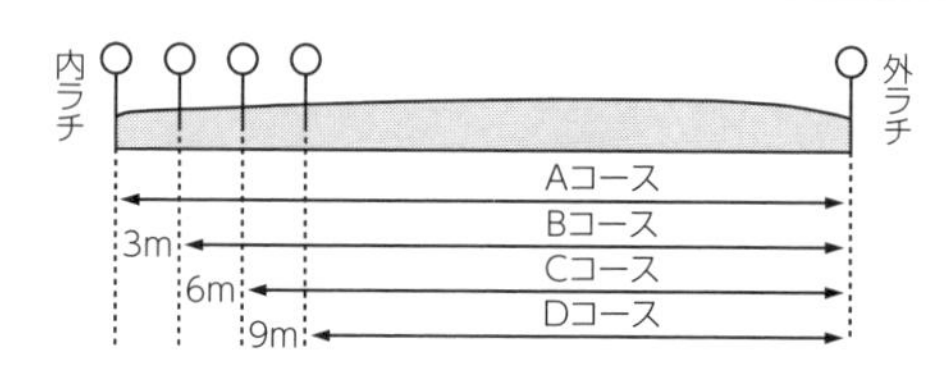

■ コース高低断面図（左回り）

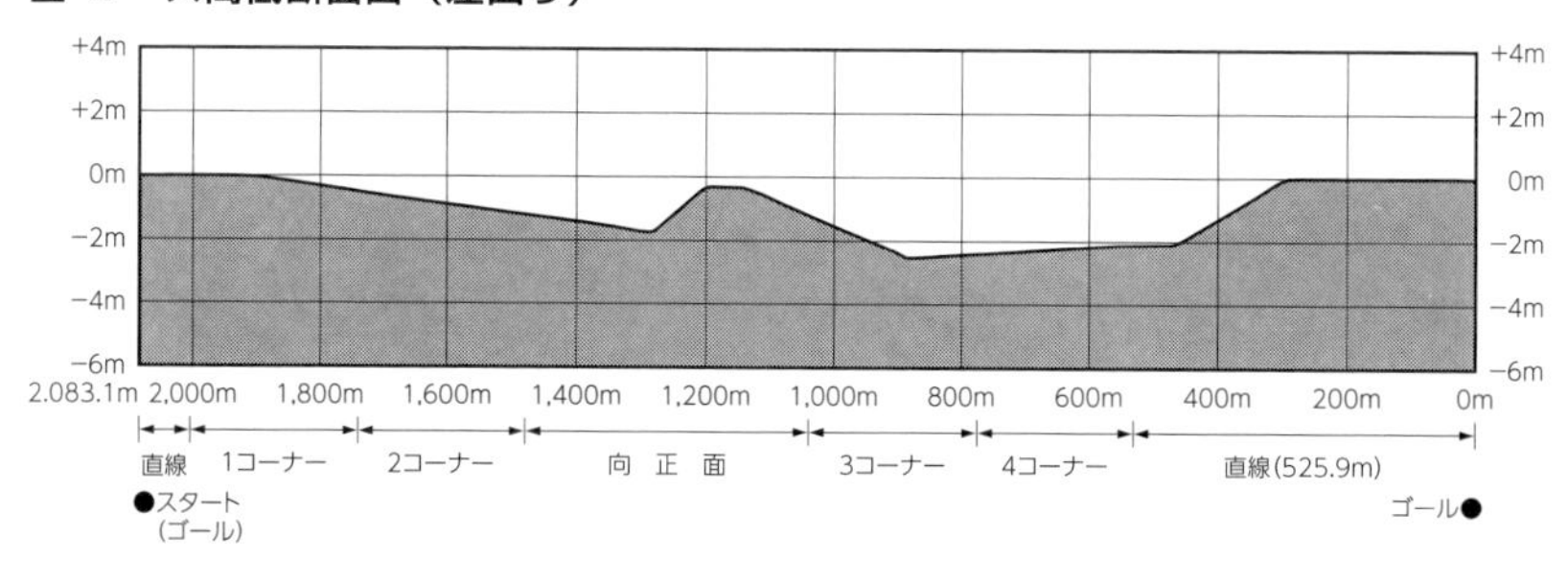

ダートコース

一周距離	幅員	直線距離	高低差	発走距離
1,899m	25m	501.6m	2.5m	1,200m、1,300m、1,400m、1,600m 2,100m、2,400m

■ コース高低断面図（左回り）

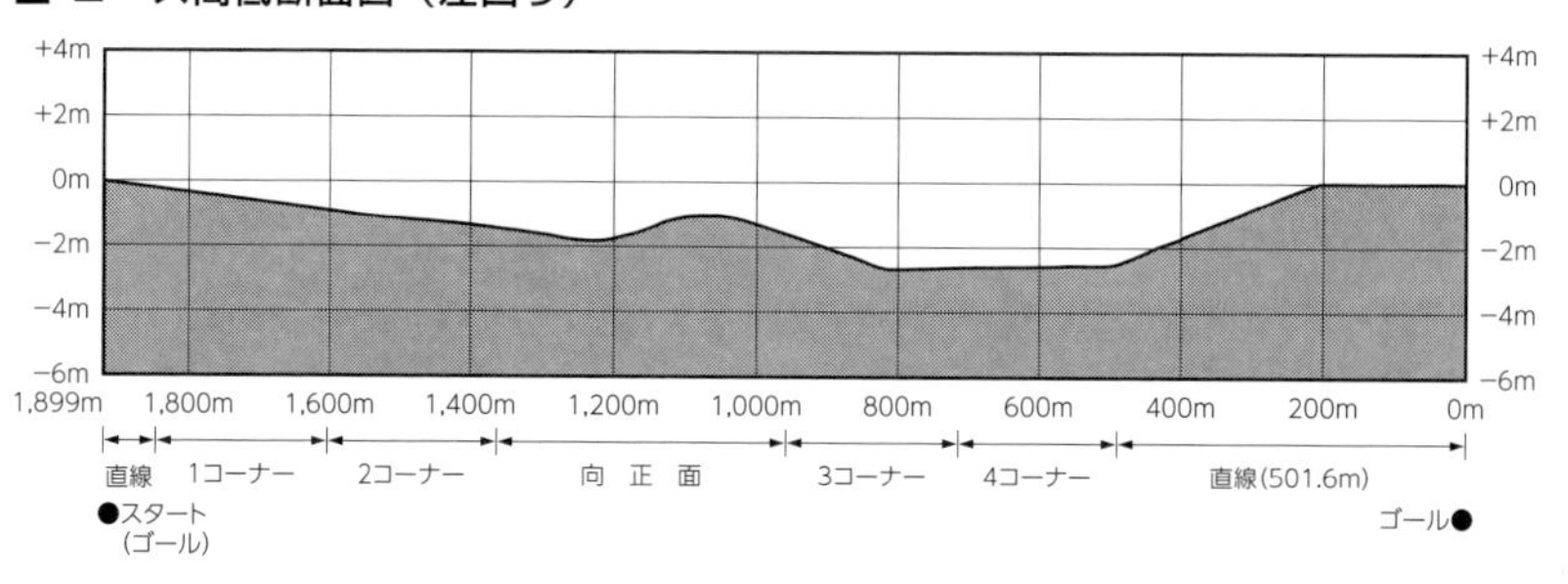

JRA全10場
馬場造園課に聞く

東京競馬場

回答者 東京競馬場馬場造園課 課長 田中 健

Q1 現在の芝コースの路盤ができた年月を教えて下さい。

2003年３月。2018年以降、順次部分的な路盤改修工事を実施。

Q2 現在、使用している芝の種類を開催単位で教えて下さい。

野芝にオーバーシード（イタリアンライグラス）した状態で通年施行。

Q3 芝コースの全開催単位のローテーション（通常開催時）を教えて下さい。

１回東京競馬	全日程Ｄコース
２回東京競馬	前６日Ａコース 後７～10日Ｂコース 後２日Ｃコース
３回東京競馬	前４日Ｃコース 後４日Ｄコース
４回東京競馬	前６日Ａコース 後２日Ｂコース
５回東京競馬	前４日Ｂコース 後４日Ｃコース

Q4 芝コースの張替はいつですか？　それに伴う作業スケジュールを教えて下さい。

３回開催中より使用しなくなったＡコースから順次、張替作業および更新作業を実施。８月下旬にオーバーシードのため洋芝播種。

Q5 エクイターフを導入している場合、現段階（2023年秋現在）での導入箇所を教えて下さい。

主に直線と向正面、および３～４コーナー。

Q6 開催に向けたエアレーション作業の内容を教えて下さい。

春開催の約１カ月前である３月下旬にバーチドレン。秋開催前は７月下旬と８月下旬にバーチドレン。８月下旬にシャタリングマシン。
※芝の傷み具合によって、春開催前は行わない場合もあります。

Q7 現在のダートの路盤ができたのはいつですか？

2003年３月。

Q8 現在、使用しているクッション砂の産地を教えて下さい。

青森県産をベースに愛知県瀬戸産珪砂と新潟県信濃川産の川砂を混合。

Q9 ダートの砂を洗浄するタイミングはいつですか？

３回東京競馬終了後に実施（原則、１年に１回）。

Q10 凍結防止剤はいつ頃から散布しますか？　その頻度を教えて下さい。

１回東京競馬の直前に散布。その後、残留程度及び最低気温を考慮し追加散布する場合もあります。

Q11 ほかの競馬場と比較して、馬場管理で最も苦労するところは？

芝の張替を７月末までの短期間で実施しなければならず、なおかつ東京は張替面積も大きいので効率的な作業が求められるところ。

Q12 アピールポイントやお伝えしたい事などを教えて下さい。

使用コースが３ｍ毎にＡ～Ｄコースまで設定できるため、理想的な芝コースの運用が可能です。また、フジビュースタンドから見える富士山も見どころの一つですよ。

年間を通し良好な状態を保ちやすい

春に日本ダービーやオークス、秋に天皇賞（秋）とジャパンカップなどの大レースが行われる東京競馬場。1年間に開催される芝のGIレースは7つ。これは10の競馬場の中で最多で、日本を代表するコースである。

東京競馬場の芝馬場の総面積はおよそ9万9000㎡あり、全10場の中で最大面積を誇る。芝コースの一周距離はAコースで2083・1m（高低差は2・7m）。直線は525・9mあり、ゴール前460m地点から300m地点にかけて高低差2・0mの坂がある。

東京の芝コースは年間を通し良い状態を保ちやすく、それを可能にしているのがコース設定だ。東京は幅員が広いため、3mごとにAからDまで4本のコースが取れる。芝を張替えて、最もきれいな状態で迎える秋の4回開催は3週目までがAコース。4回4週目と5回の2週目までがBコース。5回後半はCコース。そして冬の1回開催は全日程がDコース。このように内側から使用していくため、傷みが分散。これに長い直線が相まって、瞬発力が問われやすく、決め手勝負になりやすい（写真①）。

近年は芝の張替作業を前倒し

最近の東京芝における変化は、芝を張替える時期を早めている点だ。

写真①　数々の名勝負を生んできた東京競馬場の芝コース。直線は525.9mある

東京競馬場では元々、春の3回開催終了後から芝の張替作業を開始していた。しかし2013年から春の東京開催が2週延びて、以前は3カ月半取れた張替作業と養生期間が3カ月になってしまった。たかが2週とはいえ、気温が上がる時期だけにこの差は大きかった。そこで2018年からは作業を前倒しして春の3回開催に入ると、もう使用しなくなった内側のAコースから順次、張替を行うようになった（詳しくは『第1章　①芝馬場の基本』参照）。なお基本的に、直線と向正面は直張りで、3～4コーナーは厚張りとなっている。

このように、養生期間が長く取れるようになった事で芝がしっかり根付き、春のGIシーズンまで良好な状態を維持しやすくなってきている。2023年の日本ダービーでタスティエーラが先行から抜け出すなど、最近の東京芝のGIレースは雨の影響を受けなければ、先行馬の活躍や速い時計の決着が目立つ。それは張替作業の変化で、良い状態を保ちやすくなった事も影響していると思う。

なお、日本ダービーはCコース替わりの週に行われるため、前週までの傷みがカバーされて内側の状態が良い。そのため人気薄の好走は内枠馬が多く、2014年から2023年の過去10年の間、10番人気以下で3着以内に入った4頭はすべて4枠から内の枠に入った馬だった。

エクイターフを最初に導入したのは東京競馬場

最初に、傷みにくい特徴を持つエクイターフを使用し始めたのは2006年の東京競馬場である（導入経緯は『第1章　②エクイターフ』を参照）。現在の導入状況と印象などを、東京競馬場馬場造園課の田中健課長に教えていただいた。

「2023年秋の段階で、エクイターフを使用している箇所は、主に直線と向正面、および3～4コーナーです。毎年、夏に行う芝張替では主に走路部分にはエクイターフを使用。それ以外では筑波産野芝を使用しています。エクイターフの匍匐茎は在来野芝より太いですからちぎれにくく、傷みにくいですね」

東京では春と秋開催前にエアレーション作業を実施

第1章の『③ＪＲＡが目指す軟らかい馬場造り』で紹介した、競馬が始まる約2～1カ月前にバーチドレンやシャタリングマシンを入れて馬場をほぐし、軟らかくする手法。東京競馬場では、いつ実施しているのだろう。

「東京では春開催の約1カ月前である3月下旬にバーチドレンでエアレーション作業を実施。秋開催前は7月下旬と8月下旬にバーチドレン。8月下旬にシャタリングマシンを入れています。なお、芝の傷み具合によって、春開催前は行わない場合もあります」

エアレーション作業を行った効果と、東京競馬場の芝コースの直線は長い事もあり、特に秋開催では開幕週から差しが届く。

なお、芝のレースでは特に重賞でノーザンファーム生産馬の活躍が目立つ。２０１９年1回開催から２０２４年1回開催までに行われた東京競馬場の芝の重賞レースは１２４あり、そのうち69勝がノーザンファーム生産馬によるもの。ちなみに2位の牧場は7勝なので、これはもう圧倒的だ。ノーザンファーム生産馬はすべての競馬場において芝重賞の勝利数が多いのだが、特に東京競馬場で行われる2歳馬、3歳馬による芝の重賞戦では3着内を独占する事も珍しくない。東京芝を勝つために求められる決め手がある馬や、速い時計に対応できる馬がノーザンファーム生産馬に多い事が反映されているのだろう。

東京は含水率が高く、クッション値が低い

続いては、東京競馬場芝コースの含水率とクッション値の傾向について。東京競馬場では速い時計が出るケースが多いので含水率は低めに思われがちだが、含水率が発表になった２０１８年から２０２３年までの平均含水率は15・1％。ＪＲＡ全10場の中で、実は東京が最も高い。これはなぜなのだろう。これらの数値についても田中課長

に聞いた。

「東京の芝コースでは土壌改良材にバーク（杉の皮）を使用しており、その量が多いんです。また路盤にシルト分（粒子が細かい砂）が多いのも影響していると思います」

そして、クッション値が発表になった2020年から2023年におけるこの数値の平均は9・2で、中山や阪神（ともに平均クッション値は9・7）に比べると低い。つまり、東京の芝コースは軟らかいのだ。

「一概には言えませんが、含水率が高いとそれだけ水分を含んでいるという事ですから、クッション値が低くなる傾向があります。ただ、クッション値が発表されるようになってまだ数年ですから、今後もデータを調べてみないと、はっきりとした要因はわからないと思います」

ここで皆さんが感じる疑問は、〝東京の芝馬場は軟らかいのに、なぜ速い時計が出るのか〟という事だと思う。この件に関してはその背景を『第1章　⑥クッション値』で書いているので、お読みいただきたい。

雨上がりの東京芝は内側から乾く？

東京競馬場の芝コースの路盤には全周にわたり暗渠排水管が設置されており、排水性が良い（写真②）。梅雨時などで芝が傷んでいる時はさすがに乾きが遅くなる傾向になるが、基本的に芝が良い状態で雨が止むと、乾きが早い。実際、2019年10月12日（土曜）は台風の影響で約300㎜もの大雨が降り、土日の開催は中止となったが、順延となった14日（月曜）の朝はなんと良に回復していた。

あと、〝雨上がりの東京の芝コースは内側から乾く〟と聞いた事がある人もいると思う。実際、雨上がりの馬場で行われた2016年の安田記念ではロゴタイプが内側を通って逃げ切ったし（レース時は良）、朝は不良で始まり、重に回復した状態で行われた2019年のジャパンカップではスワーヴリチャードが内を突いて勝利した。これに関しては田中課長が、「東京競馬場は芝張替面積が大きいため、内側は張替の頻度が高く、排水能力、支持力

写真②　東京競馬場で行われた暗渠管設置工事の様子（写真提供：東京競馬場）

を備えたフレッシュな状態が維持されています。そのため、雨の降り方次第では、本来は傷みやすいはずの内側と雨の影響を受けた外側における走りやすさの差が少なく、内側から乾いているように感じる場合があるのかもしれませんね。また、開催後半になり、芝が傷んできて路盤の土がむき出しになっている状態で雨が降ると、その部分の乾きが早いと感じる時がありますそういうケースの際は内側から乾く傾向があるのかもしれませんね」と話していた。という事で、開催後半の雨上がり時は注意が必要だ。

ダートは他場よりも差しが届く

ダートは一周1899m（高低差2・5m）。直線は501・6mで、ゴール前500m地点から220mにかけて芝コースを上回る高低差の2・4mの坂がある。基本的には逃げ・先行馬が優勢ではあるが、坂を過ぎてもゴールまで200m以上の距離があるため地力が問われやすく、他場に比べると差しが届く。

東京競馬場では長い間、青森県産の砂を使用していたが、『第1章　④ダートの基本』でお伝えした通り、近年はこの砂が採れにくくなった。最近の状況はどうなっているのだろう。

「2021年の秋開催からは青森県産の砂をベースに、愛知県瀬戸市産の珪砂、新潟県信濃川産の川砂を混ぜています。2023年秋の段階で、それぞれの割合は青森県産が約75%。瀬戸市産は約20%、信濃川産が約5%です。最近、青森県産の砂の粒子が細かめになってきているんです。ですから粒子が大きくて粗めの瀬戸市産を混ぜて、粒度バランスを整えています。騎手からは、『クッション的にも問題はない』と言ってもらっていますよ。ただし、採れる砂の状況により、砂の産地や割合は今後、変わる可能性があります」
なお、東京では毎年夏にダートのクッション砂を洗浄している。洗浄後のダートは走破時計がかかるケースがあるが、2023年秋の東京開催のダートは良馬場でも速い時計が出る傾向だった。これが2023年だけなのか、毎年の傾向になるのか。2024年以降の傾向を注意深く見ていきたい。

馬場事情を考慮し、東京競馬場のポイントをまとめる。

①近年は芝の張替方法を工夫。年間を通して傷みにくくなっている
②芝コースの含水率が高く、クッション値は低め（ただし、速い時計が出やすい）
③芝の重賞レースではノーザンファーム生産馬の活躍が目立つ

東京競馬場では天気が良ければきれいな富士山が見える

中山競馬場
NAKAYAMA RACECOURSE

芝コースは2014年の路盤改造により傾向が変化

コース図・紹介

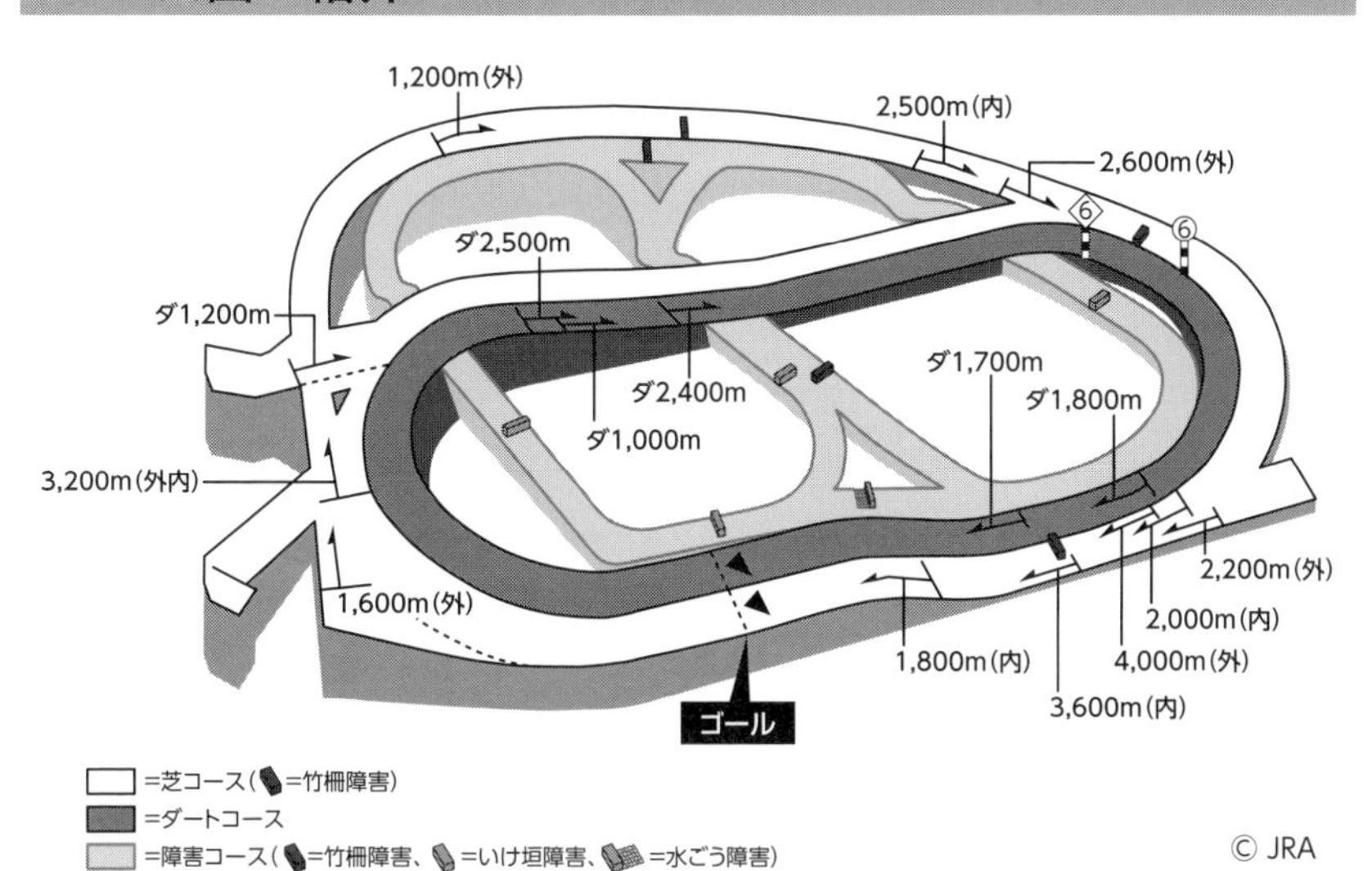

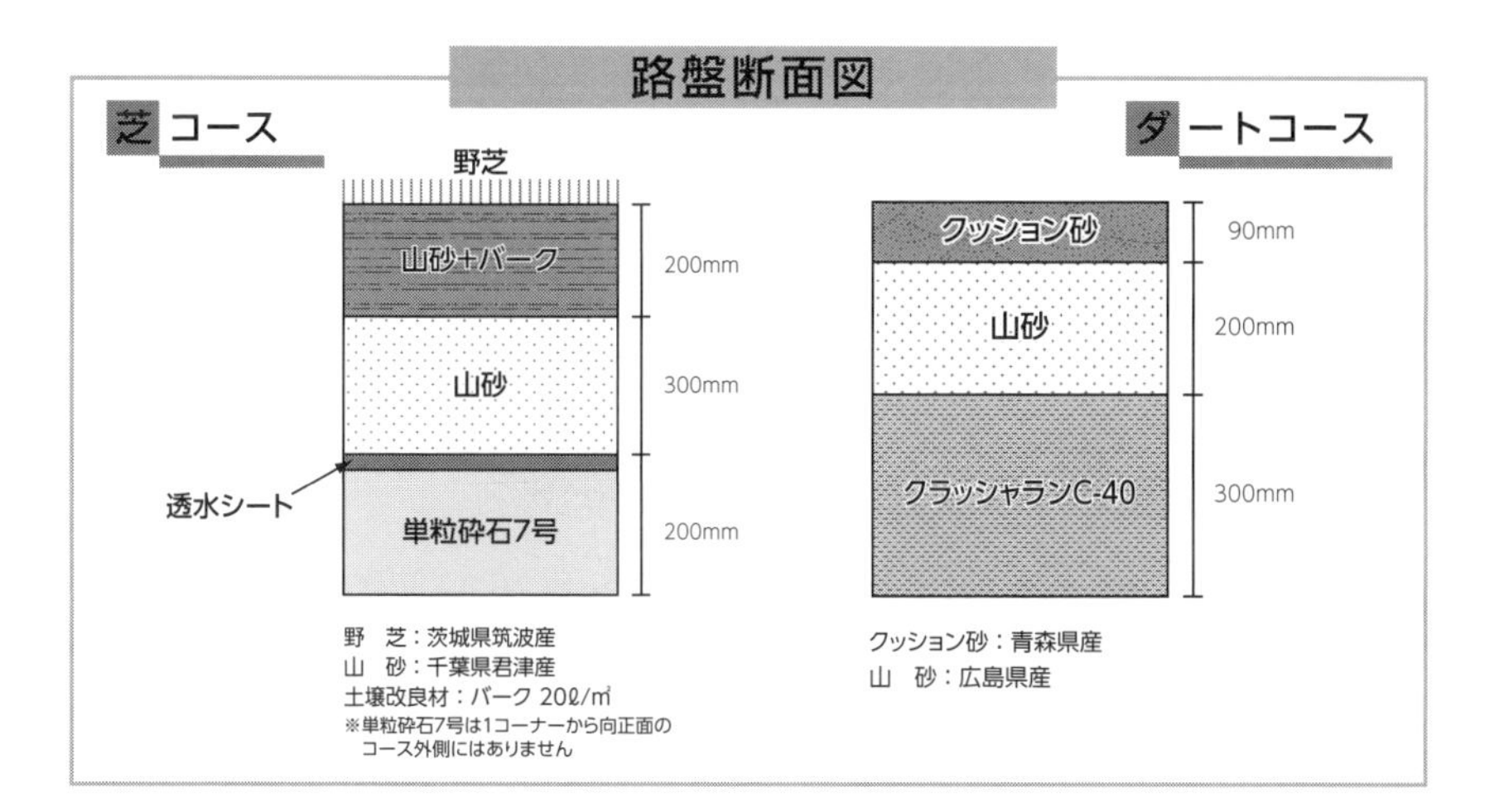

芝コース

コース	一周距離	幅員	直線距離	高低差	発走距離
A	1,667.1m(内回り) 1,839.7m(外回り)	20~32m(内回り) 24~32m(外回り)	310m	5.3m	1,200m(外)、1,600m(外) 1,800m(内)、2,000m(内) 2,200m(外)、2,500m(内) 2,600m(外)、3,200m(外・内) 3,600m(内)、4,000m(外)
B	1,686.0m(内回り) 1,858.5m(外回り)	17~29m(内回り) 21~29m(外回り)			
C	1,704.8m(内回り) 1,877.3m(外回り)	14~26m(内回り) 18~26m(外回り)			

■ コース高低断面図（右・内回り）

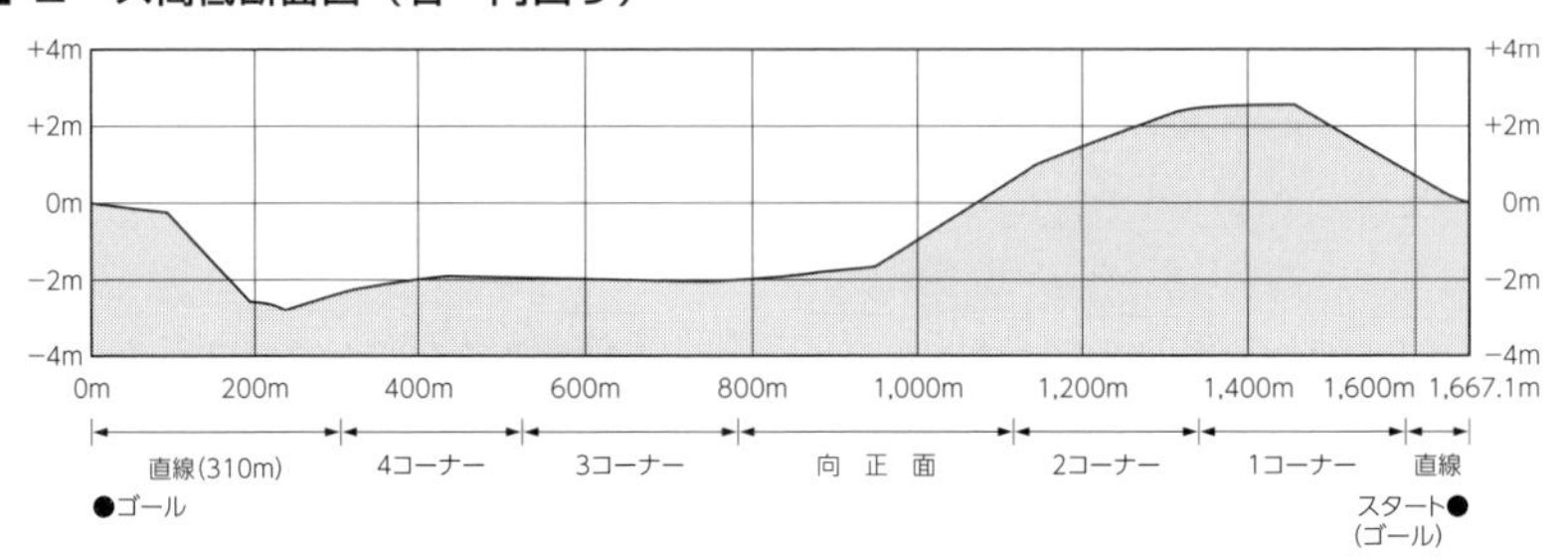

■ コース高低断面図（右・外回り）

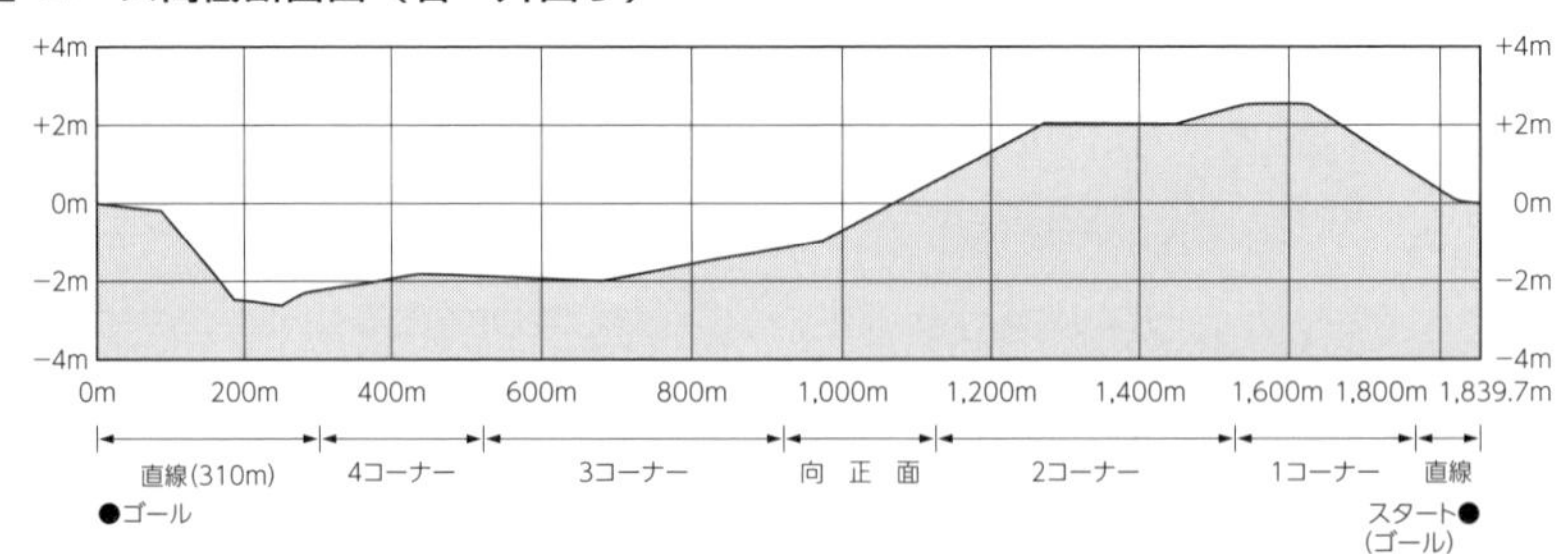

ダートコース

一周距離	幅員	直線距離	高低差	発走距離
1,493m	20~25m	308m	4.5m	1,000m、1,200m、1,700m、1,800m、2,400m、2,500m

■ コース高低断面図（右回り）

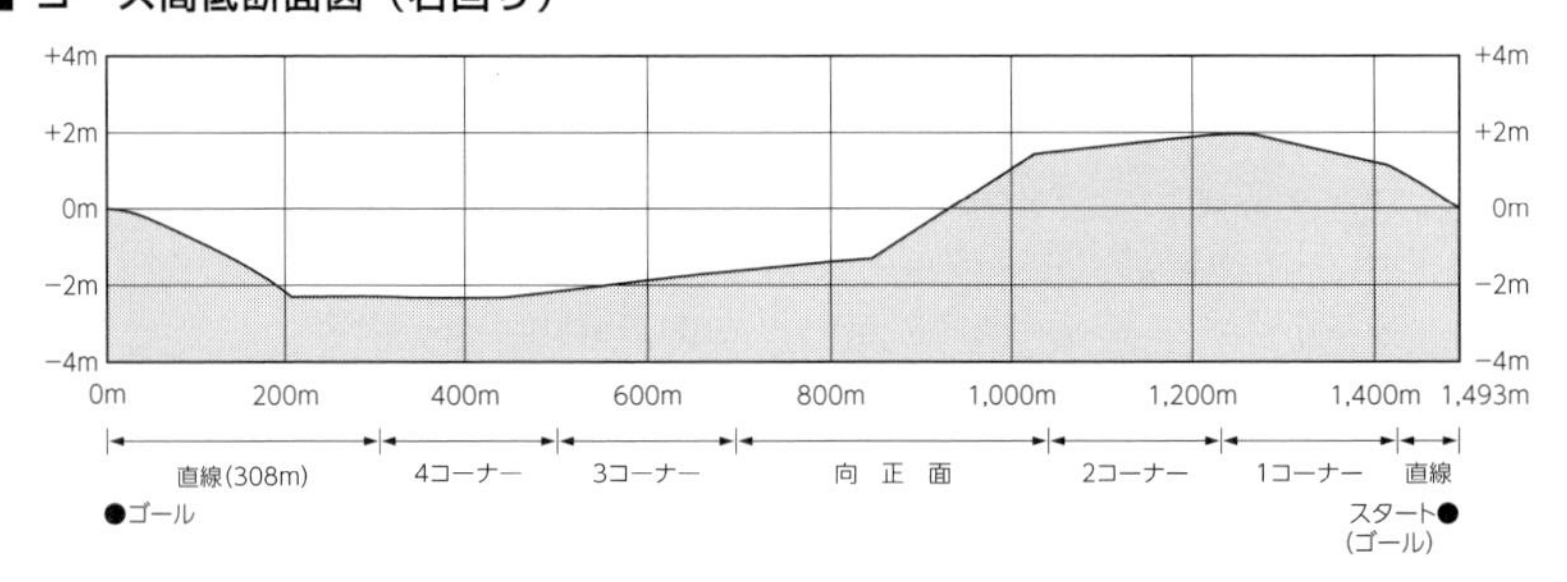

JRA全10場 馬場造園課に聞く　中山競馬場

回答者　中山競馬場馬場造園課 課長　野津 智

Q1 現在の芝コースの路盤ができた年月を教えて下さい。

2014年秋。

Q2 現在、使用している芝の種類を開催単位で教えて下さい。

秋開催（４回中山開催）は野芝単体。そのほかは野芝にイタリアンライグラスをオーバーシード。

Q3 芝コースの全開催単位のローテーション（通常開催時）を教えて下さい。

１回中山競馬	全日程Ｃコース
２回中山競馬	全日程Ａコース
３回中山競馬	前２日Ａコース 後６日Ｂコース
４回中山競馬	前５日Ｂコース 後４日Ｃコース
５回中山競馬	全日程Ａコース

Q4 芝コースの張替はいつですか？　それに伴う作業スケジュールを教えて下さい。

春開催終了後の夏期に実施します。走路部分の張替は概ね６月には終了するように計画。

Q5 エクイターフを導入している場合、現段階（2023年秋現在）での導入箇所を教えて下さい。

正面は内側から13m、３～４コーナーは10m、内回り、外回りの向正面は５mくらい。

Q6 開催に向けたエアレーション作業の内容を教えて下さい。

2023年の秋開催に向けては６月上旬と下旬にバーチドレン。７月下旬にシャタリングマシンを入れて作業。冬は野芝が休眠期なので、近年は２月や12月の開催の前には実施していない。

Q7 現在のダートの路盤ができたのはいつですか？

2018年８月。

Q8 現在、使用しているクッション砂の産地を教えて下さい。

青森県産を使用しています。

Q9 ダートの砂を洗浄するタイミングはいつですか？

春開催（３回中山）終了後に毎年実施しています。１年に１回です。

Q10 凍結防止剤はいつ頃から散布しますか？　その頻度を教えて下さい。

年末から年初にかけて散布する事があります。

Q11 ほかの競馬場と比較して、馬場管理で最も苦労するところは？

芝コースはすべてのレースで内回り３コーナーから正面直線を使用するので内柵沿いに傷みが集中します。また、秋開催を除くと、気温の低い冬から春にかけての開催となる事から、ベースとなる野芝は休眠し洋芝も生育が遅い事、なおかつ競走の頂点となるＧⅠ競走が、開催日程の最後に設定されているため、芝馬場の傷みがピークを迎えた状態で施行する事になります。従って、春開催最終日の皐月賞まで芝馬場の状態をどのように維持していくかという点が最も苦労するところです。

Q12 アピールポイントやお伝えしたい事などを教えて下さい。

芝馬場の排水性は2014年の工事で改善されましたが、上記の通り年間を通して良好な状態を保つ事が難しいのが現状。芝馬場のクッション性と耐久性のバランスをとる事が一番の課題だと思いますので、今後も過去の管理実績を踏まえながら作業内容を検討していきたいと考えています。

芝コースは2014年に路盤改造工事を実施

　皐月賞や有馬記念が行われる中山競馬場。芝コースは内回りと外回りがあり、一周距離は内回りが１６６７・１ｍ、外回りは１８３９・７ｍ（ともにＡコース）。直線は３１０ｍで、ゴール前に急坂があるのが大きな特徴だ。

　中山は夏期に行われる芝の張替期間がとても長く取れるのがポイント。例年、皐月賞が終わると芝を張替える箇所と張替えない部分を見極め、張替えない箇所には通常通り、芝を更新させる作業を行う。そして4月末頃から張替作業に入り、走路部分に関しての張替はおおむね6月までに終了させる。張替と養生に充てられる期間は開催終了後の4月中旬から、9月に競馬を迎えるまでの約4カ月半。これは東京、中山、京都、阪神のいわゆる4大競馬場の中で最も長い。

　また、芝を張る際、中山では筑波の畑から購入してきた厚さ１～２㎝の芝を直張りしていくが、芝が最も生長する6月から8月に養生できるため、しっかりと根付いていく。だから、青々と生長した野芝１００％で迎える秋の中山開催は絶好の状態。秋開催で速い時計が出やすいのは芝の状態の良さが影響している。

　一方、中山では開催が冬場に集中している事から芝が傷みやすく、以前は皐月賞の頃になると、芝コースの内側が傷んだり、タフな状態になりやすかった。

　そこで２０１４年夏、15年ぶりに芝馬場の路盤改造工事が実施された。事前の土壌調査で中山はＪＲＡ全10場の中で最も排水性が悪い事が判明。そのため、競走馬が走行するコース内側を中心に上層路盤の下に砕石層

写真①　2014年の馬場改造工事で路盤の下に砕石層が入った

（小さい石の層。これを入れると排水性が高まる）が新設された（写真①）。さらには直線の坂下などに暗渠排水管も新設（写真②）。入れられたのは特に水はけが悪かった箇所で、ゴール前200mに4本、外回り2コーナーの内に3本、外回り3コーナーの内に4本など、いずれも馬場を横断する形で設置。これにより中山の排水性は格段に向上した。最近の例としては、2023年の4回開幕週の9月8日（金曜）に106㎜もの大雨が降ったが、10日（日曜）には良に回復した。驚くべき排水性の良さである。

写真②　馬場改造時に設置された暗渠排水管の効果で排水性が改善

エクイターフはコース内側を中心に張られている

中山に初めてエクイターフが入ったのは2008年の秋開催から。それ以降、毎年の張替作業で使用されている。現在の導入状況を中山競馬場馬場造園課の野津智課長に伺った。

「2023年夏の作業時にコース全周の内側を中心にエクイターフで張替えました。それぞれ、正面は内側から13m、3～4コーナーは10m、内回り、外回りの向正面は5mくらいですね。それ以外の箇所（走路の外側など）には筑波産野芝を使用しています」

最近は秋競馬の前にエアレーション作業を実施

中山ではエアレーション作業を2014年頃から連続開催以外の2月末から始まる2回開催、9月の4回開催、12月の5回開催の前に行っていたが、近年は冬期のエアレーション作業は行われておらず、2021年からは9月の秋開催前のみに実施している。

「エアレーション作業の時期については、気象状況や芝の状態などを踏まえて決めています。2023年の秋開催に向けては、6月上旬と下旬にバーチドレン。7月下旬にシャタリングマシンを入れて作業しました。そのほかの開催前についても芝の状態を確認しながら作業実施の有無を決めますが、冬は野芝が休眠期に入っていて芝の生育が望めない時期なので、冬開催の前には近年、実施していません」

クッション値はやや高めに出る傾向

含水率が発表になった2018年から2023年までの芝コースの平均含水率は約11・6％。クッション値が発表になった2020年から2023年までのこの数値の平均は約9・7。中山のクッション値は東京や京都競馬場より高めとなっている。

「中山では2014年に路盤改造工事を実施し、芝コースの排水性が向上しました。それがクッション値に影響していると思います。また、工事の際に土壌改良材としてバーク（杉の皮）を入れたのですが、その後、毎年の芝馬場張替などで減少している状況にありました。それも、クッション値の高さに影響している一因だと考えられます。そのため、2021年夏の張替時からは、毎年バークを補充しています。ですから近年はクッション値の出方が落ち着いてきています」

確かに、クッション値が発表になった当初の中山の数値は10を超える事が珍しくなかったが、2024年1回から3回中山開催までの平均クッション値は約9・4。前述した平均値よりも少し低くなってきている。やはりこれは、バークの効果があるのだろう。今後もクッション値の出方に注目していきたい。

では、走破時計は遅くなっているのかというと、現在のところそのような傾向は見られず、依然として速い時計が出やすい。この辺りがクッション値の難しいところだ。クッション値とタイムの関係性については『第1章 ⑥クッション値』に書いたので参考にしていただければと思う。

路盤改造後は瞬発力タイプの出番が増加

このように、数年の間に様々な工夫が施されている中山競馬場。２０１４年の路盤改造工事によって排水性が向上した事に加えて、ここ数年は冬期のエアレーション作業が行われていない事から、芝が傷みにくくなってきている。そのため近年は速い上がりを使える馬や、サンデーサイレンス系、特にディープインパクト系種牡馬の産駒の活躍が増加。そして、上がり３ハロンタイムが以前より速くなったり、加速ラップ（ラスト１ハロンのタイムがその前の１ハロンより速くなる）になるレースが増えた。そして傷みにくくなった影響で、良馬場であれば開催後半でも時計が速く先行優勢になって、内側が伸びる。

ただし、中山芝は雨の影響を受けるとタフな状態になりやすく、差し馬や外目の枠の馬が来やすくなるので、注意が必要だ。その象徴的なレースが稍重で行われた２０１８年の有馬記念。ハービンジャー産駒のブラストワンピースが外マクリで勝利し、レース後にレイデオロで２着だったルメール騎手が、「今日はハービンジャー産駒向きの馬場だった」と語っていたのが印象に残っている。このように雨の影響を受けると外差しや外目の枠の馬、道悪血統馬の台頭が目立つようになるので注意が必要だ。

ダートは18年夏に路盤を更新

ダートは一周１４９３ｍ、直線３０８ｍ。芝コース同様、ゴール前に坂がある。中山ダートは路盤の経年劣化による排水不良が懸案となっていたため、２０１８年夏に13年ぶりに広島県産の山砂で上層路盤の改修工事を実施。その後はダートの排水性も改善された印象だ。

なお中山競馬場でも長年、青森県産の砂を使用していたが、良質のものが入手しにくい状況が続いている。現在はどんな砂を使用しているのだろう。引き続き、野津課長に聞いた。

「2020年からは補充用として青森県つがる市産の砂を使用し始めています。細粒分は事前に砂洗浄をして撤去していますが、それでも以前の青森県産の砂より少し細かめの印象ですね。しかし、排水性に問題はありません。今後もこのつがる市産を使用するかどうかは、その時の状況によると思います。ご存じの通り、現在は良質の砂が入手しにくくなっていますし、コストとの兼ね合いもありますから、まずは今あるクッション砂を洗浄して大事に使い続けつつ、補充用の砂については、そのあたりを考えながら対応していきます」

ちなみにこのつがる市産の砂。「色味は茶色っぽい」との事。最近、アルバニー産が入って少し白っぽくなった阪神競馬場のダートコースと見比べた時に、中山競馬場のダートは少し茶色いなと感じていたのだが、今回お話を聞いて納得したのであった。

なお、脚質的にはほかのダートコース同様に基本的には逃げ・先行馬の勝率が高い。しかしゴール前に坂がある分、パワーが求められるコースでもある。

馬場事情を考慮し、中山競馬場のポイントをまとめる。

①芝コースは排水性の向上で開催が進んでも傷みにくくなり、速い上がりを使える馬やサンデーサイレンス系、特にディープインパクト系種牡馬の産駒の活躍が増加

②芝コースは傷みにくくなった影響で、良馬場なら開催後半でも時計が速く、内側が伸びる

③中山芝は雨の影響を受けると、差し馬や外目の枠、道悪血統馬が活躍する傾向がある

京都競馬場
KYOTO RACECOURSE

2023年春に路盤改造工事を実施

コース図・紹介

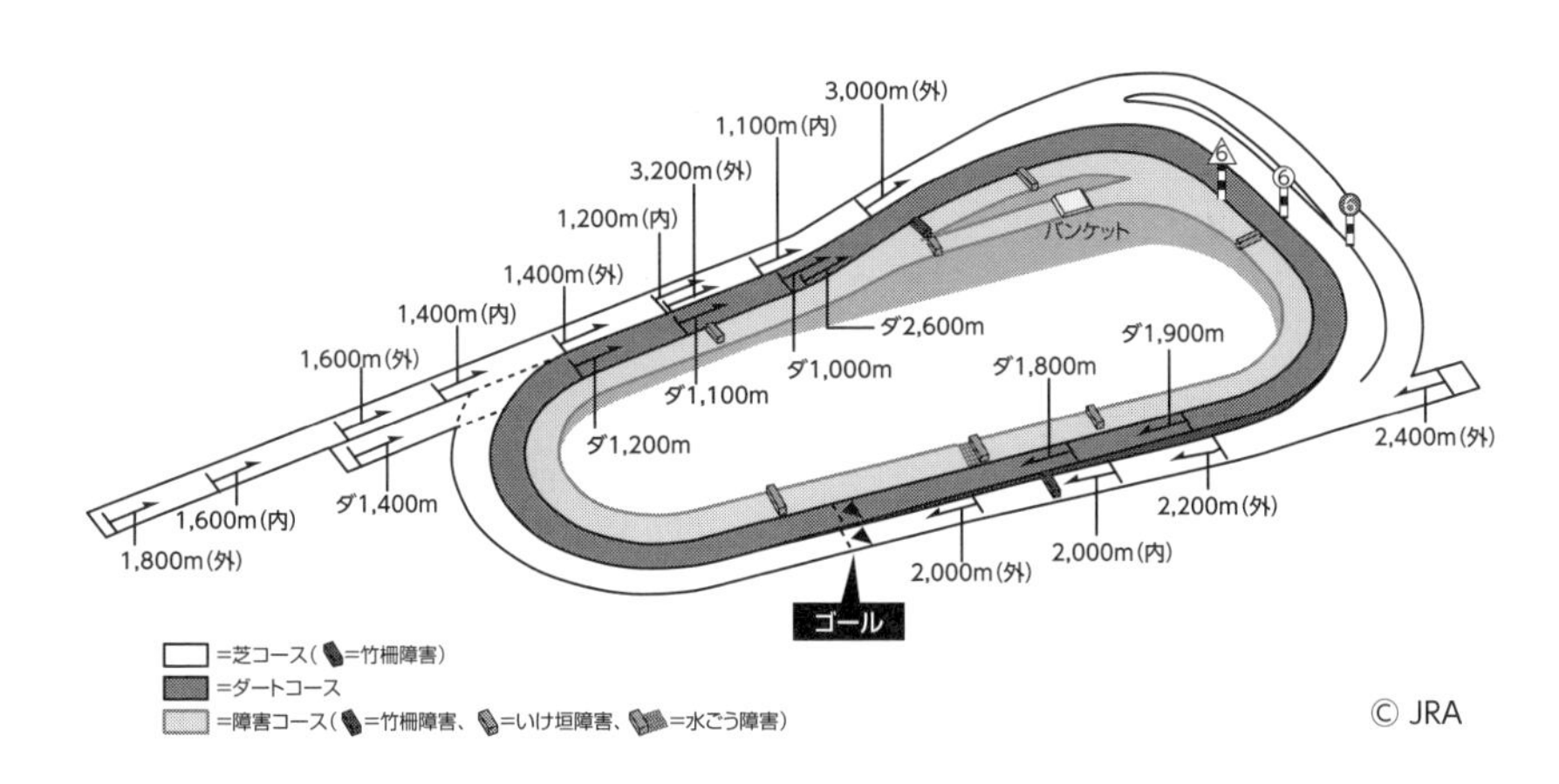

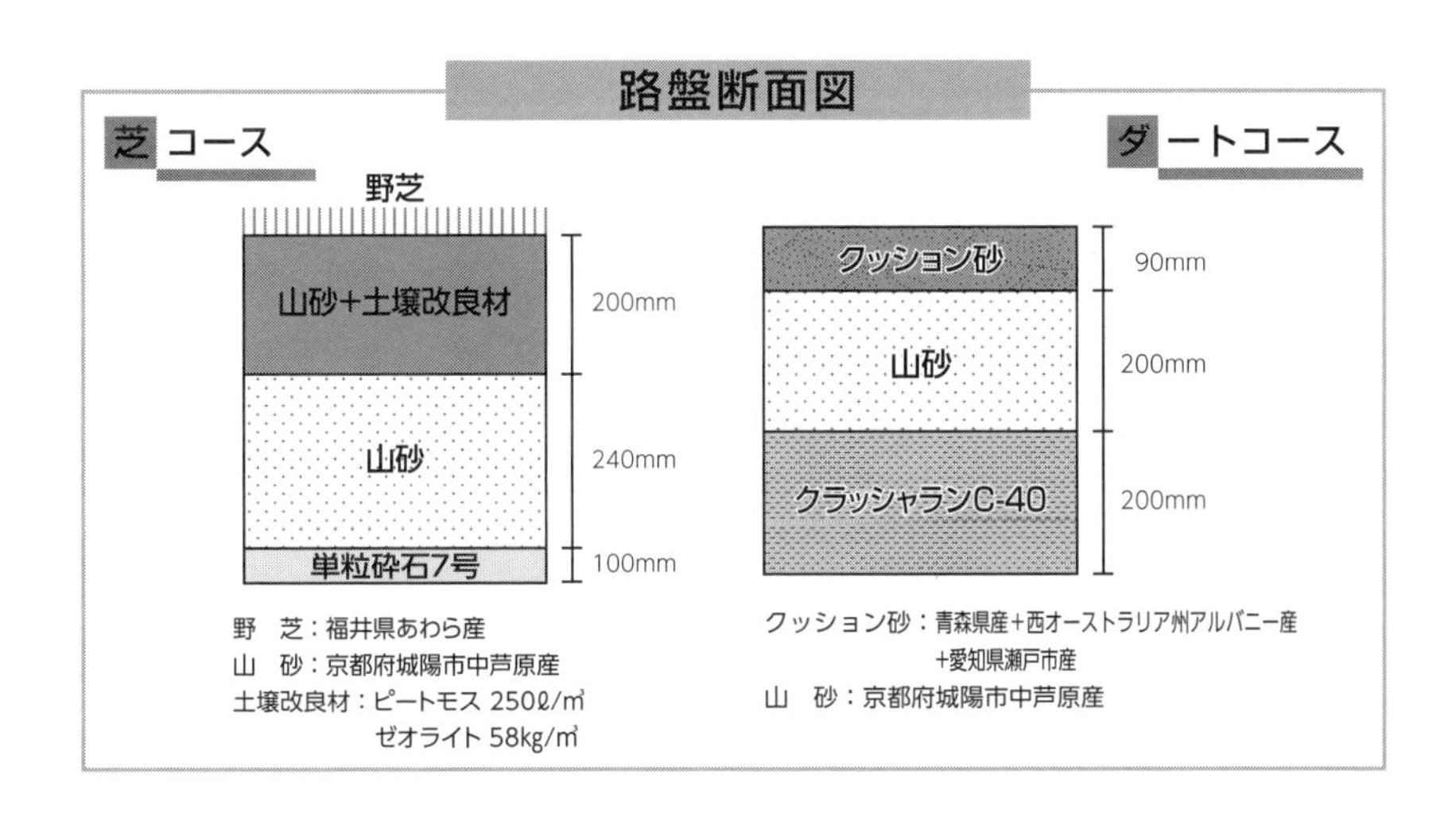

芝コース

コース	一周距離	幅員	直線距離	高低差	発走距離
A	1,782.8m(内回り) 1,894.3m(外回り)	27~38m(内回り) 24~38m(外回り)	328.4m(内回り) 403.7m(外回り)	3.1m (内回り) 4.3m (外回り)	1,100m(内)、1,200m(内) 1,400m(内･外) 1,600m(内･外) 1,800m(外)、2,000m(内･外) 2,200m(外)、2,400m(外) 3,000m(外)、3,200m(外)
B	1,802.2m(内回り) 1,913.6m(外回り)	24~35m(内回り) 21~35m(外回り)	323.4m(内回り) 398.7m(外回り)		
C	1,821.1m(内回り) 1,932.4m(外回り)	21~32m(内回り) 18~32m(外回り)			
D	1,839.9m(内回り) 1,951.3m(外回り)	18~29m(内回り) 15~29m(外回り)			

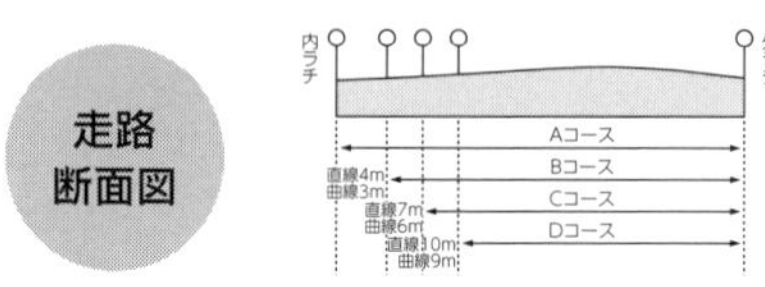

■ コース
高低断面図
（右・内回り）

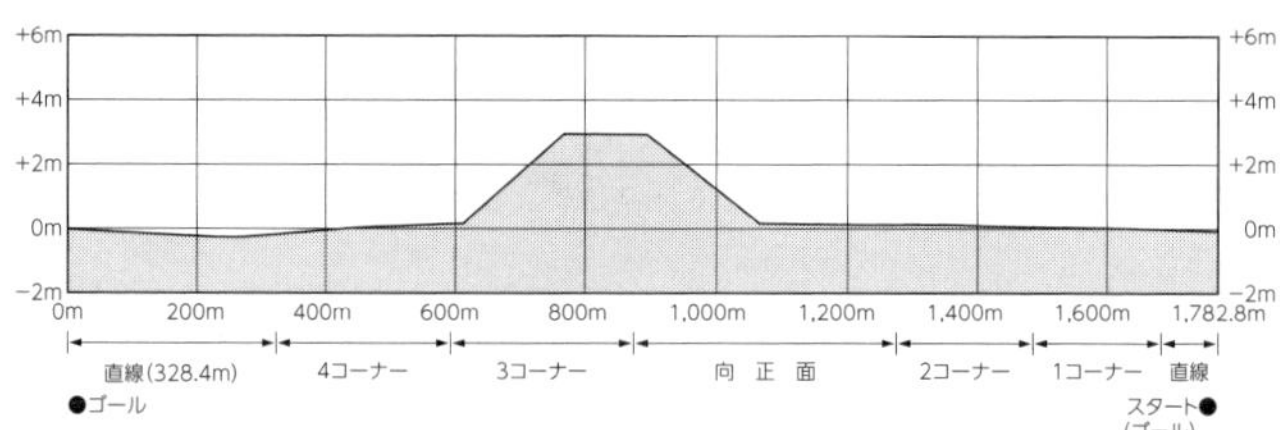

■ コース
高低断面図
（右・外回り）

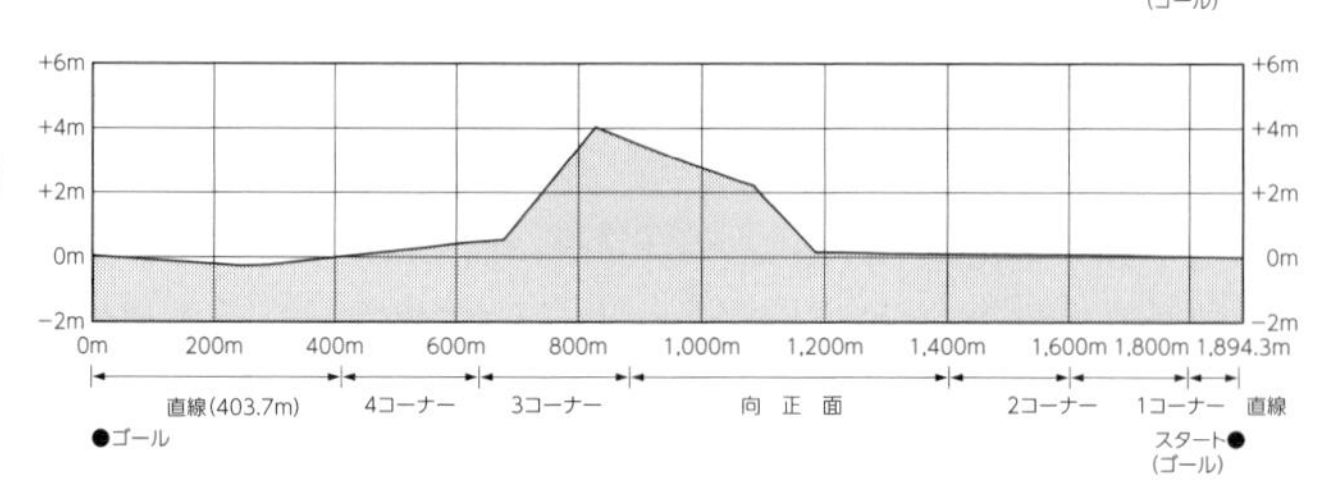

ダートコース

一周距離	幅員	直線距離	高低差	発走距離
1,607.6m	25m	329.1m	3.0m	1,000m、1,100m、1,200m、1,400m、1,800m、1,900m、2,600m

■ コース高低断面図（右回り）

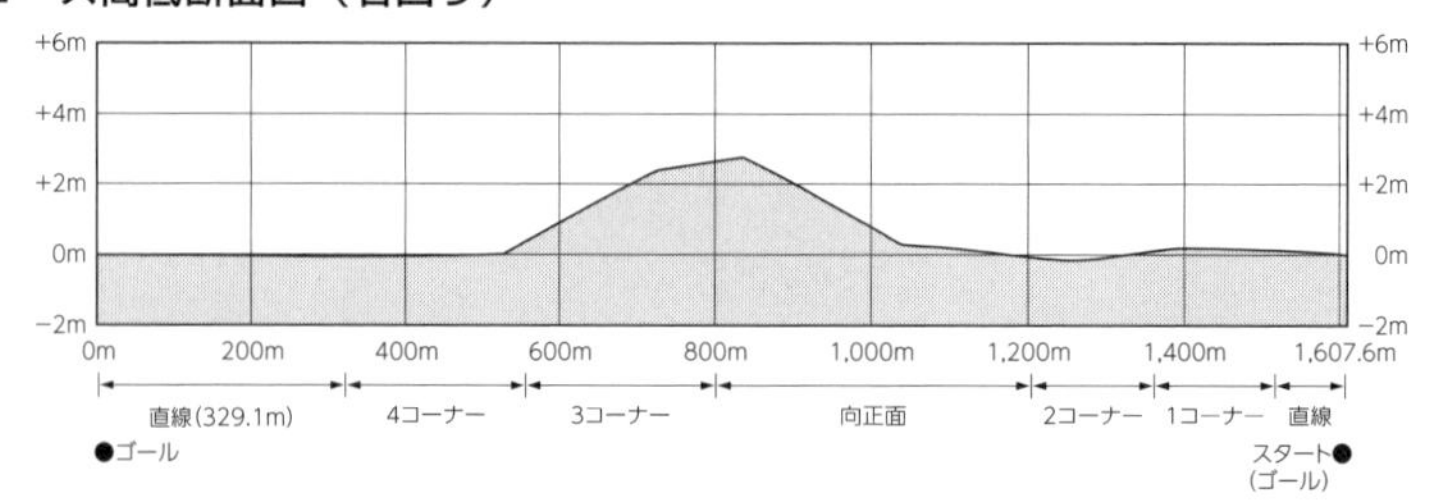

JRA全10場
馬場造園課に聞く

京都競馬場

回答者　京都競馬場馬場造園課
課長　東 良剛

Q1 現在の芝コースの路盤ができた年月を教えて下さい。

2023年３月。

Q2 現在、使用している芝の種類を開催単位で教えて下さい。

野芝にイタリアンライグラスをオーバーシードした馬場で通年施行。

Q3 芝コースの全開催単位のローテーション（通常開催時）を教えて下さい。

１回京都競馬	全日程Ａコース
２回京都競馬	全日程Ｂコース
３回京都競馬	前６日Ｃコース 後６日Ｄコース
４回京都競馬	全日程Ａコース
５回京都競馬	前４日Ｂコース 後４日Ｃコース

Q4 芝コースの張替はいつですか？それに伴う作業スケジュールを教えて下さい。

３回京都競馬終了後に大掛かりな芝張替を実施。

Q5 エクイターフを導入している場合、現段階（2023年秋現在）での導入箇所を教えて下さい。

内外回り３～４コーナー、および正面直線。

Q6 開催に向けたエアレーション作業の内容を教えて下さい。

春開催に向けては2月末か3月上旬にバーチドレン作業。秋開催に向けては6月末や8月頃にバーチドレンやシャタリングマシンでエアレーション作業。2023年の路盤改造工事により路盤の性状が変わっているので、2024年は春開催に向けたエアレーション作業を行いませんでした。

Q7 現在のダートコースの路盤ができたのはいつですか？

2023年３月。

Q8 現在、使用しているクッション砂の産地を教えて下さい。

青森県産をベースに西オーストラリア州アルバニー産の珪砂と愛知県瀬戸市産の珪砂を追加。

Q9 ダートの砂を洗浄するタイミングはいつですか？

３回京都競馬終了後（１年に１回）。

Q10 凍結防止剤はいつ頃から散布しますか？　その頻度を教えて下さい。

１～２回京都競馬期間中。天候とクッション砂に含まれる水分量で判断し、使用します。

Q11 ほかの競馬場と比較して、馬場管理で最も苦労するところは？

・秋開催終了から翌年の１回京都までの期間は野芝が休眠し洋芝の生育も緩慢になる時期であり、馬場コンディションを良好に保つのが難しいです。
・馬場内をほぼ池が占めるため、芝養成地が少なく厚芝の使用量が限られます。

Q12 アピールポイント、お伝えしたい事などを教えて下さい。

直近に馬場改造を行った競馬場として今後、馬場改造を行う競馬場のモデルとなるよう管理していきたい。芝馬場路盤は改造直後が一番良い状態というわけではなく、例えば有機物が増えていく事で地力が上がります。砂が適度に細かくなる事で安定度が増し、成長していくと考えています。一方で、これらは排水性やクッション性の悪化の原因になる要素でもあり、いかに良い塩梅で維持管理していくか、それらの情報を馬場担当者で共有していく事が肝要と思っています。

2023年春、路盤改造工事を経てリニューアル

天皇賞（春）や菊花賞などが行われる京都競馬場。2020年秋から約2年半をかけて行われたスタンドや馬場などを含めた施設全体の大規模改修を経て、2023年春にリニューアルオープンした。

コースは内回りと外回りがあり、一周距離はAコースで内回りが1782・8m、外回りは1894・3m（高低差は内回りが3・1mで、外回りが4・3m）。内回りの直線は328・4m、外回りは403・7m。〝淀の坂〟と呼ばれる3コーナーに設けられた坂は京都芝コースの名物となっており、向正面の半ばから3コーナーにかけて上り、4コーナーにかけて下るレイアウト。それ以外の場所はほぼ平坦となっている。

今回の改修で馬場の路盤改造工事は行ったが、芝コース、ダートコース、障害コースともレイアウトはほとんど変わっていない。数々の名勝負を生み出してきた芝コース3コーナーにある坂も傾斜や形状は以前のまま。ただし、安全面が考慮され、芝外回りコースの4コーナーが少し緩やかになったほか（写真①）、芝外回り1600mのスタート地点の外側を少し広げる工事が実施された。

今回の路盤工事の詳細は後ほどご紹介するとして、京都芝の基本事項からお伝えしよう。今回の路盤改造工事前までの京都芝は高速馬場になりやすく、先行馬や瞬発力がある馬の活躍が目立っていた。それは馬場的な要素から見ると、二つの理由が考えられる。一つ目は、〝幅員が広く、4本

写真①　外回り4コーナーは以前と比べて、少し緩やかになった

のコースがとれる事〟。京都は幅員が35ｍと広く（一番広いＡコースの直線の幅員が35ｍ）、ＡからＤまで４本のコースが取れる。通常開催のスケジュールであれば、年明けの1回京都開催は全日程をＡ。２回開催は全日程がＢ。３回開催は前半６日間がＣ、後半６日間はＤを使用し、夏の間に傷んだ部分の芝の張替が行われる。張替える際は二夏を越した芝を１㎝の厚さで直張りするが、養生期間が長いためしっかりと根付いていく。そして、張替によってきれいになった状態で迎える秋の４回京都は全日程がＡ。このように内側から順に使用していくため、コース替わりである程度傷みがカバーされた状態でレースができる。これにプラスして、京都は傷みやすい３～４コーナーに内回りと外回りコースがある。そのため傷みが分散しやすい。ちなみに、阪神競馬場も内外回りがあるが、幅員は25ｍと狭く、コースはＡとＢのみ。京都が恵まれたコース形態である事がおわかりいただけると思う。

そして二つ目の理由は、〝夏に行われる芝の更新作業や張替作業の期間が長く取れる事〟。京都は通常開催であれば３回開催が5月末頃に終わるため、６月から張替作業に入り、10月の４回開催まで約４カ月間も養生期間が取れる。しかも京都の夏は暑いので、密度の高い芝が生育していく。

また、馬場の要素以外ではコース形態が影響している。前述した淀の坂を下る時に馬群がスピードアップしやすく、直線に入るとほぼ平坦なので、スピードを保ったままゴールを迎えやすい。このように京都は馬場的要素とコース形態から基本的には時計が出やすく、特に内回りでは逃げ馬と先行馬の複勝率が高い。

排水性向上を狙い、暗渠排水管を斜めに設置

２０２３年の路盤改造工事ではどんな工事を行ったのだろう。京都競馬場馬場造園課の東良剛課長に伺った。

「芝コースは既存の芝を撤去、古い路盤を削り取り、下層路盤、上層路盤を一新しました。下層路盤には透水性に優れた単粒砕石（粒が揃った石の層）を敷き、その上に山砂と、山砂に土壌改良材を混ぜ合わせた層を重ねています（図①）」

今回の改造工事では以前の京都芝コースの路盤にあった暗渠排水材もすべてリニューアルされた。なぜ、京都はここまで排水性向上に努めるのだろう。

「京都競馬場が現在の場所に開設されたのは１９２５年。元々、この周辺は宇治川、桂川、木津川という三つの河川の合流点にあたり、広大な湿地帯でした。当時は排水性が非常に悪かったそうで、当時の馬場担当者は京都中から畳を集め、ぬかるんだ場所に敷いて、競馬を行ったと聞いた事があります」

近年の京都競馬場には水はけが悪い印象がないので、過去のエピソードには驚かされる。しかし、１９９４年路盤改造工事の時点ですでに暗渠排水が導入されていた事実を考えると、先人の馬場担当者たちが長い間、水と闘ってきた背景がうかがい知れる。

写真②　暗渠管は45度の角度で、芝コース全体に20mピッチで設置

話を今回の暗渠排水工事に戻そう。実際にはどう変わったのだろうか。

「２０２０年秋までは馬場の縦方向に対して直角に、20ｍピッチで板状の暗渠材が入っていました。しかし、今回は以前より強度も排水性も高いプラスチック製の暗渠排水管に変更。さらに、それを45度の角度にして20ｍピッチで設置（写真②）。暗渠管の総延長は以前の約６０００ｍから９０００ｍになっています。斜めに設置した事で、より広範囲の集水を可能にしました」

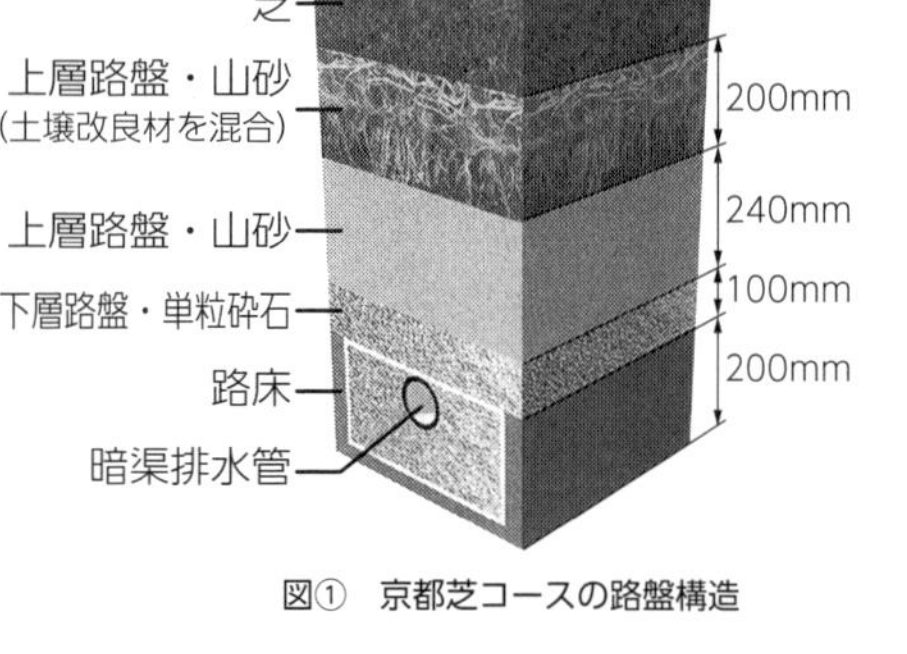

図①　京都芝コースの路盤構造

今回の路盤改造工事でエクイターフを本格導入

また、今回の路盤改造工事では路盤のエアレーション作業を経て、芝コースは全面張替を実施。その際、福井県あわら市の圃場で生産されたエクイターフと、在来型の野芝が使用された。なお、京都では過去にエクイターフを試験的に導入した事があったが、前述した通り、京都芝コースは傷みにくい背景があった事から、エクイターフは基本的に使用されてこなかった。という事で今回の路盤改造工事で本格導入の形となる。なおエクイターフは2023年秋の段階で、内外回りの3～4コーナーと最後の直線といった、特にレースで傷みやすい箇所に張られており、京都芝コースの総面積約10万㎡のうち、5万㎡弱がエクイターフとなっている。

現状、京都芝コースは軟らかい

こうして2023年春にレースが再開された京都競馬場。春開催や秋開催の前半までは比較的速い時計が出ていた芝コースだが、2024年の年明けから始まった冬の開催では良馬場でも少し時計がかかり、騎乗した騎手からは『馬場が軟らかくて、少し走りにくかった』といった声が聞こえた。

「路盤ができて、月日が経っていない事が緩さの原因だと考えます。クッション性や水はけが良くなるように、芝コース路盤の山砂の粒度を調整して造っていますが、その半面、砂粒同士の結びつきがまだ弱い状態です。今後、砂粒が適度に細粒化したり、有機物が増えると、砂粒同士の結びつきが強まり、路盤が安定していくと思います。2024年は阪神競馬場が開催休止になる関係で、京都の春開催が宝塚記念まで10週間ありますから、冬開催でできた傷みを引きずってしまうでしょうね。振り返ると、中京競馬場が2012年に路盤改造工事をした際もタフな状態でした。京都も安定するまで2～3年かかると見ています。ただ、時間の経過を待つだけにはいきませんから、対策していきます。2024年の冬開催後に傷みの激しかった部分の芝張替を実施。また芝に少し緑色をつけて地面の温度を上がりやすくして、日光を吸収しやすくさせたりする対策をしました。野芝を少しでも元気にさせるチャレンジです。なお、夏に大規模張替を予定していますから、秋は良い状態で迎えられると思います」

馬場が軟らかいというのはクッション値にも表れており、良馬場でも2024年2月11日には8・7と、低い数値が出ていた。なお、含水率が発表になった2018年から2023年までの芝コースの平均含水率は約10・2%。クッション値が発表になった2020年から2023年のこの数値の平均は約9・1。京都では改修前の2020年の平均クッション値が低かった事もあり、全体の平均値は高くない。今後は張替直後の秋開催は速い時計が出るだろうが、冬開催はこれから数年間はタフな状態になる可能性がある。もちろん数年後には以前のように、速い時計が出て瞬発力のある馬が活躍するような京都芝に戻るかもしれない。今後、傾向推移を見守っていこう。

エアレーション作業は状態を見ながら実施

なお、京都では2016年頃から開催に向けたエアレーション作業を開始。これまで春開催に向けてはおおむね2月末か3月上旬にバーチドレン作業。秋開催に向けては6月末や8月頃にバーチドレンやシャタリングマシンでエアレーション作業を実施。しかし、東課長は「2023年の路盤改造工事により路盤の性状が変わっているので、2024年は春開催に向けたエアレーション作業を実施しませんでした」と話していた。

芝外回りコースの4コーナーが少し緩やかになった影響は？

芝外回りの4コーナーが少し緩やかになった事で、騎手からは『安全に乗れるようになりました』といった声が寄せられている。ちなみに、リニューアル後の京都芝外回りの枠順別成績は5枠が勝率1位で、2位が8枠（表①）。一方、1枠は勝率3位と結果が出ているものの、2枠は勝率ワースト（2023年4月22日〜24年2月18日までの成績）。ただし、リニューアルから間もないので、枠順傾向は注意深く見ていく必要があるだろう。実際の乗り方がどのように変わったかなどは『JRA騎手&JRA馬場造園課座談会』で、ジョッキーたちが具体的に語ってくれているので、是非とも読んでいただきたいと思う。

ダートコースの路盤も2023年にリニューアル

ダートは一周1607・6mで直線329・1m（高低差は3・0m）。芝コース同様に3コーナー手前に坂があり、3～4コーナーは緩やかな下り坂。ダートも2023年に路盤改造工事が行われ、下層路盤と上層路盤が造り直された。

なお、京都のダートコースでは2023年の春開催から、青森県産の砂をベースに西オーストラリア州アルバニー産の珪砂と愛知県瀬戸市産の珪砂を混ぜている。東課長によると、2023年の段階では青森県産が8割で、残りの2割がアルバニー産と瀬戸市産との事。騎手からは、『リニューアル後は路盤の硬さが気にならなくなった』といった声が届いているそうだ。

京都のダートは直線が平坦なので、逃げ・先行馬優勢が基本。リニューアル後から2024年2月18日のダートの総レースのうち、約72%が逃げ・先行馬による勝利となっている。

リニューアル後の馬場事情を考慮し、京都競馬場のポイントをまとめる。

①基本的に芝コースは速い時計が出やすく、特に内回りでは逃げ・先行馬の複勝率が高い

②ただし現状、京都芝コースは軟らかく、冬開催時はタフな状態になりやすい

③外回りコースは4コーナーが少し緩やかになり、真ん中～外枠馬も台頭している

枠番	着別度数	勝率	連対率	複勝率
1枠	14-13-11-122/160	8.8%	16.9%	23.8%
2枠	8-18-15-126/167	4.8%	15.6%	24.6%
3枠	13-11-20-134/178	7.3%	13.5%	24.7%
4枠	12-13-14-149/188	6.4%	13.3%	20.7%
5枠	22-18-15-149/204	10.8%	19.6%	27.0%
6枠	18-18-9-175/220	8.2%	16.4%	20.5%
7枠	18-17-20-191/246	7.3%	14.2%	22.4%
8枠	26-23-27-191/267	9.7%	18.4%	28.5%

表①　京都芝外回り枠順別成績（2023年4月22日～24年2月18日）

阪神競馬場
HANSHIN RACECOURSE

近年、芝コースは張替面積が増加し、傾向が変化

コース図・紹介

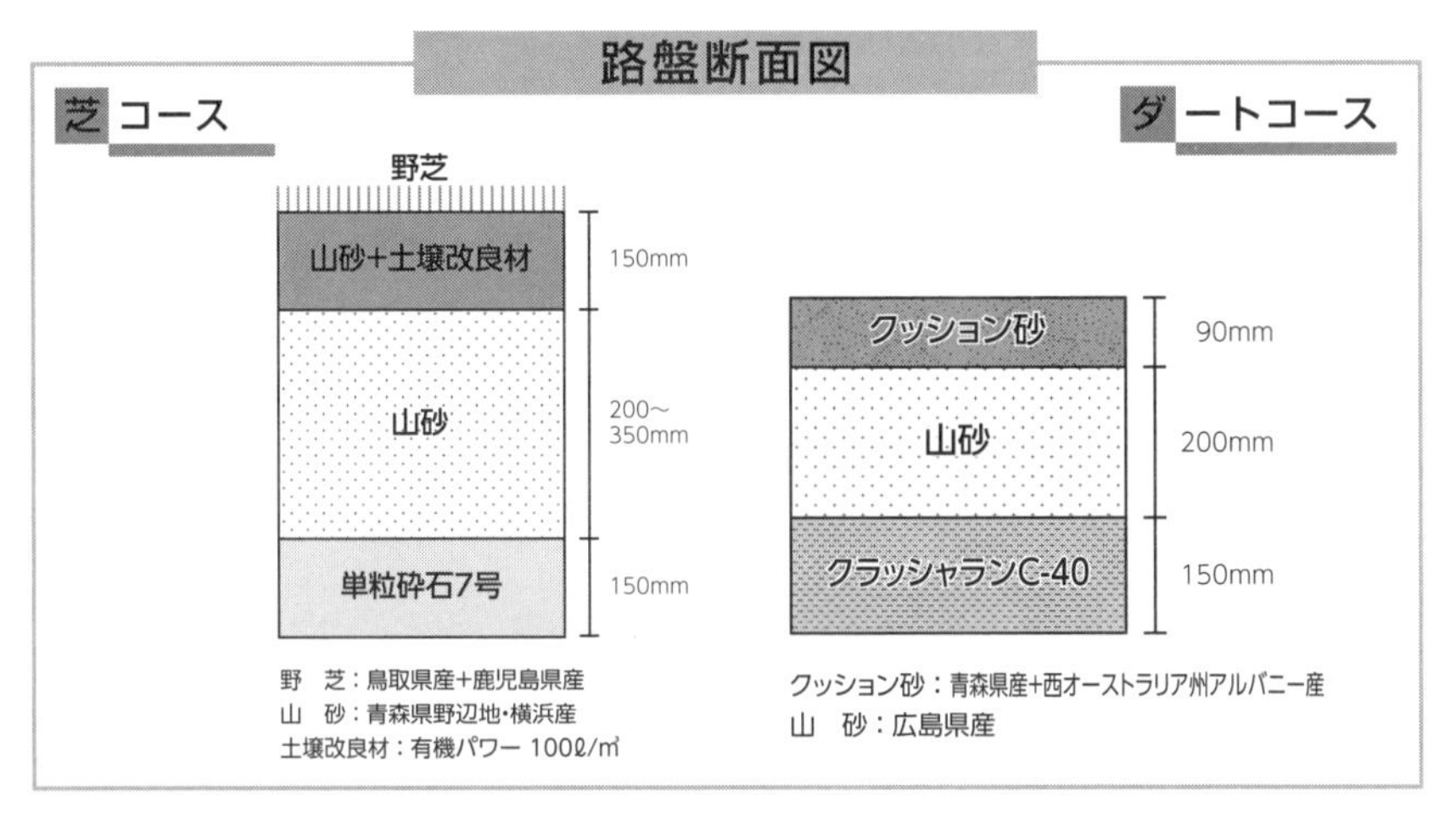

芝コース

内回り

コース	一周距離	幅員	直線距離	高低差	発走距離
A	1,689m	24~28m	356.5m	1.9m	1,200m、1,400m、2,000m、2,200m、3,000m、3,200m(外·内)
B	1,713.2m	20~25m	359.1m		

外回り

コース	一周距離	幅員	直線距離	高低差	発走距離
A	2,089m	24~29m	473.6m	2.4m	1,400m、1,600m、1,800m、2,400m、2,600m、3,200m(外·内)
B	2,113.2m	20~25m	476.3m		

走路断面図

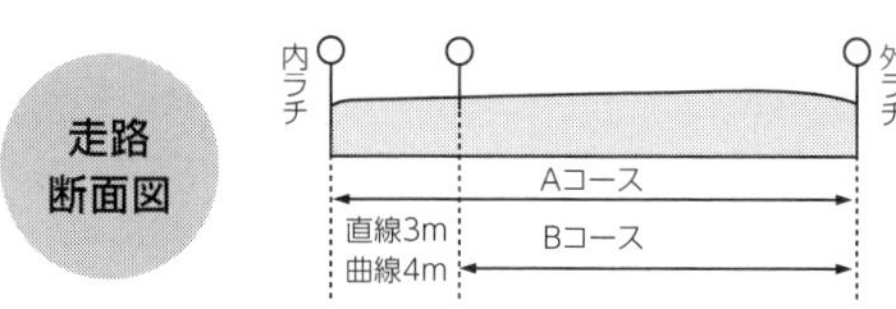

■ コース高低断面図（右・内回り）

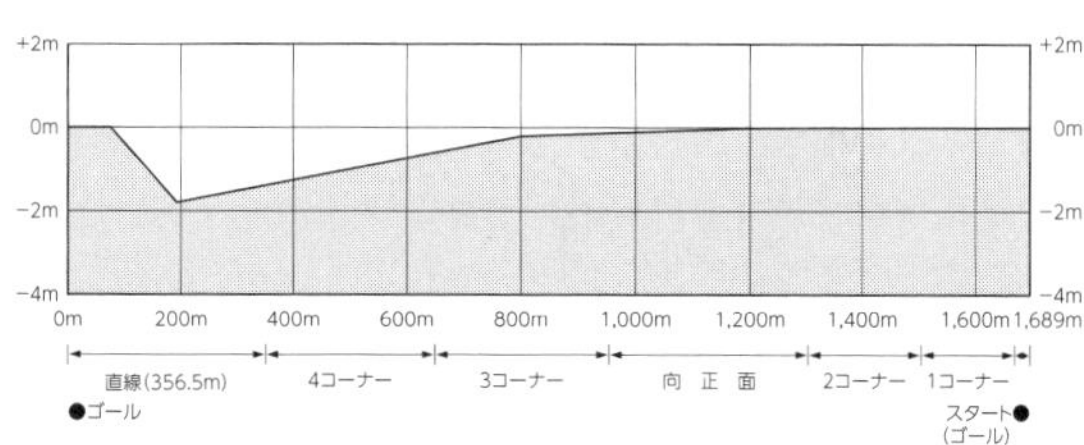

■ コース高低断面図（右・外回り）

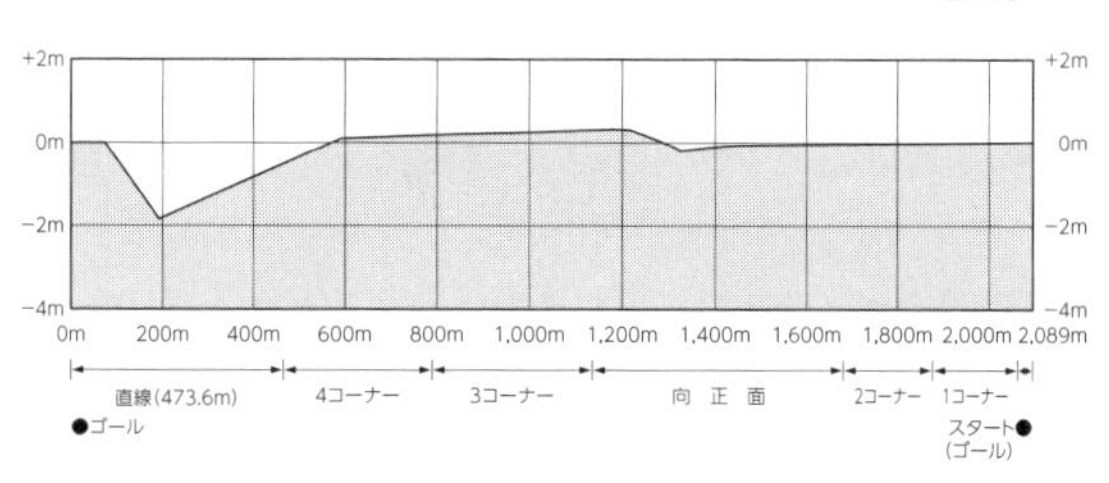

ダートコース

一周距離	幅員	直線距離	高低差	発走距離
1,517.6m	22~25m	352.7m	1.6m	1,200m、1,400m、1,800m、2,000m、2,600m

■ コース高低断面図（右回り）

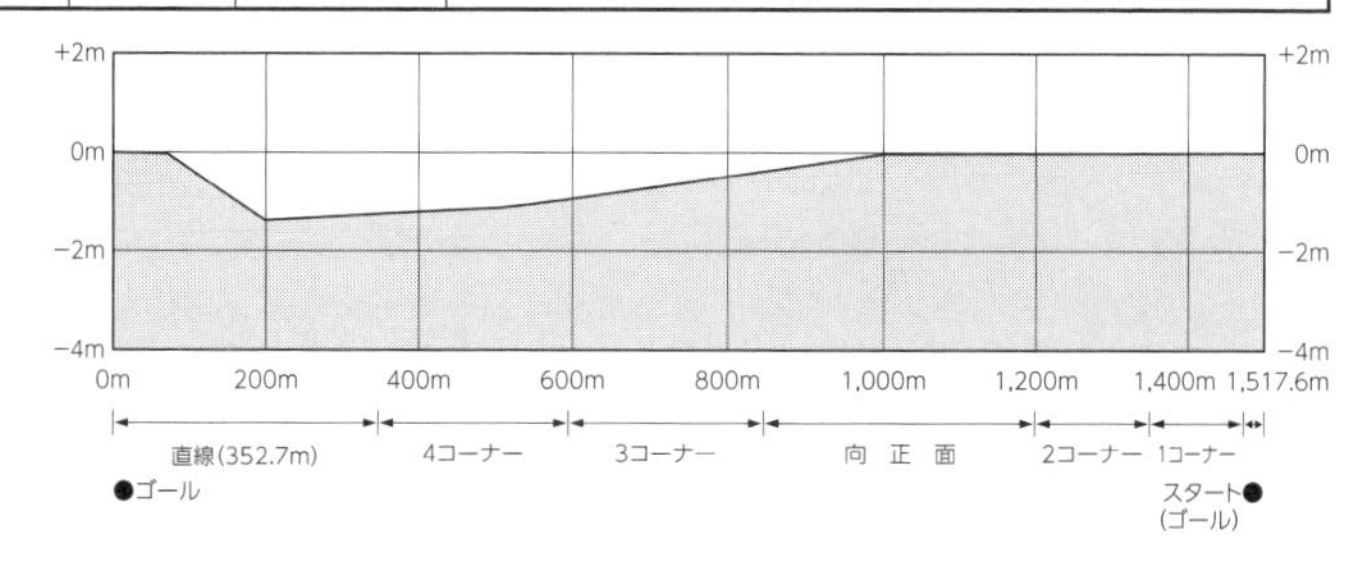

JRA全10場
馬場造園課に聞く

阪神競馬場

回答者　阪神競馬場馬場造園課
課長　本橋 賢

Q1 現在の芝コースの路盤ができた年月を教えて下さい。

2006年11月。

Q2 現在、使用している芝の種類を開催単位で教えて下さい。

４回阪神（９月）は、野芝のみの状態。そのほかの開催は、野芝に洋芝（イタリアンライグラス）をオーバーシードした状態で施行。

Q3 芝コースの全開催単位のローテーション（通常開催時）を教えて下さい。

１回阪神競馬	全日程Ａコース
２回阪神競馬	前２日Ａコース 後６日Ｂコース
３回阪神競馬	前４日Ａコース 後４日Ｂコース
４回阪神競馬	前５日Ａコース 後４日Ｂコース
５回阪神競馬	前６日Ａコース 後３日Ｂコース

Q4 芝コースの張替はいつですか？　それに伴う作業スケジュールを教えて下さい。

３回阪神開催終了後に実施。京都競馬場整備工事に伴う変則開催により、冬に大規模に張替えた経験から、今後も必要であれば冬も傷んだ箇所を中心に張替えます。

Q5 エクイターフを導入している場合、現段階(2023年秋現在)での導入箇所を教えて下さい。

現在、エクイターフは使用していません。鳥取県産野芝を使用しています。

Q6 開催に向けたエアレーション作業の内容を教えて下さい。

６月の３回開催前は４月下旬から５月上旬にかけてバーチドレン（状態によってこの時期が前後したり、行わない事もある）。９月の４回開催前は７月上旬に張替部を除いた箇所にシャタリング作業。

Q7 現在のダートの路盤ができたのはいつですか？

2006年11月（※2024年11月竣工予定で路盤改修工事を実施）。

Q8 現在、使用しているクッション砂の産地を教えて下さい。

青森県産をベースに西オーストラリア州アルバニー産を補充しています。

Q9 ダートの砂を洗浄するタイミングはいつですか？

第３回阪神開催終了後（１年に１回です）。

Q10 凍結防止剤はいつ頃から散布しますか？　その頻度を教えて下さい。

気象状況によりますが、５回阪神開催の後半に散布する事があります。

Q11 ほかの競馬場と比較して、馬場管理で最も苦労するところは？

夏期の芝張替期間が約２カ月しかなく、作業時間が短いため、苦労しています。

Q12 アピールポイントやお伝えしたい事などを教えて下さい。

桜満開の季節に「桜花賞」があります。この時期になると「桜の開花を調整しているのか」と聞かれる事がありますが、自然の力に任せています。競馬場内の場所によって咲くタイミングが違う事が、そう思わせるのかもしれませんね。是非、競馬場に足を運んでいただき、桜を楽しみながら白熱したレースをご観戦下さい。

張替面積を増やし、近年は傾向が変化

牝馬三冠初戦の桜花賞、春のグランプリ宝塚記念などが行われる阪神競馬場。２００６年のコース改修によって新設された外回りコースは右回りの競馬場としては最長となる。

芝コースは内回りと外回りがあり、一周距離はAコースで内回りが１６８９ｍ、外回りは２０８９ｍ（高低差は内回りが１・９ｍ、外回りが２・４ｍ）。内回りの直線は３５６・５ｍで外回りは４７３・６ｍ（写真①）。ゴール前１９０ｍ地点から70ｍ地点にかけて高低差１・８ｍの坂がある。

この数年、ＪＲＡ全10場の中で最も馬場傾向が変わってきたと感じているのが阪神である。最近の阪神の芝コースは本当に傷みにくくなった。

同じ関西圏でも、比較的時計が出やすい京都芝コースとは異なり、かつては1年を通して〝力の要る馬場〟となる事が多いのが阪神だった。これは開催日程が影響している。

阪神で競馬が行われるのは通常3月、4月、6月、9月、12月。宝塚記念が行われる開催は6月末までレースがあり、9月２週目には秋競馬を迎える。だから、野芝の張替と養生期間が約2カ月半（10週）しか取れない。ちなみに、6月末まで競馬がある東京は秋競馬が10月からなので、張替期間は約3カ月。中山は4月中旬には春競馬が終わっているた

写真①　阪神芝コースの直線は外回りで473.6mある（Aコース）

め、秋まで約4カ月半。京都は通常スケジュールだと5月末に競馬が終わり10月に始まるので、約4カ月も作業に充てられる。つまり、阪神は4大競馬場の中でも芝の養生期間が最も短い競馬場なのだ。養生期間が長いとそれだけ芝はしっかりと根付く。中山や京都の芝がパンとした状態になりやすいのは養生期間の長さも影響しているというわけだ。

張替期間が短いため、以前の阪神では東京のように、夏に芝を2万㎡以上張替える事はなく、2015年までの張替面積は7000～8000㎡程度だった。そして、張替面積が多くない馬場を翌年の宝塚記念の開催まで使用しなければならず、そのため以前の阪神芝コースはタフな状態になりやすかった。しかし2016年には張替面積が1万4000㎡となり、2017年は2万㎡を超えた。その理由を当時、阪神競馬場の馬場造園課長だった青山裕介さんは次のように話していた。

「阪神の芝張替は開催時期により制約を受けていますが、改善を図りたいと考えていました。そこで数年かけて阪神競馬場内にある芝の養成地を増やし（写真②）、芝の供給能力を向上。張替面積を増やしています」

また、京都競馬場が路盤改造工事を行った影響で2021年と2022年は阪神の開催日数が大きく増加。場内の芝養成地拡大はこの代替開催に備えるための対策でもあった。

写真②　外回り3～4コーナーの内側にある芝の養成地

日本の競馬場で初めて鳥取県産野芝を導入

その養成地に導入されたのが鳥取県産野芝だ（詳しくは『第1章　馬場の小ネタ教えます　その1』を参照）。

阪神では2021年夏から、鳥取県産野芝を養成地で2～3年ほど養生し、根を残したまま5㎝の厚さで張替える、いわゆる〝厚張り〟を用いるようになった。鳥取県産野芝はせん断抵抗値（芝のちぎれにくさを現す指標）が丈夫とされるエクイターフや鹿屋産野芝と比べても引けを取らず、阪神競馬場馬場造園課の本橋賢課長は「鳥取県産野芝は競馬で使用しても傷みにくく、丈夫な印象です」と話す。

さらに、JRAの芝馬場の歴史上、初めて採用されたのが、〝冬の芝張替〟だった。本橋課長はこう話す。

「通常、芝張替はベースとなる野芝が生長する夏に行います。冬は野芝が休眠期に入り、張替えても根が活着しない事から、これまで実施してきませんでした。しかし、京都の代替による変則開催が始まってから最初の冬となった2021年1月に新たな取り組みとして、阪神で初めて冬期の芝張替作業を行いました。前例がないため、張替箇所は特に傷みのある3コーナーの一部に限定し、まずは試験的に小面積（600㎡）にて張替を実施。その際、少しでも安定するように、養成地から通常より厚めの6㎝に切り出した芝を使用しました。また、作業後はオーバーシードした洋芝の根が路盤に活着するようシートで養生。芝の根付きを懸念しましたが、芝は順調に生育。張替えた箇所は良好な状態を維持できました」

冬期における芝張替が効果的であると実証された事から、阪神では2022年に4200㎡、2023年には5200㎡の冬期張替を実施（『JRA騎手&JRA馬場造園課座談会』に写真を掲載）。本橋課長は、「秋の3カ月開催でできた傷みを1月の張替でリセットし、春の開催を最善の状態で迎える事ができました。以上の取組の結果、夏期の芝張替から始まる1年の馬場管理サイクルで最後の日といえる宝塚記念当日を、比較的良い状態で終えられました。冬に張替ができるとわかったのは大きいですし、今後も必要であれば冬期の張替を行う予定です」と話していた。

興味深いデータがある。2008年～2015年までに行われた阪神芝の脚質別の勝率は逃げが15・2％。先行は9・9％。中団は7・4％。後方が2・2％。マクリが14・4％。一方、2016年～2023年までの勝率は逃げが18・1％。先行は11・9％。中団が6・5％。後方は2・5％。マクリが14・0％。張替面積を増やした2016年以降は逃げ・先行馬の勝率が上がり、中団馬の勝率が減少している。やはり、馬場が傷みにくくなった影響が傾向に表れているのだろう。

6月の開催前にバーチドレンによるエアレーション作業を実施

続いては開催前のエアレーション作業についてお伝えしよう。阪神は張替期間が短い事もあり、以前は開催直前のエアレーション作業を行っていなかった。しかし、2018年からは6月開催に向けて、4月下旬から5月上旬にかけてバーチドレンによるエアレーション作業を行うようになった（年によってこの時期が前後したり、状態によって行わない事もある）。そして、9月開催の前は7月上旬に張替部分を除いた箇所にシャタリング作業を実施し、張替箇所は路盤を攪拌しほぐした上、さらに路盤にエアレーション作業を行っている。阪神では例年、7月下旬に張替作業が終了するため、9月の開幕までは約1カ月しかない。芝の根付きを妨げずに路盤のクッション性を維持するための工夫である。

含水率は低めの傾向で、排水性が良い

含水率が発表になった2018年から2023年までの芝コースの平均含水率は約10・2%。そして、クッション値が発表になった2020年から2023年までのこの数値の平均は約9・7と高め。含水率は東京や中京、中山に比べると、少し低めに出る傾向がある。

「阪神芝コースの路盤で使用する青森県野辺地産の山砂はシルト（粒子が非常に細かい砂）が少ないです。また、最近は芝馬場の路盤に含まれる有機物の量が減ってきている事も含水率の低さに影響していると思います」

なお、路盤にシルトが少ない事は排水性にも影響。阪神芝コースの路盤には暗渠管が設置されていないが、排水性が良いそうだ。これについても本橋課長に伺った。

「2006年に阪神がコース改修を行った頃、私は馬場造園課係長として阪神競馬場に勤務していたのですが、

最近はその頃よりも水はけが良いですね。以前より路盤の有機物の量が減っているので、それも影響しているのでしょう。ですから2023年夏の芝張替時に少し有機物を増やしました。それでも変わらず、排水性は良いですよ」

2024年の大阪杯が行われた週に阪神芝の排水性の良さを実感する事例があった。この週は3月25日（月曜）から29日（金曜）朝までほぼ毎日雨が降り、計97㎜もの雨量を記録したが、30日（土曜）の朝には良馬場に回復していた。やはり、阪神芝は排水性が良い。

なお最近の阪神競馬場において、気になる件がある。それはクッション値が以前より低くなってきているのだ。阪神における2020年から2023年までの平均クッション値は約9・7だったと前述した。しかし、2024年1回と2回阪神開催の平均クッション値は約9・1と低くなったのだ。これには、2023年の芝張替時に有機物を増やした事が影響しているのではないかと思い、本橋課長に聞いてみた。すると、「その通りです。阪神はエアレーションを行うタイミングがあまりない事もあり、違った方法で検討しました。今後も状態を見て、またジョッキーの意見を参考にしながら、必要であれば有機物を足すなどの取組を行い、適度なクッション性を保っていきたいと考えています」と教えてくれた。という事で、今後、阪神のクッション値は低めに推移する可能性がある。

近年、阪神芝は逃げ・先行馬の活躍が目立つが、今後クッション値が今以上に低くなっていくと（つまり、軟らかくなっていくと）、脚質傾向に変化が出てくるかもしれないので、注目していきたい。

ダートも基本的には先行馬が優勢

ダートは一周1517・6mで、直線は352・7m（高低差1・6m）。ゴール前198m地点から68m地点の間に1・3mの坂がある。しかし芝ほどの勾配ではないので、展開によっては差し馬の台頭もあるものの、基本的には先行馬が優勢。2013年から2023年までの阪神ダートの総レースのうち、約7割は逃げ・先行馬が占めている。

なお、阪神のダートコースでは2020年11月の開催から青森県産の砂をベースに、西オーストラリア州アルバニー産の珪砂を混ぜている。その理由を本橋課長は、「以前使用していた砂の粒子が細かくなってきたため、砂粒が硬めで丸いアルバニーの砂を混合しています。2023年秋の段階の割合は青森県産が約7割で、アルバニー産が3割です。なお、ダートのクッション砂は阪神でも1年に1回、洗浄しています。ジョッキーからは排水性やクッション性、乗りやすさの点でも満足していただいています」と話していた。2023年11月に阪神競馬場へ取材に伺い、ダートコースを歩かせてもらったのだが（写真③）、取材後の靴には砂がほとんどついておらず驚いた。地方競馬場を中心に導入が広がるアルバニー産や瀬戸市産の珪砂は、騎手のゴーグルやブーツに砂がつきにくいというのも特徴の一つである。

なお、阪神では2025年春までスタンドなどのリフレッシュ工事を実施。その間を利用して、芝コースは例年の2・5倍となる約50000㎡の芝張替、ダートコースは路盤改修工事を行うなど、人馬の安全と公正確保を考えたメンテナンスを実施する。

写真③　阪神競馬場のダートコース。2023年の段階で約３割が西オーストラリア州アルバニー産のため、以前より少し色が薄くなっている

馬場事情を考慮し、阪神競馬場のポイントをまとめる。

①近年は芝コースの張替面積が増加。傷みにくくなり、逃げ・先行馬の勝率が上昇
②芝コースの含水率が低めに出る傾向で排水性が良い
③芝コースのクッション値は高め。しかし今後は低くなっていくかも!?

中京競馬場
CHUKYO RACECOURSE

2012年に大幅リニューアル。近年、芝コースは排水性が向上

コース図・紹介

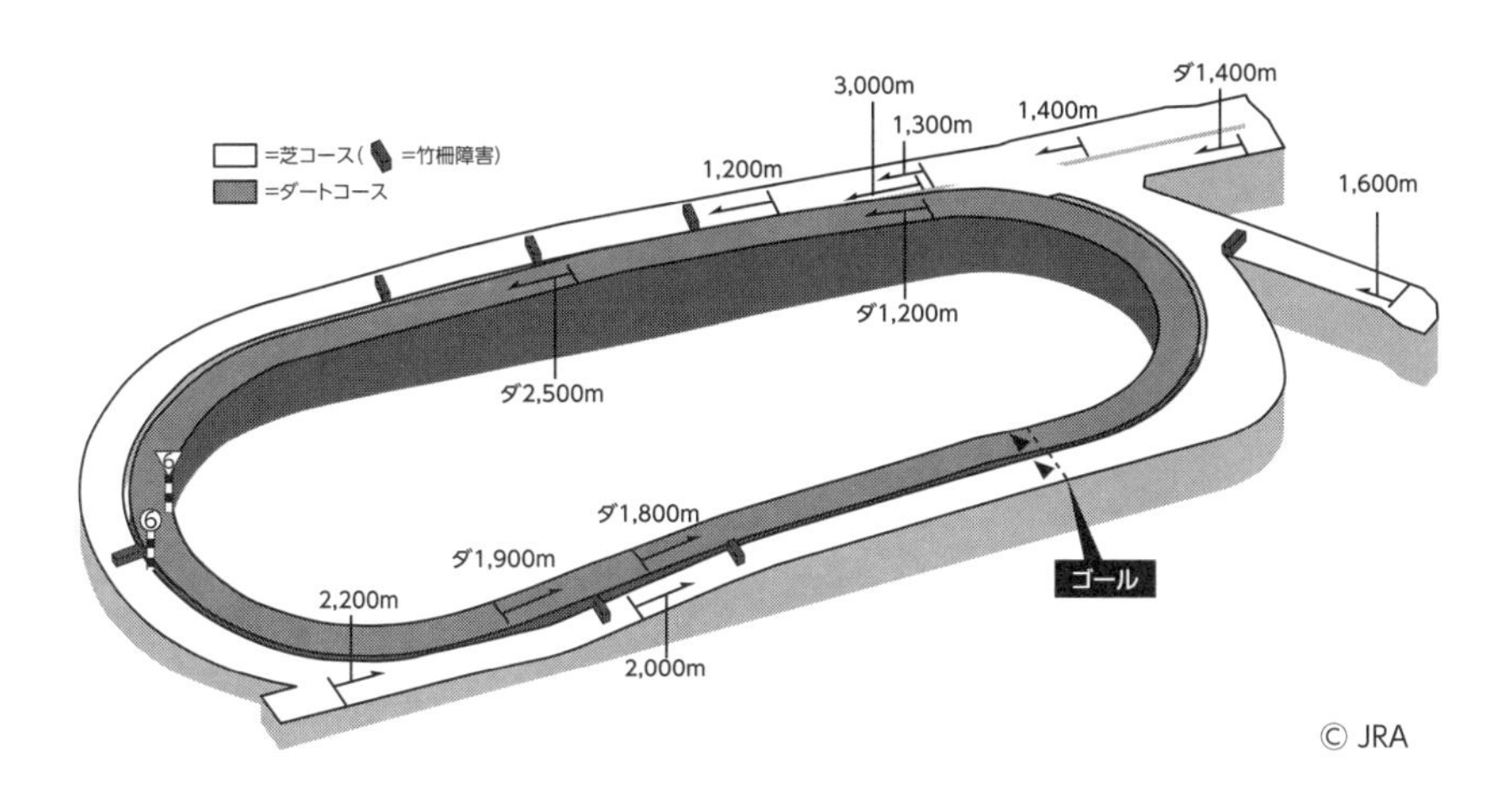

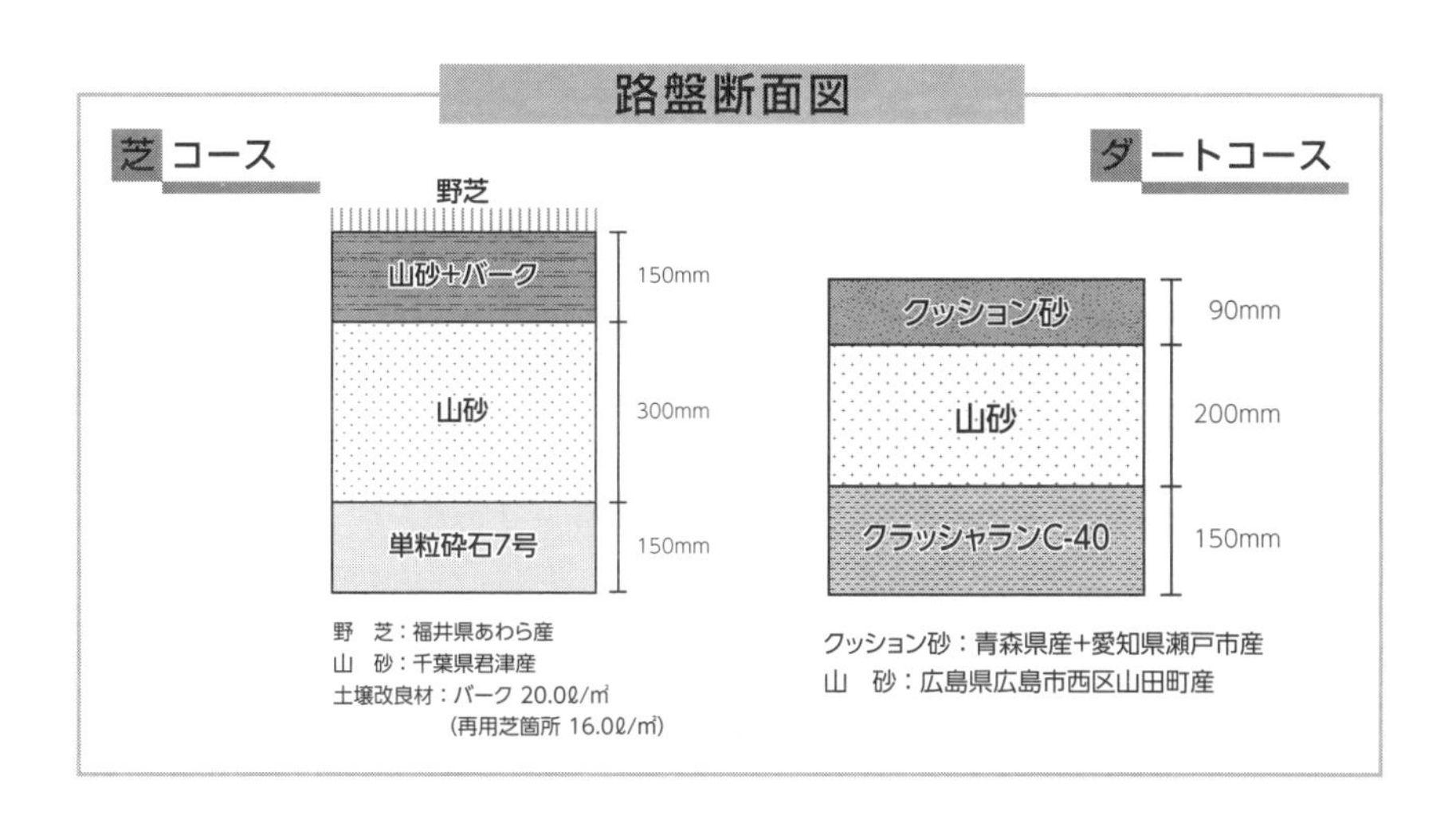

芝コース

コース	一周距離	幅員	直線距離	高低差	発走距離
A	1,705.9m	28~30m	412.5m	3.5m	1,200m、1,300m、1,400m、1,600m、2,000m、2,200m、3,000m
B	1,724.8m	25~27m			

■ コース高低断面図(左回り)

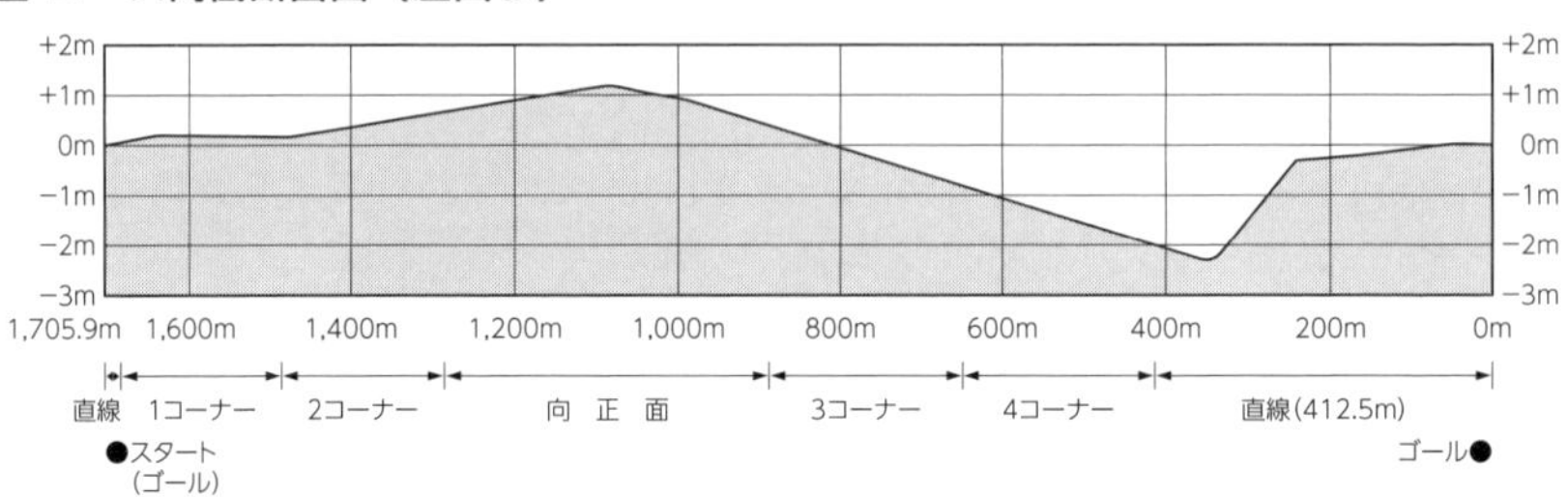

ダートコース

一周距離	幅員	直線距離	高低差	発走距離
1,530m	25m	410.7m	3.4m	1,200m、1,400m、1,800m、1,900m、2,500m

■ コース高低断面図(左回り)

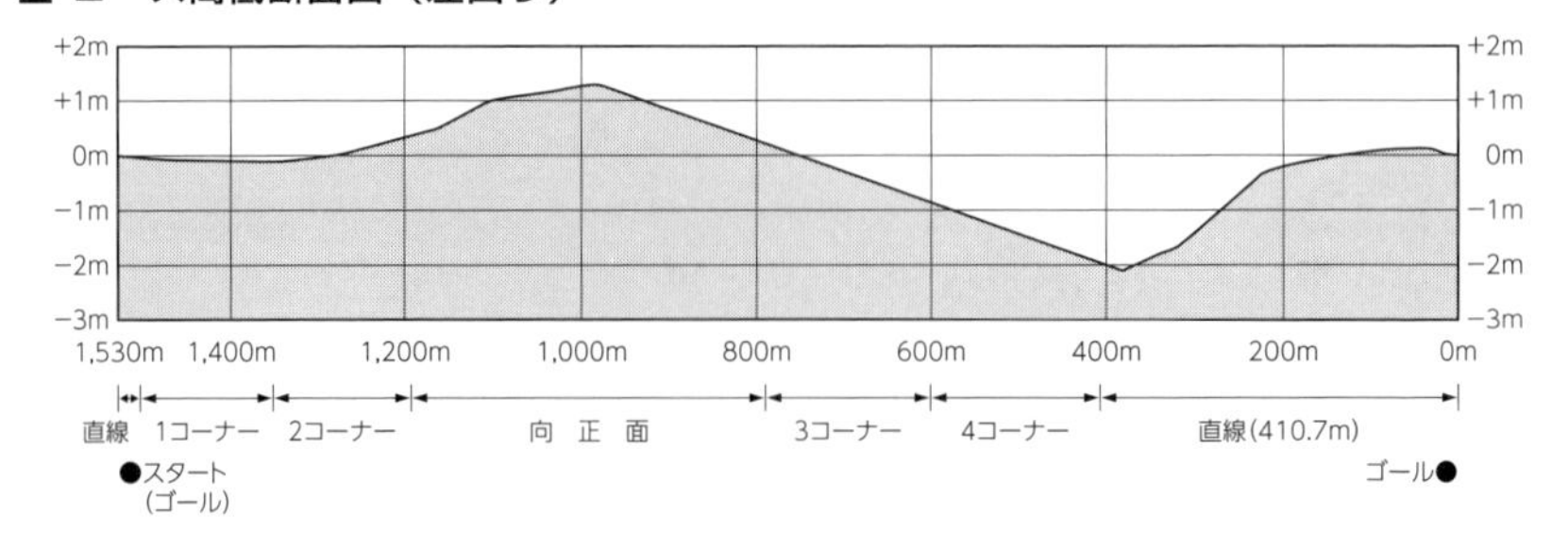

JRA全10場
馬場造園課に聞く

中京競馬場

Q1 現在の芝コースの路盤ができた年月を教えて下さい。

2012年1月。

Q2 現在、使用している芝の種類を開催単位で教えて下さい。

野芝に洋芝（イタリアンライグラス）のオーバーシードでの通年施行。

Q3 芝コースの全開催単位のローテーション（通常開催時）を教えて下さい。

1回中京競馬	全日程Bコース
2回中京競馬	前4日Aコース 後2日Bコース
3回中京競馬	前4日Aコース 後4日Bコース
4回中京競馬	全日程Aコース

Q4 芝コースの張替はいつですか？　それに伴う作業スケジュールを教えて下さい。

高松宮記念の開催後に主に3～4コーナー部分、そして夏開催後に主にコース全周の内側の張替を実施（2022年と2023年の3月開催の前に、冬期の芝張替を実施実績あり）。

Q5 エクイターフを導入している場合、現段階（2023年秋現在）での導入箇所を教えて下さい。

直線以外の走路部分。

Q6 開催に向けたエアレーション作業の内容を教えて下さい。

7月の開催に向けては主に4月中旬と5月下旬にかけてバーチドレンによるエアレーションを実施（年によってこの作業が前後する事がある）。

Q7 現在のダートの路盤ができたのはいつですか？

2012年1月。

Q8 現在、使用しているクッション砂の産地を教えて下さい。

青森県産をベースに、洗浄後に不足した分は愛知県瀬戸市産珪砂を補充。

Q9 ダートの砂を洗浄するタイミングはいつですか？

1年に1回（8月～10月）。

Q10 凍結防止剤はいつ頃から散布しますか？　その頻度を教えて下さい。

1月（1回開催）と12月（4回開催）に各1回ずつ程度。

Q11 ほかの競馬場と比較して、馬場管理で最も苦労するところは？

・3月と7月開催時は雨が多く馬場が傷みやすい。
・12～1月も冬期により野芝、洋芝とも生育がストップしている。
・7月に競馬開催があるため、その後の張替において野芝が活着する期間が短い。

Q12 アピールポイントやお伝えしたい事などを教えて下さい。

・真夏と真冬両方に開催があり、良好な芝の状態を維持するのが難しい競馬場ですが、少しでも養生期間を長く確保できるよう、張替を迅速に実施しています。
・レース間の芝の蹄跡補修は丁寧に実施しており、作業員さんの頑張りはアピールポイントです。
・ローカルの中では最もダートコースが大きく、チャンピオンズカップの施行に相応しいコースとなっています。
・大寒桜が3月の開催中に見頃を迎えます。レースとともに美しく咲く大寒桜にもご注目下さい。

2012年に路盤改造工事を実施

春に短距離GⅠの高松宮記念、秋に中距離ダートの王者を決めるチャンピオンズカップが実施される中京競馬場。かつては直線が短いコースだったが、2012年に路盤改造工事を経てリニューアルした。芝コースは一周距離がAコースで1705・9m（高低差3・5m）。以前はほぼ平坦だった直線に最大2％の勾配がある坂が設けられ、直線は412・5mとなり以前より約100m長くなった（写真①）。

直線が長く坂ができた事もあり、リニューアル当初は差しが決まりやすく、タフな状態になりがちだった。特に雨が降ると極端に時計がかかるケースが多く、後方馬が大外一気の差し切りを決めるレースがよく見られた。

その一方で、馬場が乾くと1分06秒7のレコードが飛び出した2016年の高松宮記念を筆頭にレコードが多発するなど、中京芝コースは馬場傾向が読みにくい状況だった。この件について、当時の馬場管理担当者はこう話していた。

「中京芝コースの路盤の山砂は雨が降ると水が抜けにくく時計がかかる状態になり、乾いてくるとビシッと締まりやすくなって時計が出る形状になりがちなのです。特に、路盤の砂が露出した箇所は乾きやすくなり、速い時計が出ます。芝の傷みを少なくするには良馬場で施

写真①　中京競馬場の芝コース。2012年の路盤改造工事で直線が412.5mになった

行する事が望ましいので、まずは排水性を改善させる取り組みとして、暗渠排水管を設置する事になりました」

暗渠排水管は、2016年から2018年にかけて排水性が悪い箇所から段階的に導入。現在は2コーナー、3～4コーナー、ゴール板付近に導入されている。

排水性が向上し、馬場傾向も変化

暗渠排水管の効果があり、近年は芝コースの排水性が向上。現在、中京競馬場の馬場を担当する施設整備課の長岡慶幸課長は、「降雨後の回復は比較的、早いと思います」と話す。

馬場傾向も変化しつつあり、中京芝は雨の影響を受けなければ内側が傷みにくくなった。そのため、状態が良ければ速い時計が出て、先行馬が残りやすい。そして、内が傷んできたように見えても、意外に残れるケースがあるのが最近の中京芝の傾向。見た目に惑わされず、その時の傾向をチェックする事が大切だ。また近年は雨が降った際、極端な外差しにはなりにくくなったものの、馬場の真ん中あたりから伸びてくる中団馬が台頭しやすい。ただ、いくら差し馬でも4コーナーで後方にいる馬は届かないケースが多いので注意したい。

芝張替の回数を1回から2回に変更

近年の中京芝においてはもう一つ、大きな変化がある。それは芝コースの張替回数の増加だ。中京では2014年までは芝コースの張替を行うのは年に1回で、夏開催後の8月頃に行われていた。しかし2015年以降は基本的には年2回となり、高松宮記念の開催後に主に3～4コーナー部分、そして夏開催後に主にコース全周の内側の張替を実施している。

なお中京では京都の代替競馬で開催日数が増えた際、2022年と2023年の3月開催の前に、阪神競馬場が先に行っていたような冬期の芝張替を実施した。なお大きく傷んだ箇所がなく、開催後に張替を予定していたので、2024年3月の1回開催前は冬期張替が実施されなかったが、長岡課長は、「今後、冬に張替をするかはその時の状態次第です。ただ、冬にも張替ができるとわかった事で、選択肢の一つとなりました。得られた経験は大きいです」と話していた。

2023年の張替で鳥取県産野芝を試験的に導入

中京では2012年春の路盤改造時にエクイターフが本格導入されたが、現在このエクイを含め、中京ではどんな芝を使用しているのだろう。長岡課長に聞いた。

「8月の張替時には福井県あわら市の畑から仕入れたエクイターフを直張り。春や冬に張替える際は少しでも根付きを安定させるために中京競馬場内の芝養成地で育成されたあわら産野芝を5～6㎝の厚張りで張っています。2023年秋の段階でエクイターフが導入されている箇所は直線以外の走路部分となっています。なお2023年夏の張替で、阪神競馬場で実績のある鳥取県産野芝を主に直線部の内側から約9～13mの箇所に初めて直張りで張ってみました。鳥取県産野芝の良さは馬場担当者の中でも評判になっていましたからね。この芝が中京でどのくらいのパフォーマンスを発揮してくれるのか。今後の導入を検討する上でも、今回がテストケースになると思っていましたが、実際に張替で使用した正面直線部は、1開催使用しても傷みが少なく非常にしっかりしていました。2024年以降も積極的に使っていきたいですね」

なお、初めて鳥取県産野芝が張られた状態で行われた2023年12月の4回中京開催の開幕週と2週目は例年以上に速い時計がマークされていた。2021年からこの鳥取県産野芝が導入されている阪神では近年、本当に傷みにくくなっている。今後、中京でもこの芝が本格導入されるとなれば、馬場傾向にも影響があるかもしれないので、注目していきたい。

夏開催前にはエアレーション作業を実施

中京では2016年から、7月の3回開催に向けて主に4月中旬と5月下旬にかけてバーチドレンによるエアレーション作業が行われるようになった（年によってこの時期が前後する事もある）。なお、それ以外の1月の1回開催、3月の2回開催、12月の4回開催前は冬で芝が傷みやすい時期という事もあり、開幕直前のエアレーション作業は行われていない。

クッション値は高めに出る傾向

含水率が発表になった2018年から2023年のまでの芝コースの平均含水率は約12・9％。そして、クッション値が発表になった2020年から2023年のこの数値の平均は約9・6。中京のクッション値はやや高めに出る傾向がある。引き続き、長岡課長に伺った。

「クッション値が高めに出やすい傾向は確かにありますね。中京の芝コース路盤の山砂は乾くと、締まりやすくなるからだと思います」

中京の芝コースでは雨がしばらく降らず乾燥が続くと、クッション値が10を超えるケースが出てくる。そうなると、逃げ・先行馬や内目の馬が残りやすくなるので注意しよう。

高松宮記念は馬場状態に注意

このように、芝馬場路盤の山砂が締まりやすかったり、暗渠排水管を増やした影響で、近年は良馬場であれば、内目の馬が台頭しやすい。ちなみに、高松宮記念は2015年まではAコース施行だったが、2016年からはBコース替わりの状態で行われるようになった。すると傾向が変化。2016年から2024年の勝ち馬9頭中6頭は一桁馬番。残りの３頭はすべて７枠か８枠だったが、重以上の道悪馬場だった。特に、高松宮記念が行われる最中に雨が降っていたり、芝が傷んでいる状態で雨の影響を受けると外差しが決まったり、外枠馬が台頭する傾向があるので、レース当日の状況を注意深くチェックしよう。

なお例年、中京競馬場では３月中旬から下旬にかけて、コース外周にある大寒桜が見頃を迎える（写真②）。大寒桜賞はもちろん、高松宮記念に彩りを添える美しい景色をぜひ、競馬場でご覧いただきたいと思う。

写真②　春開催に彩りを添える中京競馬場名物の大寒桜

ダートは先行馬が優勢

ダートは一周１５３０ｍ（高低差３・４ｍ）。直線は４１０・７ｍで、ゴール前３８０ｍ地点から２２０ｍにかけて高低差１・８ｍの坂がある。直線は長いが基本的には先行馬が優勢で、２０１３年から２０２３年までのすべての中京ダート戦のうち、７割弱は逃げ・先行馬が勝利。重以上の湿ったダートになると、さらに逃げと先行馬の複勝率が上がる傾向がある。

また、２０１４年から中京１８００ｍで施行されているチャンピオンズカップの過去10年の成績は、１～５枠が［８－６－７－76］で、６～８枠は［２－４－３－50］。外目の枠は良績が少ない。中京はコーナー半径が小さいため、外を回る馬はコースロスが大きくなる事が影響していると思われる。

そして、中京のダートコースでは２０２１年９月の開催から青森県産の海砂をベースに、愛知県瀬戸市産の珪砂を混ぜており、その割合は7対3くらいだそうだ。長岡課長は、「瀬戸市産の砂を混ぜるようになってから、砂が細粒化するスピードが遅くなっています。騎手からも、ゴーグルに砂がつくなどの苦情はなく、問題ない状態です」と話していた。

馬場事情を考慮し、中京競馬場のポイントをまとめる。

①近年、芝コースは排水性が向上。良馬場ならば先行馬や内枠馬が活躍しやすい

②芝コースは雨の影響が出ると中団差しが台頭

③クッション値は高めに出る傾向。数値が10を超えると、先行馬や内側が残りやすくなりやすいので注意

直線中ほどの外側には懐かしの名鉄7000系パノラマカーが展示されている

小倉競馬場

KOKURA RACECOURSE

野芝の生育時期に最も合致。良好な状態を保ちやすい

コース図・紹介

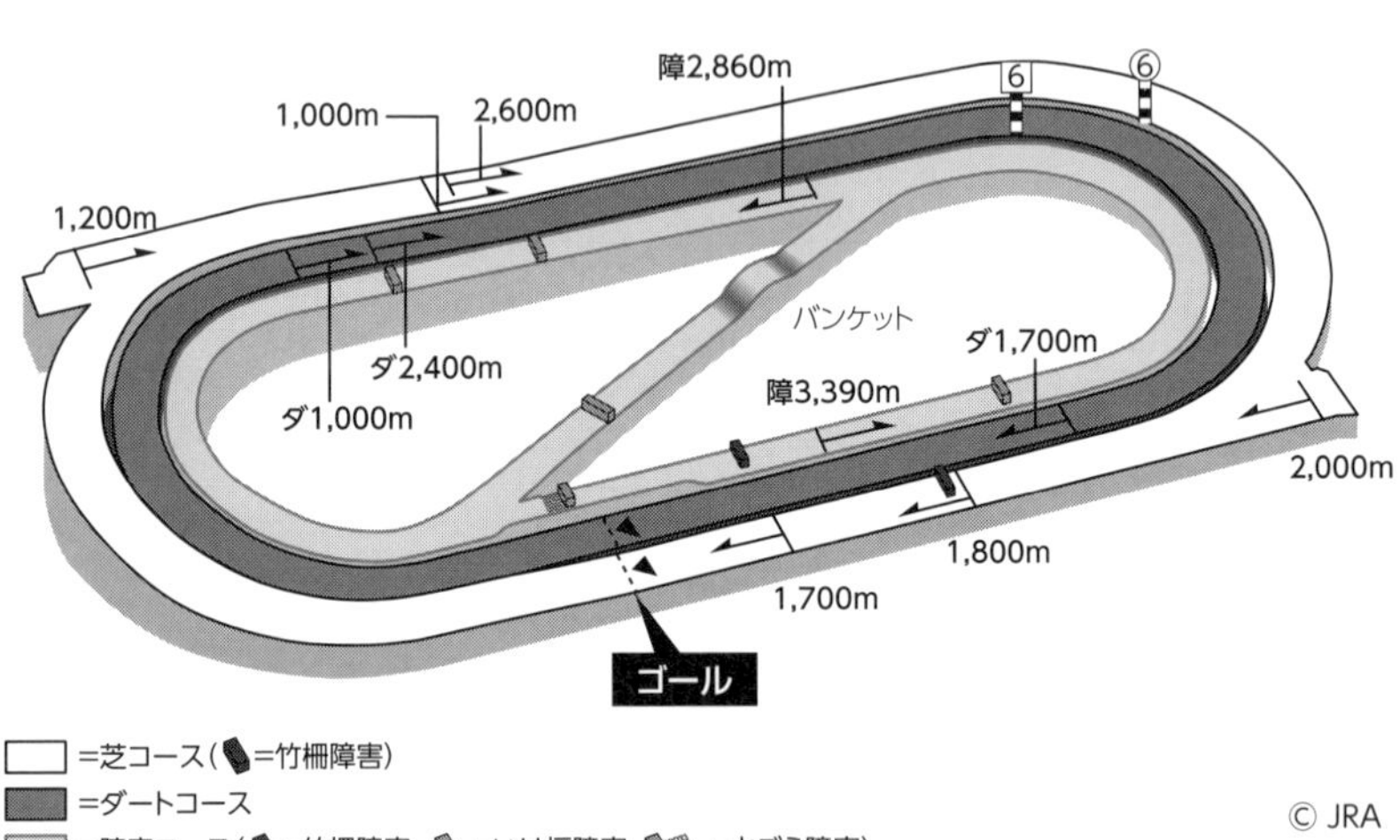

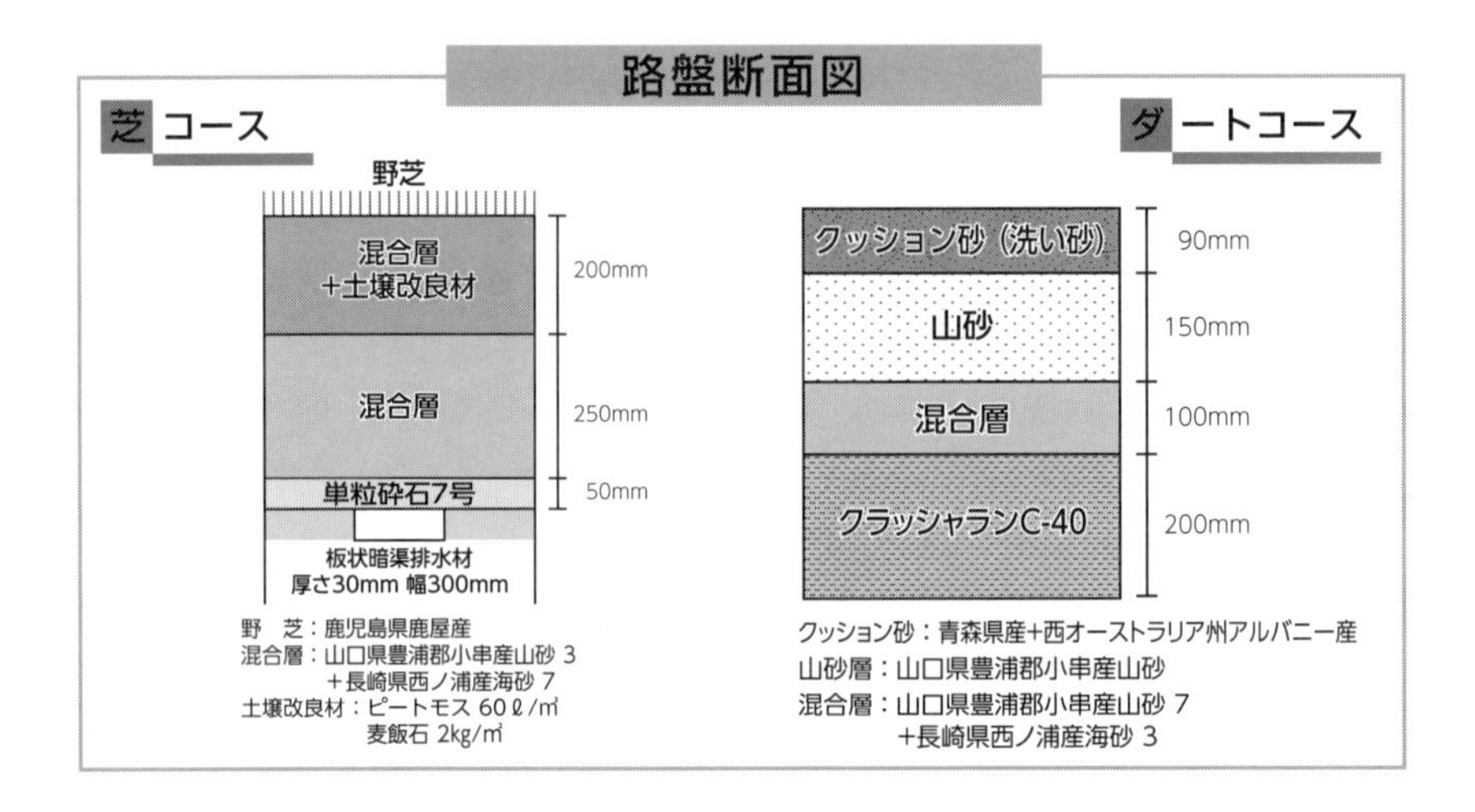

芝コース

コース	一周距離	幅員	直線距離	高低差	発走距離
A	1,615.1m	30m	293m	3m	1,000m、1,200m、1,700m、1,800m、2,000m、2,600m
B	1,633.9m	27m			
C	1,652.8m	24m			

■ コース高低断面図（右回り）

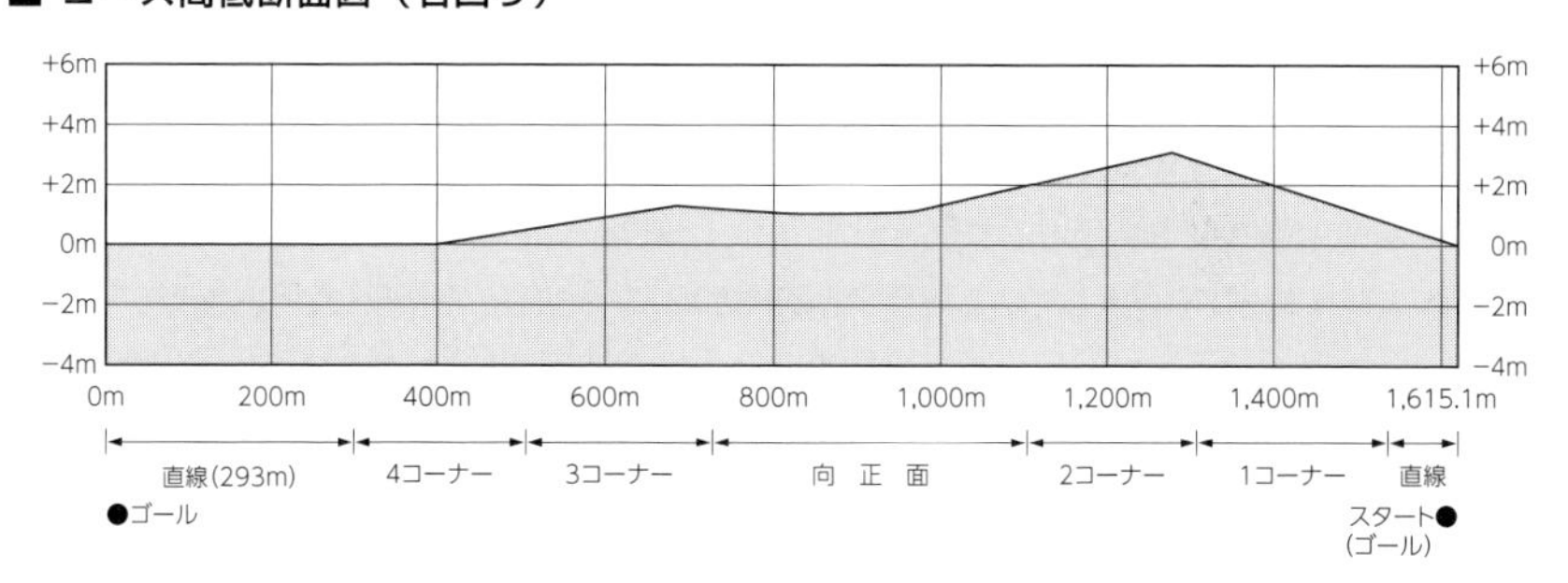

ダートコース

一周距離	幅員	直線距離	高低差	発走距離
1,445.4m	24m	291.3m	2.9m	1,000m、1,700m、2,400m

■ コース高低断面図（右回り）

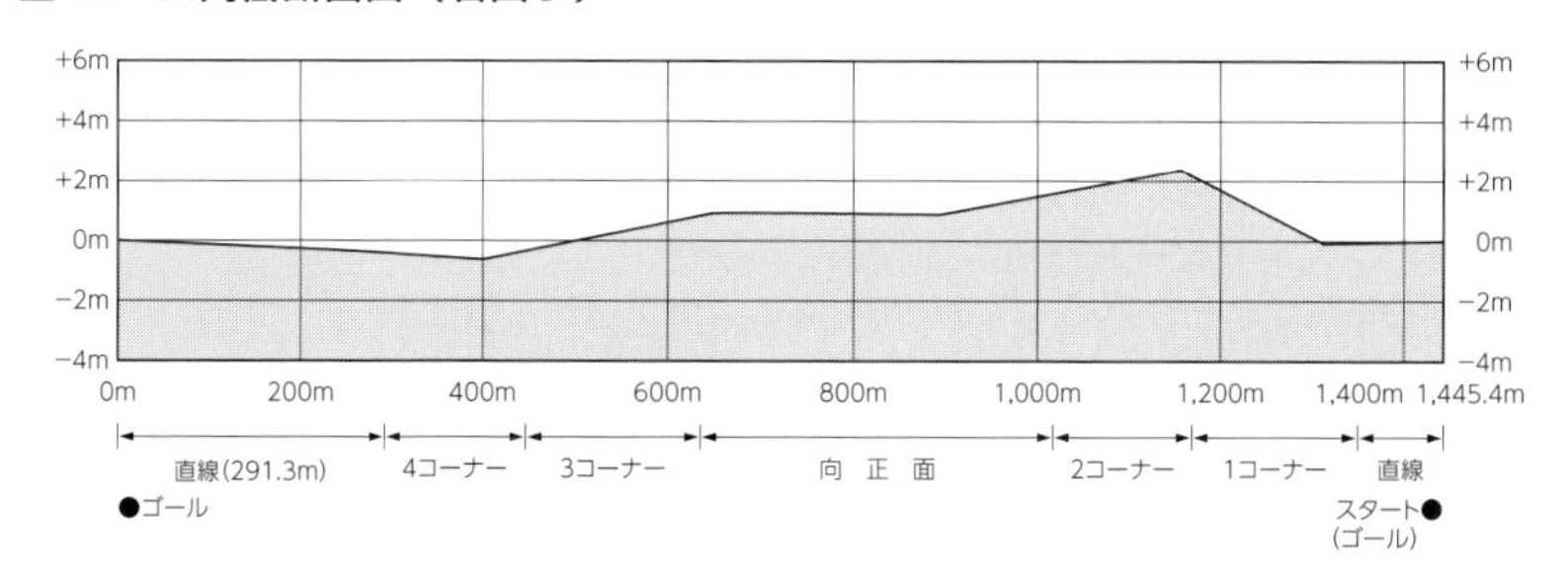

JRA全10場
馬場造園課に聞く

小倉競馬場

回答者　小倉競馬場施設整備課
課長　澤田 大武

Q1 現在の芝コースの路盤ができた年月を教えて下さい。

1998年7月。

Q2 現在、使用している芝の種類を開催単位で教えて下さい。

1・2回小倉開催は野芝にイタリアンライグラスのオーバーシード。3回小倉開催は野芝のみ。

Q3 芝コースの全開催単位のローテーション（通常開催時）を教えて下さい。

1回小倉競馬　全日程Aコース
2回小倉競馬　全日程Bコース
3回小倉競馬　全日程Aコース

Q4 芝コースの張替はいつですか？　それに伴う作業スケジュールを教えて下さい。

2回小倉開催終了後の3月下旬から4月下旬頃。

Q5 エクイターフを導入している場合、現段階(2023年秋現在)での導入箇所を教えて下さい。

正面直線及び1～2コーナーは全面、そのほかは内側から15m（コースの内半分)。および1200m・2000mシュート部。

Q6 開催に向けたエアレーション作業の内容を教えて下さい。

夏開催を約1～2カ月後に控えた時期にバーチドレンやシャタリングマシンでエアレーション作業を実施。冬開催に向けては、主にバーチドレンによるエアレーション作業を実施。これらの作業は芝の状態によって、時期や内容が変更される事がある。

Q7 現在のダートの路盤ができたのはいつですか？

2023年8月。

Q8 現在、使用しているクッション砂の産地を教えて下さい。

青森県産をベースに西オーストラリア州アルバニー産の砂を補充。

Q9 ダートの砂を洗浄するタイミングはいつですか？

1年に1回。2回小倉開催後実施。

Q10 凍結防止剤はいつ頃から散布しますか？　その頻度を教えて下さい。

1回小倉開催に合わせ、1月上旬頃から。頻度としては天候にもよるが、1・2回小倉開催中2～3回程度。

Q11 ほかの競馬場と比較して、馬場管理で最も苦労するところは？

他競馬場に比べ芝レースの編成率が高いため、芝コースの高い耐久性が要求される中で、クッション性との両立を図る事。また、降水量が多い時期に開催が集中するため、高い排水性も求められる事。

Q12 アピールポイントやお伝えしたい事などを教えて下さい。

1・2回小倉開催、3回小倉開催ともに芝の養生期間が十分にあり、かつ全国で一番南に位置する競馬場という事で、気候的にも芝の生育に好条件であるため、比較的良好な馬場コンディションで競馬を施行できます。また、小倉競馬場は小倉駅や周辺空港からのアクセスが良く、近くに美味しいお店も豊富ですので、ぜひお越し下さい。

逃げ・先行馬が活躍しやすい小回りコース

全10場の中で最も南に位置する小倉競馬場。ＪＲＡのローカル競馬場の中では唯一、障害専用の周回コースを有する。

芝コースの一周距離は１６１５・１ｍ（Ａコース）。これは福島競馬場に次ぐ小ささで、いわゆる小回りコース。直線は２９３ｍ（Ａコース）あり、高低差は３ｍ。ゴールから１コーナーにかけて上り勾配があり、２コーナーから向正面９６０ｍ地点にかけて緩やかな下り勾配。そこからは１８０ｍの間は平坦が続き、３コーナー付近にわずかな上り勾配。その後、４コーナー４００ｍ地点までは下り勾配。そしてゴールまでの４００ｍは平坦。３～４コーナーが下り勾配で、その後ゴールまで平坦であるため、基本的には逃げ・先行馬の勝率が高い。特に芝１２００ｍ戦はほぼ下り勾配と平坦のコース形状になるため、スピードタイプの活躍が目立つ。なお、３～４コーナー部にはスパイラルカーブが導入されている。

エクイターフの導入率は福島に次いで多い

例年、冬と夏に競馬が行われている小倉競馬場。芝コースは基本的に開催後半になっても荒れにくく、良好な状態を保ちやすい。それは各開催の前に芝の養生期間を十分に取れる事が影響している。小倉では冬開催が終わった後の3月下旬から芝の張替作業がスタート。１・５㎝の野芝を直張りして、4月中旬に張り終える事を目指し作業が行われる。その後は夏開催まで数カ月間あるため、張った芝がしっかり根付いていく。そして7月に入ると、気温が30度を超える日が出てくるので、真夏の日差しを受けて野芝が生長。この野芝１００％で競馬を行う夏開催は年間を通して最も良い状態。小倉は野芝の生育時期に合致している競馬場なのである。

そして、夏開催が終わってから次の年の冬開催まで、また数カ月間空く。この間に芝を更新させる作業を行う事で、夏開催時にできた傷みは回復していく。かつ、秋にオーバーシードした洋芝（イタリアンライグラス）が生長した状態で冬開催を迎えるため、1回開催も状態が良いというわけである。

また2011年以降はエクイターフの導入が進んだ事で、芝事情はさらに良化している。

小倉へエクイが最初に入ったのは2011年の夏開催。その後、少しずつ面積が増やされていった。2023年秋の段階で、エクイターフが張られているのは直線と1~2コーナーの全面、1200mと2000mのシュート部分の全幅員、そのほかの箇所の内側約15m。小倉競馬場に導入されているエクイの量は比較的多く、その率は福島競馬場に次ぐものとなっており、芝レースの編成率が高い小倉芝コースを支えている。

小倉のエアレーション事情

続いては小倉競馬場のエアレーション事情を紹介する。小倉では、2013年にシャタリングマシンを導入。現在の状況はどうなっているのだろう。小倉競馬場施設整備課の澤田大武課長に伺った。

「2014年からは夏開催を約1~2カ月後に控えた時期にバーチドレンやシャタリングマシンでエアレーション作業を実施しています。冬開催に向けては2019年から、主にバーチドレンによるエアレーション作業を実施。近年は前年の10月と12月にバーチドレンを入れてエアレーション作業を行う事もありますが、10月の作業で十分な効果があれば、12月のバーチドレン作業は行っていません。なお、これらエアレーション作業は芝の状態によって作業を取り止めたり、作業時期を変更する場合があります」

小倉競馬場の平均含水率は全場で一番低い。その要因は？

含水率が発表になった2018年から2023年までの芝コースの平均含水率は約9・3%。そして、クッション値が発表になった2020年から2023年のこの数値の平均は約9・1。小倉競馬場の芝コースを語る上で見

写真①　小倉芝コースの路盤で使用されている混合砂は排水性が良い

逃せないのは含水率が低めに出る傾向がある事で、この９・３％という平均含水率は全場で一番低い。小倉でも、東京、京都、札幌、中山競馬場が導入している暗渠排水管を用いている。小倉では１９９８年の馬場改造工事時に（工事後の開催再開は１９９９年）、暗渠排水管を内側から外側を横断する形で設置を芝コース全周の路盤に10ｍピッチで、置（小倉には京都や札幌、中山と同様に単粒砕石層もある）。小倉は特に夏場はスコールなど雨が多いが、排水性は良い印象だ。これは、この暗渠排水管が影響しているのだろうか？　その背景を澤田課長に教えてもらった。

「暗渠排水管は今でも役割を果たしてくれていると思います。ただ、設置から約25年が経過していますから、機能は当初より低下していると思いますね。実は、小倉芝コースの路盤で使用している長崎県西ノ浦産の海砂と山口県豊浦郡小串産の山砂の混合砂（写真①）は排水性が良いです。含水率が低いのはこれも影響していると思います」

２０２４年１月中旬、１回開催を控えた小倉競馬場の芝コースを歩か

写真②　小倉芝コースの直線は平坦（2024年１月11日撮影）

せてもらった。まず思ったのは同じ冬期に開催がある他場の芝と比較すると、緑色が濃い（写真②）。なにより、洋芝の下にある野芝はさすがに冬枯れして色は変わっているものの、しっかりとした葉や根が密集しており、十分なクッション性を保っている。小倉では野芝の生長期である夏にたっぷり養生できる。この貯金が冬の馬場にもしっかり反映され、状態の良さを引き上げているのだろう。

小倉芝の馬場読みは非常に難しい

このように、冬も夏開催も比較的良い状態でレースを行う事ができる小倉競馬場だが、注意すべきポイントがある。他場と比べると芝のレース数が多いため、雨の影響を受けたり、開催が進むと内側が悪化しやすいという点だ。こうなると外伸び傾向となり、外枠馬や差し馬が活躍しやすくなる。例年、夏開催の最終週に行われる小倉2歳ステークス（2024年は中京開催）は、7枠や8枠の馬が活躍しやすいので注意しよう。ただし、一度は外差し傾向になったのに、次の週はまた内側が復活するケースがあり、小倉芝は馬場読みが非常に難しい。レース当日に傾向をきちんとチェックするようにしよう。

2023年にダート路盤改修を実施

ダートは一周1445・4mで、直線は291・3m。高低差は2・9m。2コーナーあたりから4コーナー400m地点までは芝コースと似たような感じだが、ここからゴール手前40m地点まで緩やかな上りを経て、ゴールまでは平坦となっている。芝コースとは違い、直線にわずかな坂があるものの、ダートも逃げ・先行馬が優勢。後方馬による差しは決まりにくい。2014年から2023年に行われた小倉ダートレースの約8割は逃げ・先行馬が勝利。特に逃げ馬の複勝率は49・6％と高いので、常にマークが必要である。

最近の小倉ダートではどんな砂が使用されているのだろう。近年の状況を澤田課長に聞いた。

「他場の事情と同様に青森県産の良質な海砂が入手しにくくなった事、また小倉競馬場周辺でもこちらが求めるような砂の入手が難しい状況から、2021年からは西オーストラリア州アルバニー産の珪砂を補充材として使用しています。2021年から毎年、全体の10％弱くらいはアルバニー産の砂を足しているので、2023年の段階では3割弱がアルバニー産です。現在、小倉競馬場では冬の開催後にダートコースのクッション砂を洗浄しており、今後は当面、洗浄により不足した分はアルバニー産で補っていく形になると思います」

では現在、ダートコースの排水性はどんな感じなのだろうか？

「2023年の夏開催前にダートコース路盤を全面改修しました。細かな凹凸がなくなり、雨などの水分が流れるように勾配がしっかり取れていますから、排水性はかなり良くなりました。ひいては、安全性の向上につながる事を期待しています」

なお、2023年夏開催の小倉ダートはなぜか良馬場でもかなり速い時計がマークされていた。この件に関して澤田課長は、「路盤を改修し足掛かりが良くなった事で走りやすくなったからなのか。もしくはほかの要因があるのか。詳細はつかめていませんが、注視したいと思います」と話していた。このあたりは数年かけて検証しないと要因はわからないだろう。

馬場事情を考慮し、小倉競馬場のポイントをまとめる。

①芝もダートも基本的には逃げ・先行馬が優勢
②芝コースの含水率はＪＲＡ全10場の中で一番低い傾向
③芝のレース数が多いため、雨の影響を受けた時や開催が進んだ際は外伸びに注意

福島競馬場

FUKUSHIMA RACECOURSE

エクイターフの恩恵を最も受けるコース

コース図・紹介

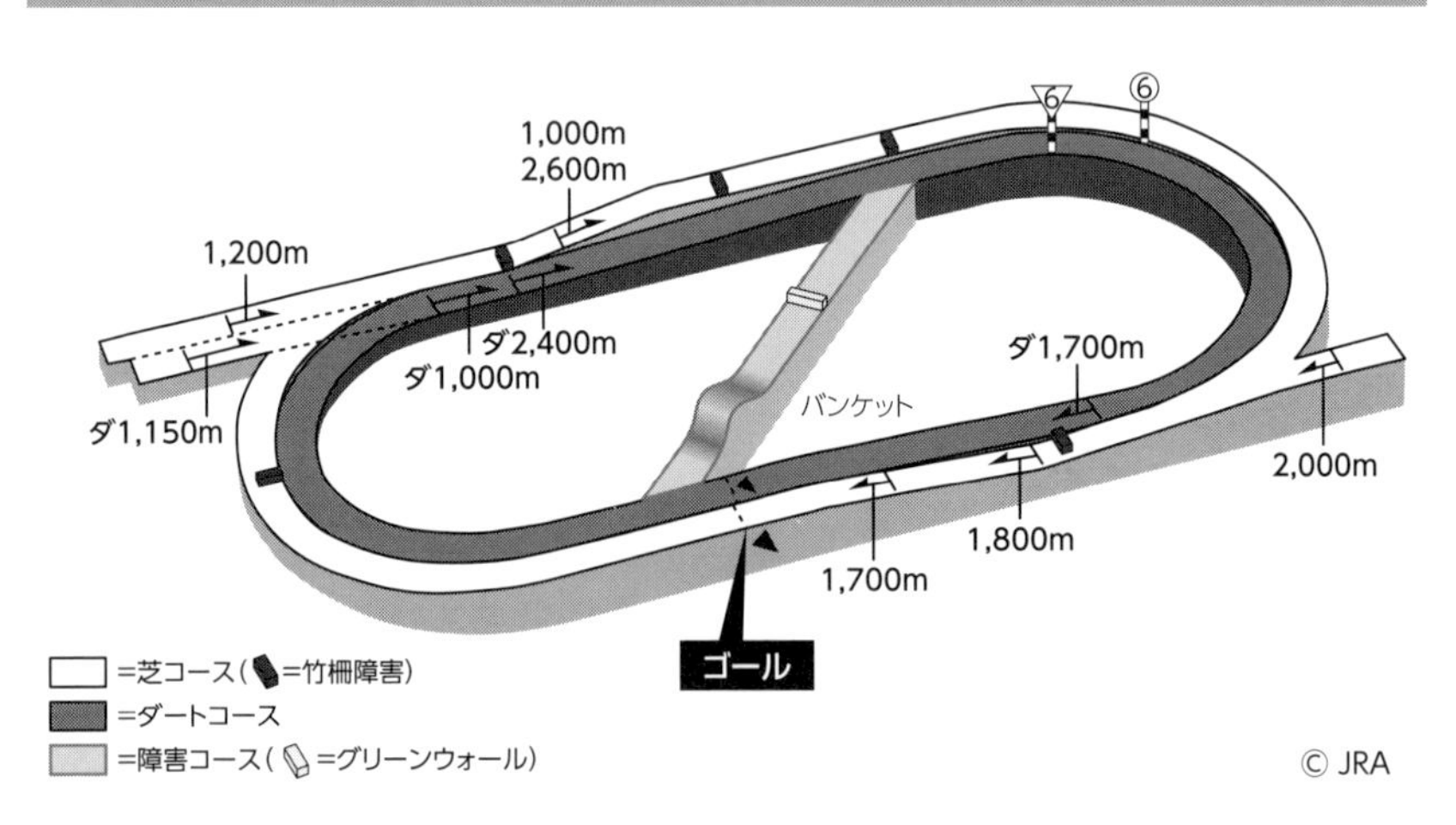

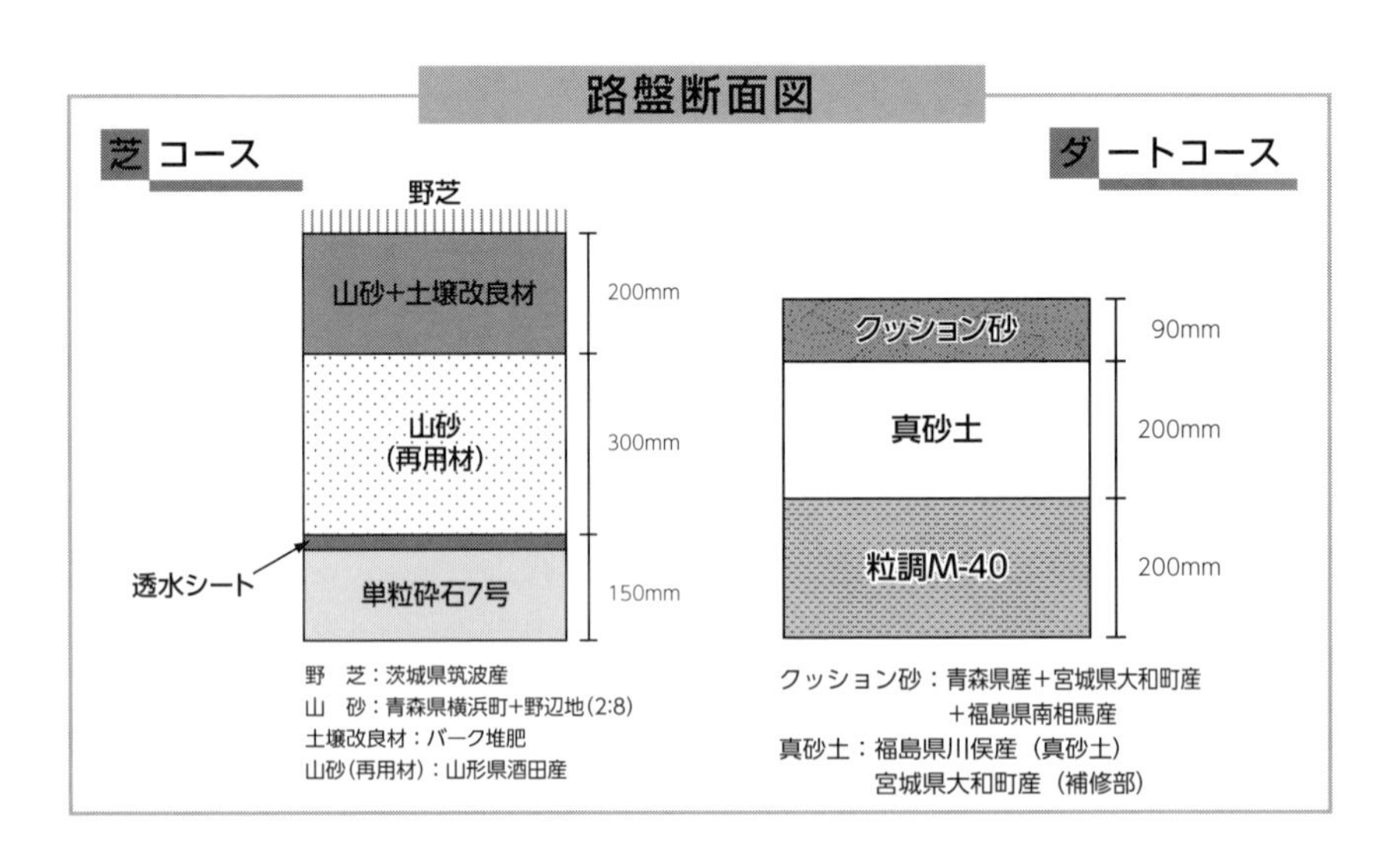

芝コース

コース	一周距離	幅員	直線距離	高低差	発走距離
A	1,600m	25~27m	292.0m	1.9m	1,000m、1,200m、1,700m、1,800m、2,000m、2,600m
B	1,614.1m	22.5~25m	297.5m		
C	1,628.1m	20~23m	299.7m		

■ コース高低断面図（右回り）

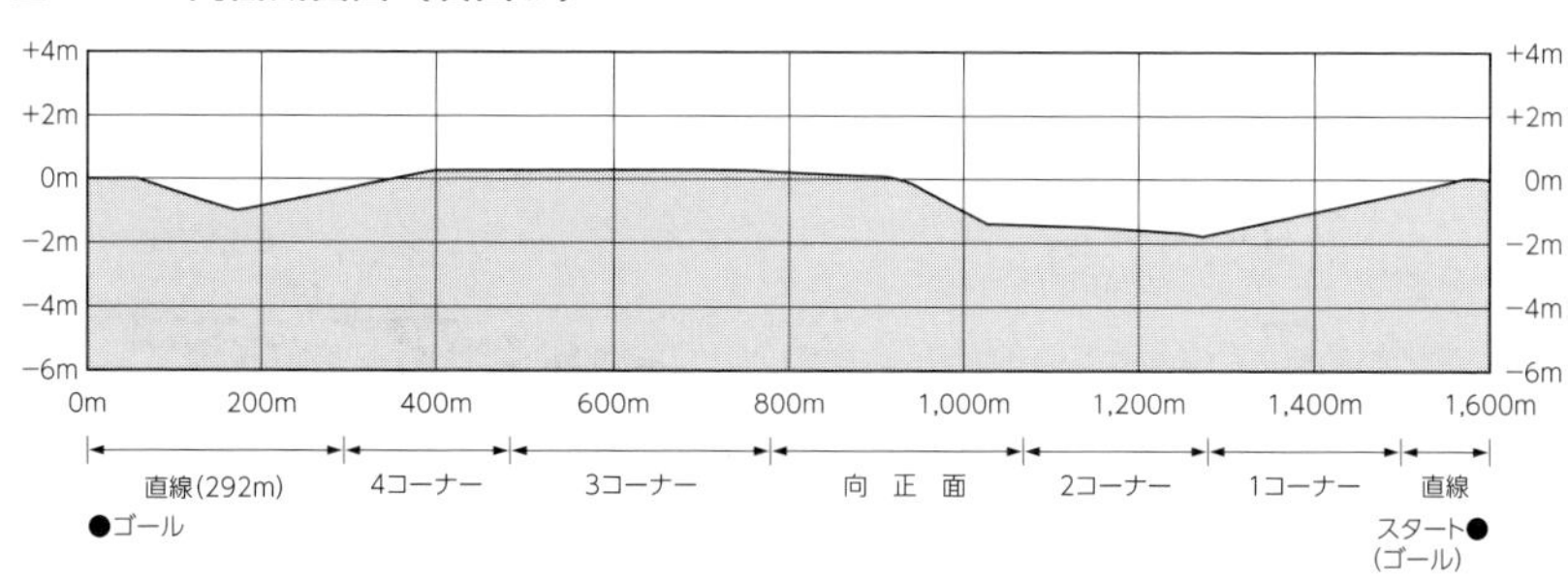

ダートコース

一周距離	幅員	直線距離	高低差	発走距離
1,444.6m	20~25m	295.7m	2.1m	1,000m、1,150m、1,700m、2,400m

■ コース高低断面図（右回り）

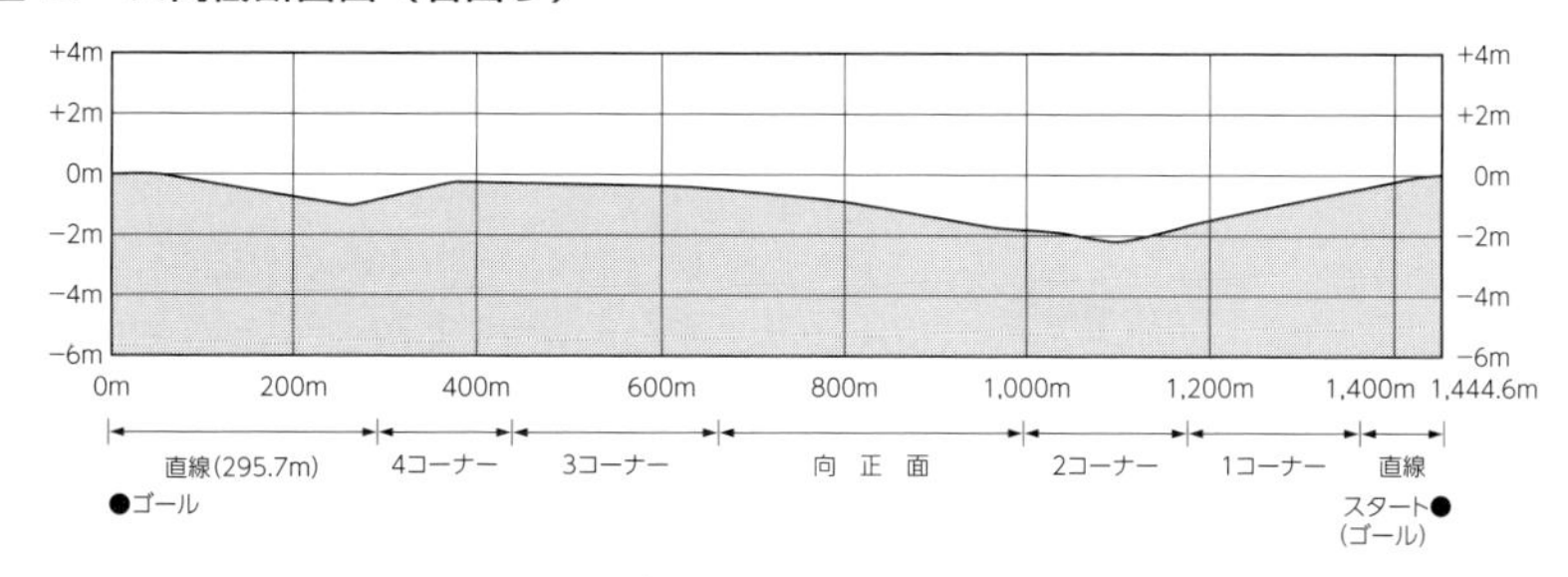

JRA全10場
馬場造園課に聞く

福島競馬場

回答者 福島競馬場施設整備課
課長　植地 昌行

Q1 現在の芝コースの路盤ができた年月を教えて下さい。

1996年９月15日（馬場拡幅その他工事）、2004年10月13日（一部改修）。

Q2 現在、使用している芝の種類を開催単位で教えて下さい。

野芝にイタリアンライグラスをオーバーシードし、通年施行。

Q3 芝コースの全開催単位のローテーション（通常開催時）を教えて下さい。

１回福島競馬	前４日Ａコース 後２日Ｂコース
２回福島競馬	前４日Ａコース 後４日Ｂコース
３回福島競馬	前４日Ａコース 後２日Ｂコース

Q4 芝コースの張替はいつですか？　それに伴う作業スケジュールを教えて下さい。

まず春の１回開催後に３～４コーナー内側の張替を実施。そして夏開催後にコース内側など、大規模張替を実施しています。

Q5 エクイターフを導入している場合、現段階(2023年秋現在)での導入箇所を教えて下さい。

2023年秋の段階で、向正面から４コーナー手前の外側を除く全域に使用されています。※導入箇所はＰ145の図①を参照

Q6 開催に向けたエアレーション作業の内容を教えて下さい。

７月の２回開催に向けては、４月末～５月上旬のタイミングでバーチドレンによるエアレーション作業を実施。なお、状態次第では作業を見合わせたり、作業時期が前後する事があります。

Q7 現在のダートの路盤ができたのはいつですか？

2004年10月13日（ダートコース拡幅その他工事）。

Q8 現在、使用しているクッション砂の産地を教えて下さい。

青森県産をベースに福島県南相馬産珪砂、宮城県大和町産山砂を足しています。

Q9 ダートの砂を洗浄するタイミングはいつですか？

１年に１回。通常１回開催後に実施。

Q10 凍結防止剤はいつ頃から散布しますか？　その頻度を教えて下さい。

使用していません。

Q11 ほかの競馬場と比較して、馬場管理で最も苦労するところは？

野芝の春の芽出しとなる４月、７月の生育期、休眠に入る11月に競馬開催をしており、芝張替などの重要なメンテナンスが非常に限られた時間しか取れません。この条件の中で、１年を通じて安定的な状態を維持するのは至難の業です。

Q12 アピールポイントやお伝えしたい事などを教えて下さい。

春、夏、秋と様々な季節に競馬開催があり、温泉やフルーツが豊富で自然豊かな福島へぜひ、競馬観戦に来て下さい。また、福島記念の勝ち馬が海外ＧⅠへ出走し活躍している事も注目です。

エクイターフの恩恵を最も受けるコース

夏開催ではラジオＮＩＫＫＥＩ賞や七夕賞が行われ、多くの地元ファンからも愛されている福島競馬場。芝コースの一周距離は１６００ｍで、直線は２９２・０ｍ（Ａコース）。ＪＲＡ全10カ所の競馬場の中で最も一周距離が短いコースとなっている。高低差は１・９ｍ。ゴールから向正面にかけて下って上った後に平坦部分が続き、４コーナーから直線にかけては下り勾配。そしてゴール手前１７０ｍ地点から50ｍまでは上り勾配。小回りコースのため、基本的には逃げ馬と先行馬の勝率が高い。

競馬歴が長い方なら覚えていると思うが、かつての福島競馬場の芝コースは開催後半になると内側が荒れて、外差しが決まるシーンが多く見られた。これは福島の開催時期が一つの要因として考えられる。というのも、野芝は初夏から8月にかけて旺盛に育つため、春の福島開催時は芝が生長途上。夏開催は梅雨時期と重なり、傷みやすい。そして秋開催が始まる11月頃は野芝が休眠に入るなど、福島は開催時期と生育条件がかみ合わないのだ。

それを解消するため、ＪＲＡが福島へ積極的に導入してきたのがエクイターフである。エクイターフとは丈夫で傷みにくい特徴を持つ野芝。ＪＲＡでは２００６年から、野芝を使用する競馬場へ徐々にエクイを導入してきた。福島に最初に入ったのは２００８年の秋開催。その後、少しずつ面積を増やしてきた。福島競馬場施設整備課の植地昌行課長に聞くと、「福島の張替で使用する芝はすべてエクイターフです。導入箇所は２０２３年秋の段階で、

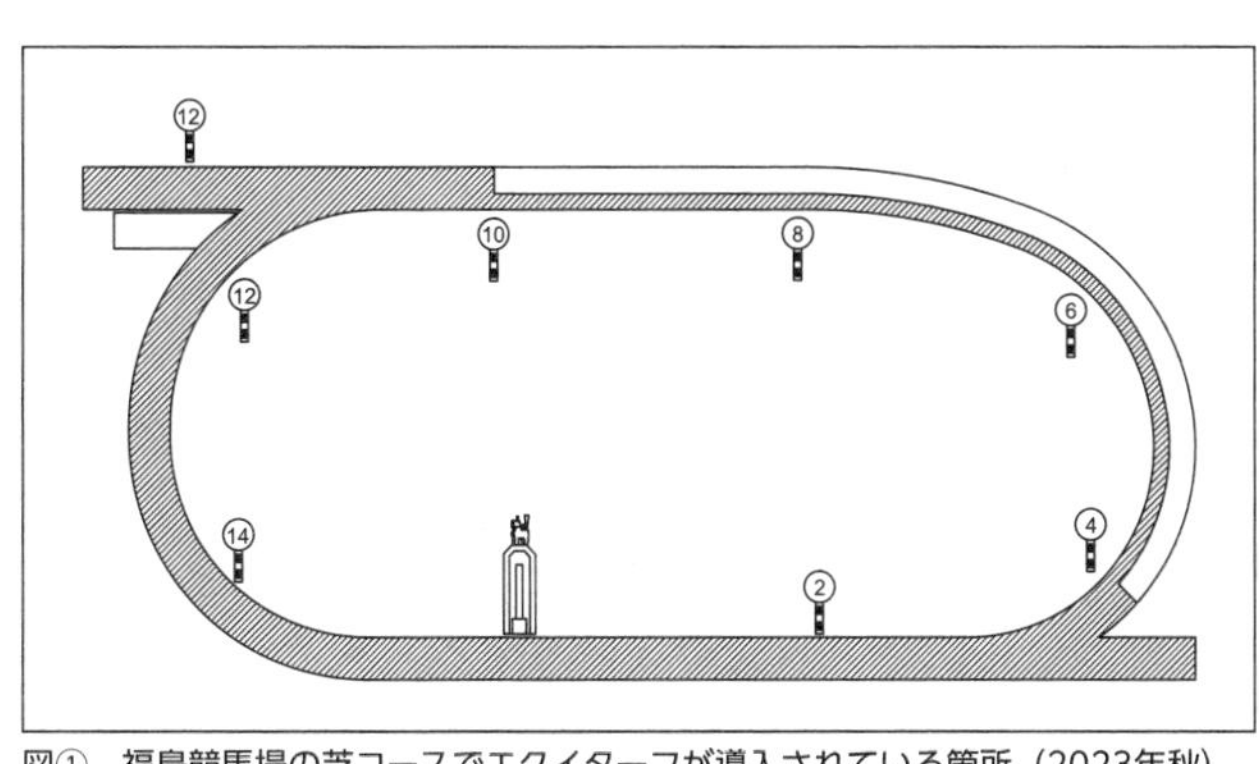

図①　福島競馬場の芝コースでエクイターフが導入されている箇所（2023年秋）

向正面から4コーナー手前の外側以外のほとんどです」との事（図①参照）。これは福島競馬場の芝馬場総面積約5万2000㎡の約8割となり、その導入率はこの芝を使用する競馬場の中で一番大きくなっている。

芝の張替作業は厚張りで対応

気象的な条件から、芝の張替にも苦労が多い。引き続き、植地課長に伺った。

「現在、福島競馬場ではまず春の1回開催後に3～4コーナー内側の張替を実施。そして夏開催後にコース内側などの大規模張替を行います。その夏開催は7月末まであり、9月に入ると涼しくなり野芝が生育しにくくなるため、芝の張替作業に充てられる期間がとても短いんですね。例年、夏開催が終わった後に芝を張替える箇所と張替えなくても問題ない箇所を決めて、張替えないエリアはオーバーシードで使用していた洋芝（イタリアンライグラス）を除去。バーチドレンやシャタリングマシンを入れて、通常の更新作業に入ります（シャタリングマシンは状態を見て使用しない年もあるとの事）。そして野芝の張替もすぐに始めますが、夏の日差しを少しでも長く受けて養生させるため8月中旬には張り終えなければなりませんから、張替作業に充てられるのは正味2～3週間しかありません。そのため、芝の産地から購入し競馬場内の養成地で1～2年生育させたエクイターフを5㎝程度の厚さで切り出し、畳1畳分くらい（横約90㎝、縦約180㎝）の大きさで張っていきます（写真①）。こうして厚く張る事で、養生期間を補っているんですよ。秋開催時には少しでも良好な状態になるように作業を行っています」

写真①　福島芝コースの張替作業。思わず、畳か！と突っ込みを入れたくなる風景である

ちなみに、5㎝の厚張りを行っているのは、野芝の張替期間が短い阪神競馬場も同じだ。一方で、中山のように1～2㎝の直張りでも、養生期間が長く取れる事でしっかりと芝が根付く競馬場もある。所変われば品変わると言うが、芝の張替もその競馬場の施行条件や気候によって方法が変わるのである。

2回開催前にエアレーションを実施

福島では2012年から7月の2回開催の前、4月末～5月上旬のタイミングでバーチドレンによるエアレーション作業を実施（状態次第では見合わせたり、作業時期が前後する事がある）。それ以外の春の1回開催は芝が傷みやすい時期のため、そして秋の3回開催前は芝を張替えて間もないタイミングのため、開催に向けたエアレーション作業は実施されていない。

雨の影響が出てきたら差し馬や外枠に注意

エクイターフの導入効果で、近年は昔ほど荒れなくなった福島の芝コース。開催が進んでも内から伸びるケースが見られ、差し馬同士の決着が減少。基本的には先行馬が優勢である。また、走破タイムも以前より速くなってきた。ただし、ほかの競馬場ではコース替わりの週に時計が速くなるケースがあるが、福島芝はそのような傾向はあまりない。週を追うごとに少しずつ時計がかかっていくというのが福島芝の特徴の一つとなっている。

また、道悪になった際は注意が必要だ。近年の福島は昔ほど荒れなくなってきたものの、雨の影響で内側が悪化すると、差し馬や外枠馬が台頭しやすくなる。特に、この傾向は梅雨の影響を受ける7月開催の後半に見られる。騎手が直線の傷んだ内側を開ける進路取りをするケースが増えて、外マクリや外差しを決められる馬、道悪適性のある血統馬が成績を残しやすい。福島芝は重、不良になると、良馬場時よりも先行馬の勝率が少し減り、中団馬とマクリ馬の勝率が増加する傾向になるので、注意しよう。

本州の競馬場の中ではクッション値が一番低い

この〝開催後半になると傷みやすいという状況〟をひも解くヒントが含水率とクッション値だ。

含水率が発表になった2018年から2023年までの芝コースの平均含水率は約12・8％。そして、クッション値が発表になった2020年から2023年までのこの数値の平均は約8・5。洋芝を使用している北海道以外の本州の競馬場の中では平均クッション値が一番低い。植地課長はこう語る。

「確かに福島ではクッション値が9を下回る事が多いですし、ジョッキーからも『軟らかい』と言われます。1996年に現在の芝コースの路盤ができた時、土壌改良剤としてヤシマットというようにヤシを繊維状にした植物系の繊維質が入れられました。そして2004年の一部改修の時にバークを加えています。ですから植物系有機物が入っているのは事実ですが、その有機物はもう何年も張替時には追加していないのです。そのため、有機物が影響している可能性は低いと思います。ではなぜ、他場に比べてクッション値が低いのか。極論を言うと、持って生まれたこの土地の特徴が影響しているのではないかと思います」

という事で、はっきりとした要因はよくわからないが、福島のクッション値は低い傾向になりやすい事は覚えておきたい。軟らかいからこそ、雨が降ると掘れやすくなるというのは理にかなっている。開催を通して、良い馬場でレースを見たいという意見もあると思うが、福島のように雨の影響を受けると、差し馬や外枠馬が台頭しやすくなる競馬場があっても良いではないか。これを味方につけて、ぜひ馬券的中につなげたいものである(笑)。

ダートも先行馬が優勢

ダートは一周1444・6m。直線は295・7m。芝コースと似たような感じのアップダウンがあり、高低差は2・1mとなっている。ダートも逃げ・先行馬が優勢で、2014年から2023年までの10年間に行われた福島ダートレースの約76％は逃げ馬と先行馬による勝利である。

そして、福島のダートコースでも長年、青森県産の海砂が使用されてきたが、２０２２年夏開催からは青森県産の海砂をベースに福島県南相馬産の珪砂を、そして２０２３年の夏開催からは宮城県大和町の山砂を混ぜている。

「青森県産の砂が採れにくくなり、新たな砂を探す中で、地元福島や宮城の砂を使う事で地域に貢献したい思いもあり、青森県産、南相馬産、大和町産の組み合わせでうまくやっていけるのであれば、地の利を活かした選択になると考えています。大和町の砂は以前から盛岡競馬場でも使用実績がある高品質なものです。また、南相馬産の珪砂も昔からある砂で品質には定評があり、粒が硬く丸くて色は白いです。２０２３年の段階で、青森県産が８割、南相馬産が１割、大和町産が１割です（今後、状況によりこの割合が変わったり、砂の産地が変わる可能性がある）。排水性も悪くないですよ。二つの産地の砂を入れた以降、騎手からは『特に変化はない』と聞いています。埃が出るとか、ゴーグルに砂がつきやすいという話もないですね」

馬場事情を考慮し、福島競馬場のポイントをまとめる。

①芝コースはエクイターフの恩恵もあって傷みにくくなっており、逃げ・先行馬が優勢

②芝コースは週を追うごとに少しずつ時計がかかっていく傾向

③芝が悪化した場合は差し馬や外枠に注意

新潟競馬場

NIIGATA RACECOURSE

唯一、野芝100%の競馬場で比較的傷みにくい

コース図・紹介

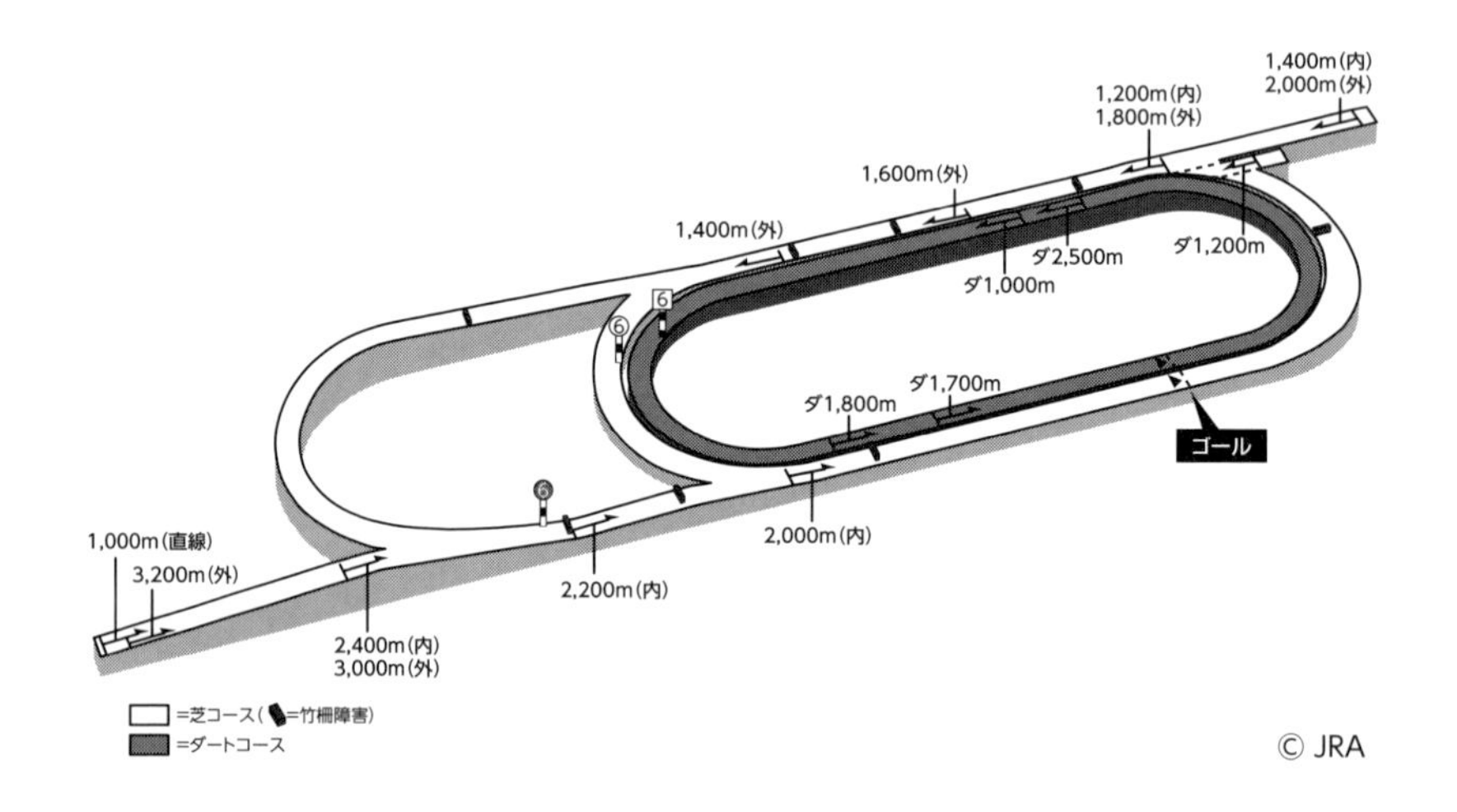

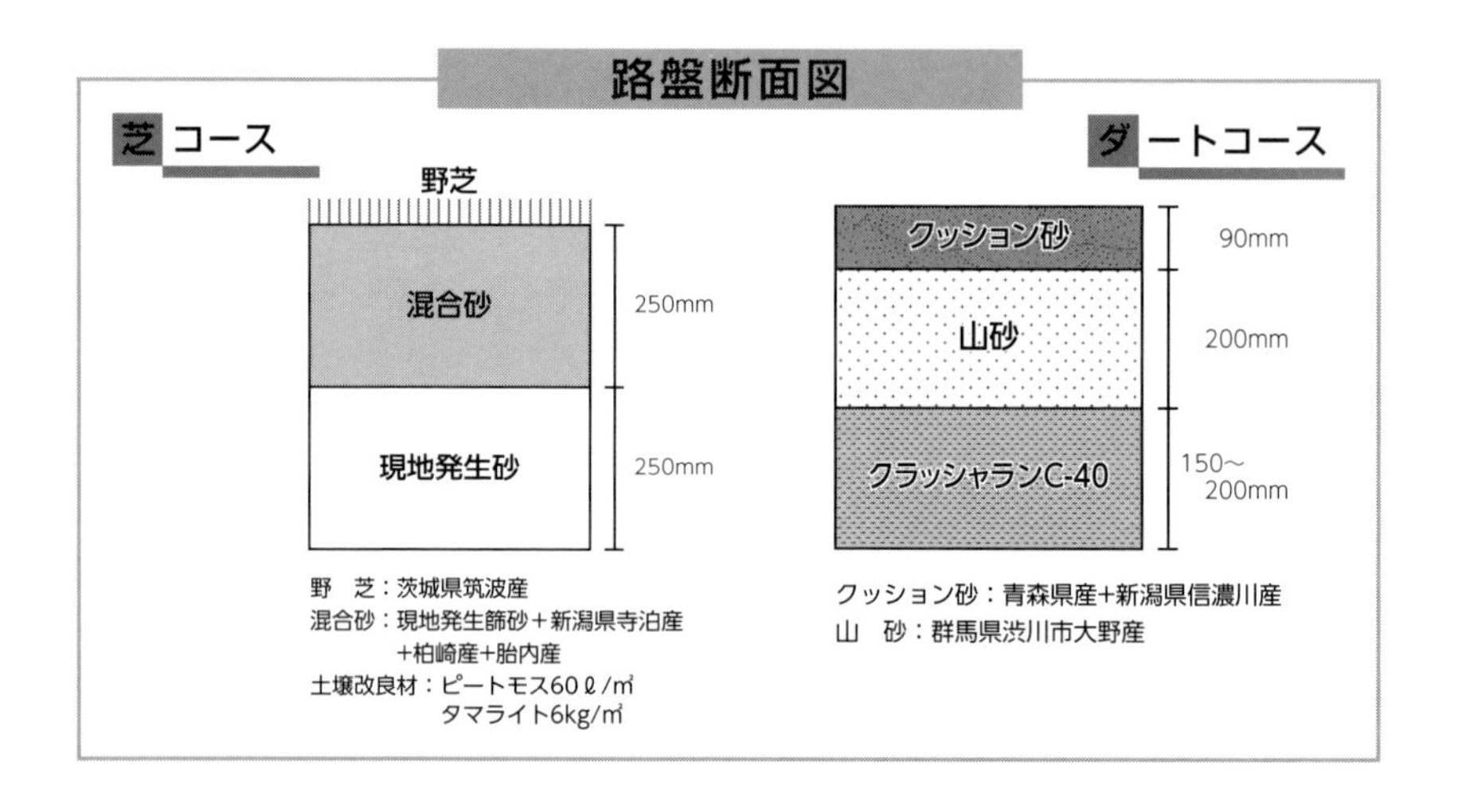

芝コース

コース	一周距離	幅員	直線距離	高低差	発走距離
A	1,623m(内回り) 2,223m(外回り)	25m	358.7m(内回り) 658.7m(外回り)	0.8m (内回り)	(直線)　1,000m (内回り)1,200m、1,400m、2,000m、2,200m、2,400m
B	1,648.1m(内回り) 2,248.1m(外回り)	21m		2.2m (外回り)	(外回り)1,400m、1,600m、1,800m、2,000m、3,000m、3,200m

■ 直線コース高低断面図

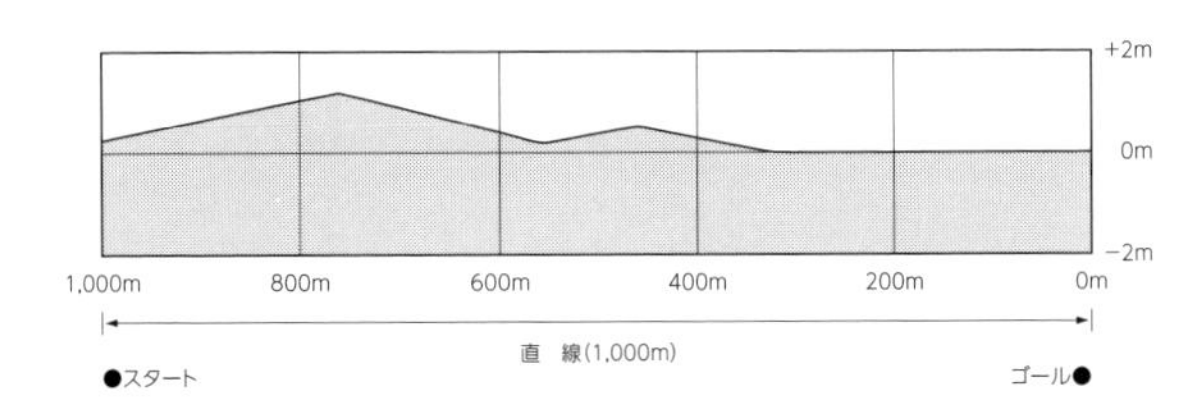

■ コース高低断面図（左・内回り）

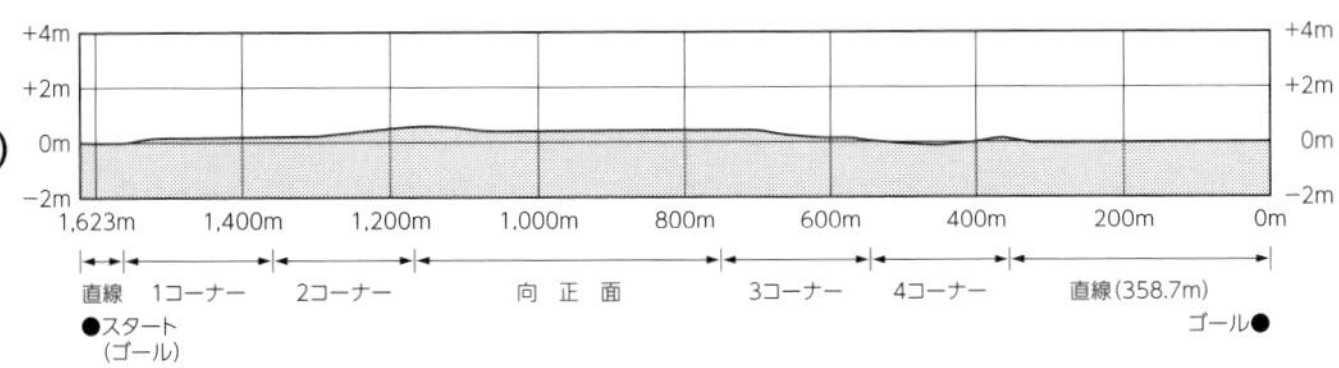

■ コース高低断面図（左・外回り）

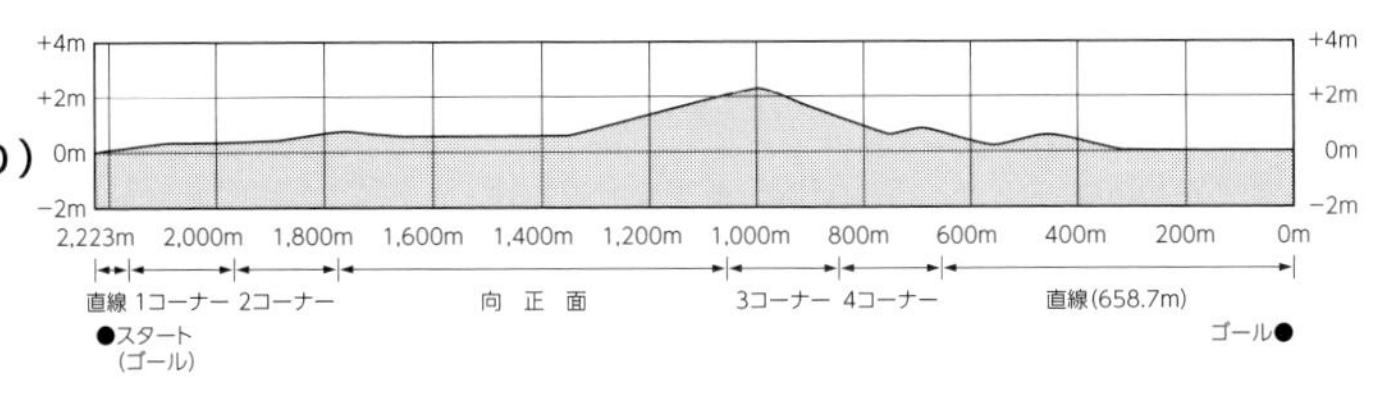

ダートコース

一周距離	幅員	直線距離	高低差	発走距離
1,472.5m	20m	353.9m	0.6m	1,000m、1,200m、1,700m、1,800m、2,500m

■ コース高低断面図（右回り）

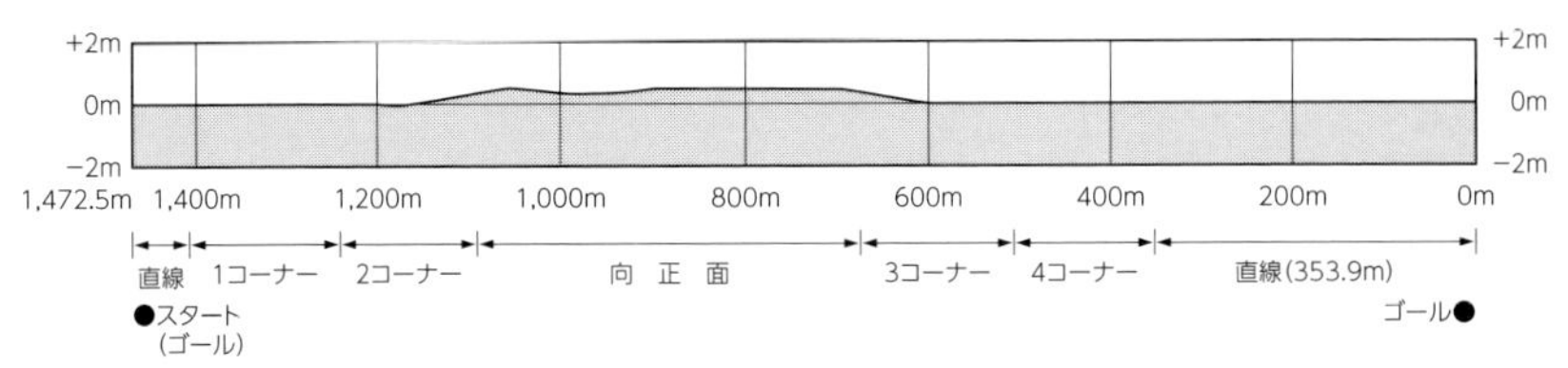

JＲＡ全10場
馬場造園課に聞く

新潟競馬場

新潟競馬場施設整備課
課長　山室 州平

Q1 現在の芝コースの路盤ができた年月を教えて下さい。

2000年７月。

Q2 現在、使用している芝の種類を開催単位で教えて下さい。

年間を通して野芝で施行。

Q3 芝コースの全開催単位のローテーション（通常開催時）を教えて下さい。

１回新潟競馬　全日程Ｂコース　２～４回新潟競馬　全日程Ａコース

Q4 芝コースの張替はいつですか？　それに伴う作業スケジュールを教えて下さい。

１回新潟開催前（４月頃）にＡコース（内側４ｍ）の張替、１回新潟開催後（６月頃）にＢコースの張替。

Q5 エクイターフを導入している場合、現段階（2023年秋現在）での導入箇所を教えて下さい。

向正面から内回りと外回りの３～４コーナーと直線にかけて。それぞれ内から約７ｍ前後。

Q6 開催に向けたエアレーション作業の内容を教えて下さい。

１回新潟前…３月初旬頃をめどにバーチドレンによるエアレーション作業を実施。
２回新潟前…バーチドレンを６月中旬と７月初旬に、そして６月中旬から下旬にかけてシャタリングマシンによる作業を実施。
４回新潟前…９月中旬にバーチドレンによるエアレーション作業を実施。
いずれも、傷み具合や芝の生育状況次第で実施しない可能性があります。

Q7 現在のダートコースの路盤ができたのはいつですか？

2000年７月。

Q8 現在、使用しているクッション砂の産地を教えて下さい。

青森県産をベースに、新潟県信濃川産を足しています。

Q9 ダートの砂を洗浄するタイミングはいつですか？

１年に１回。６月頃（１回新潟開催後）です。

Q10 凍結防止剤はいつ頃から散布しますか？　その頻度を教えて下さい。

使用していません。

Q11 ほかの競馬場と比較して、馬場管理で最も苦労するところは？

・春の野芝は生育途上、秋の野芝は休眠直前でいずれも活性が低いため、これらの時期は見栄えが悪く、傷みが進みやすい。
・夏開催中は厳しい暑さが続くため、芝の生育管理のための散水管理が重要。また、乾燥に伴うクッション性低下を防止するため、適切なエアレーション作業が必要。

Q12 アピールポイント、お伝えしたい事などを教えて下さい。

ＪＲＡで唯一、通年野芝のみで芝レースを行う競馬場。直線1000ｍや外回りのレースでは、芝の状態によって大きく外に進路をとる事もあるなど、他場にないエキサイティングなレース展開をお楽しみ下さい。

全10場で唯一、年間を通して野芝のみを使用

芝コースには内回りと外回りがあり、一周距離はAコースで内回りが1623m、外回りは2223m（高低差は内回りが0・8m、外回りが2・2m）。内回りの直線は358・7mで、外回りは全10場の中で一番長い658・7m（ゴールまでの320mは平坦）。日本の競馬場の中で直線のコース（1000m）があるのは新潟のみで、アイビスサマーダッシュは名物レースとなっている。

新潟競馬場は全国の競馬場の中で唯一、年間を通して野芝100％で芝のレースを行っている。これは芝の生育期間が、ちょうど新潟の開催時期と重なっているからだ。

新潟での芝の張替は毎年、基本的に4月頃と6月頃の2回に分けて行われている。というのも例年、5月下旬に1回開催が終わってから7月末に始まる2回開催までは約2カ月しかなく、張替後の養生期間が十分とは言えない。そのため1回開催前にも作業を行う事で、より良好なコンディションになるようにしているのだ。そこで、まずは基本的に1回開催前の4月頃に前年の開催で傷んだ箇所を中心にAコース部分を張替。そして1回開催後の6月頃に、1回開催で傷んだ箇所を中心にBコース部分の張替を実施。張替える際は競馬場内にある養成地で少なくとも1年以上養生した芝を5㎝の厚張りで張っている。

新潟の芝張替の基本事情は今、ご紹介した通りなのだが、2024年2月1日に新潟競馬へ取材に行った際、ある光景を目にした。時折、小

写真①　寒空の下で行われていたAコース部分のカップ張り作業（2024年2月1日撮影）

雪が舞って寒風が吹き抜ける中、本来は1回開催前の春先に行うAコース部分の張替作業がすでに始まっていたのだ（写真①）。新潟競馬場施設整備課の山室州平課長にお話を伺った。

「2023年は3月頃からAコース部にカップ張りをしていましたが（カップ張りとは養成地で育てた芝を円形に切り取り、張替えたい場所に張っていく方法）、今年はなるべく冬にも作業しておきたいと考えて、1月から始めました。1月に張るのは初の試みです。これがうまく行けば、今後もこの方法を取り入れるかもしれません」

阪神や中京競馬場が近年、冬期に芝張替を実施し、それが功を奏している事は第2章の各競馬場のページで紹介した。新潟でもこういった各場の取り組みを受けて、創意工夫しているのだろう。それにしても、だ。春の1回開催はすべてBコースで、Aコースは7月末から始まる2回開催までは使用しない。つまり、夏競馬のための準備が1月の雪舞う環境下で始まっているという事実に、私はとても驚いた。馬場作業においてはこのような地道な作業が、日々どこかの競馬場で行われている事が多くの方に伝わればと思う。

新潟では2009年よりエクイターフを使用

続いては新潟競馬場のエクイターフ事情をお伝えしよう。新潟では2009年から導入されている。現在の状況はどうなっているのだろう。

「2023年夏の段階では、向正面から内回りと外回りの3～4コーナーと直線にかけて、それぞれ内からおおむね7m前後をエクイターフで張っています。なお、エクイを張る場所は芝の生産地の生育状況によって変化する場合があります。エクイターフはちぎれにくいので、やはり傷みにくい印象がありますね」

春開催時は野芝が生育途上のため、草丈が短めで部分的に不揃いな箇所が見られるが、夏開催時は夏の日差しを受けて芝がびっしり生え揃い、絶好の状態。そのため以前の新潟では速い時計が出やすかった。

すべての開催前にエアレーション作業を実施

しかし、10年くらい前からは新潟競馬場の芝コースは超高速馬場ではなくなってきた。それは新潟が芝コースのクッション性を高めるエアレーション作業を積極的に行っているからだ。『第1章　③ＪＲＡが目指す軟らかい馬場造り』で紹介した通り、この開幕前のエアレーション作業をＪＲＡの競馬場で初めて取り入れたのが新潟であり、２０１３年の夏開催前から実施している。

「新潟競馬場ではすべての開催前にバーチドレンやシャタリングマシンを使ってエアレーション作業を実施しています。春開催に向けては3月初旬にバーチドレン。夏開催前はバーチドレンを6月中旬と7月初旬に、6月中旬から下旬にかけてシャタリングマシンによる作業を実施。秋開催前は9月中旬にバーチドレンによるエアレーション作業を行っています。なお、これらの作業は芝の傷み具合や生育状況によって変更となる場合があります」

開幕前にエアレーション作業を行っていなかった頃は、いくら直線が長い新潟でも開幕週には逃げ馬や先行馬の活躍が目立っていた。しかし13年以降は傾向が変わってきて、開幕週から差しが届くようになってきた。新潟は野芝が休眠に入る時期に開催がないため、すべての開催前にエアレーション作業を行っているので覚えておこう。

基本的に芝コースの排水性は良いのだが

含水率が発表になった２０１８年から２０２３年までの芝コースの平均含水率は約12・9％。そして、クッション値が発表になった２０２０年から２０２３年のこの数値の平均は約9・3％。含水率、クッション値ともに他場と比べて高くも低くもなく、平均的といったところだ。

これらの数値には現れにくいが、新潟の芝コースは比較的、排水性が良い。新潟競馬場が建つ土地は海が近く砂が多い地域で、元々排水性が良い。そのため、全10場の中で下層路盤に排水性を向上させる目的がある砕石層（小石の層）が入っていないのは新潟だけだ（路盤断面図参照）。また、野芝のみでレースを行うため、オーバーシードをしている馬場のように枯れた洋芝のカスがたまりにくく、これも排水性を高めている要因と言われている。ただし近年、現場で馬場を管理する立場の視点から見ると、少し状況が変わってきたようだ。山室課長はこう話す。
「夏開催は気温がかなり上がるために馬場がすぐに乾く傾向があり、それも排水性が良いという印象につながっているのかもしれません。ただ、春や秋開催は雨の影響を受けやすいですし、最近は以前ほどの排水性の良さを感じません。理由としては、洋芝がなくても、経年の使用によって野芝や雑草由来の有機物が路盤に堆積しているためと考えられます。そのため、こうした箇所は毎年、部分的に路盤の山砂の入替を行っています」

直線1000m戦は外枠優勢

新潟芝コースの名物レースといえば、夏開催の開幕週に行われているアイビスサマーダッシュ。競馬ファンの間でも〝直線1000mは外枠優勢〟はもう有名だ。過去10年（2014年5月3日〜2023年10月29日）の間に行われた直線1000mのすべてのレースにおける1〜4枠のそれぞれの勝率は1〜4％台で、5〜8枠では5〜12％台（表①）。1枠の勝率が1・8％で最も低く、8枠が12・2％で一番高い。最近、開幕週などでは内枠馬が内ラチ沿いを通るケースがあるが、基本的にはやはり外枠優勢となっている。なお、この間のアイビスサマーダッシュで一番勝率が高いのはやはり8枠で、その数字は16・7％と圧倒的。馬券検討に迷ったら、外枠からチョイスしよう。

また、ほかの競馬場では、多くの開催で馬場の傷みを分散させる目的から開催中にコース替わりを行っており、例えばAコースからBコースに替わった週

枠番	着別度数	勝率	連対率	複勝率
1枠	8-16-10-414/448	1.8%	5.4%	7.6%
2枠	16-18-13-411/458	3.5%	7.4%	10.3%
3枠	20-15-19-409/463	4.3%	7.6%	11.7%
4枠	16-25-15-413/469	3.4%	8.7%	11.9%
5枠	28-14-23-412/477	5.9%	8.8%	13.6%
6枠	29-34-37-376/476	6.1%	13.2%	21.0%
7枠	49-59-56-430/594	8.2%	18.2%	27.6%
8枠	74-60-66-408/608	12.2%	22.0%	32.9%

表①　新潟芝直線1000m枠順別成績（2014年5月3日〜2023年10月29日）

は先行馬が残りやすくなったり、時計が速くなる場合がある。しかし新潟では傷みにくい野芝のみで行われている事もあり、開催中のコース替わりがない（春の1回開催はすべてBコース。夏の2回・3回開催と秋の4回開催はすべてAコース）。そのため後半になって雨の影響を受けると、どうしても内側が荒れる事が多く、外伸びになったり、外枠優勢になりやすい。夏開催の最終週に行われる新潟記念は内側が荒れている状態で行われるケースが多いため、軽量馬が苦戦を強いられたり、外伸び傾向になりやすい。

ダートは逃げ・先行馬が優勢

ダートは一周1472・5mで直線は353・9m（高低差0・6m）。ゴールまでの残り500mは平坦だ。直線の長さはそれなりにあるが、逃げ馬や先行馬が優勢。2014年から2023年までの10年間の新潟ダートのすべてのレースのうち、約76％は逃げ馬と先行馬が勝利している。

新潟競馬場でも長年、青森県産の砂を使用してきたが、良質のものが入手しにくい状況が続いているのは他場と同じ。最近の状況を山室課長に聞いた。

「2021年からは青森県産の砂をベースに新潟県信濃川産の砂を混ぜており、2023年は洗浄した既存のクッション砂に、信濃川産の砂を補充。信濃川産の割合はおおむね1割です。ただし、2024年以降は状況によって違う産地の砂を足す可能性があります。現在、良好な状態を保てていますし、排水性も特に問題ありません」

馬場事情を考慮し、新潟競馬場のポイントをまとめる。

①芝コースは開幕週から差しが届く
②直線1000m戦は外枠優勢
③芝コースは全開催でコース替わりがなく、開催後半は外伸びになりやすい

函館競馬場

HAKODATE RACECOURSE

芝もダートも逃げ・先行馬が優勢

コース図・紹介

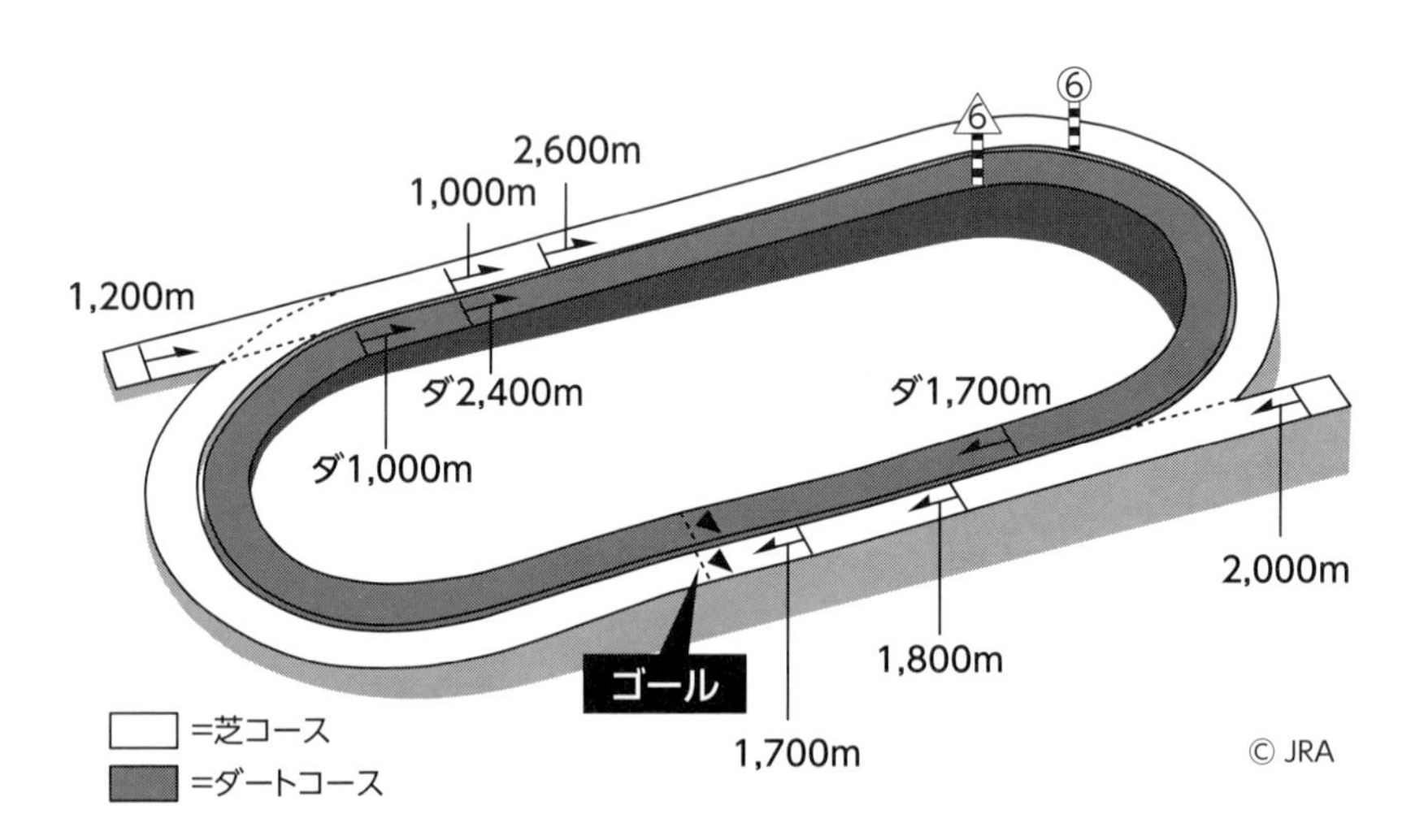

路盤断面図

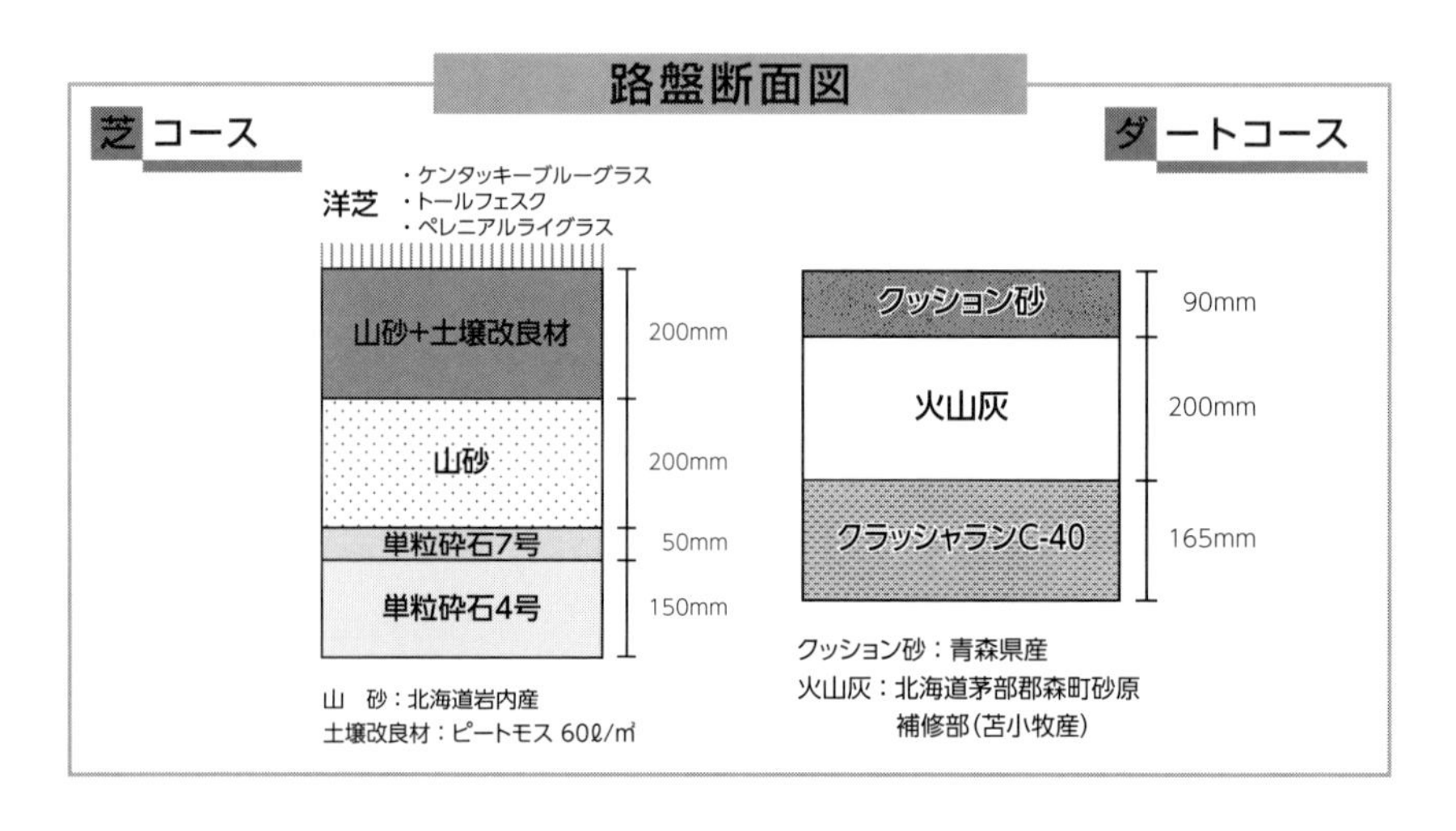

芝コース

コース	一周距離	幅員	直線距離	高低差	発走距離
A	1,626.6m	29m	262.1m	3.5m	1,000m、1,200m、1,700m、1,800m、2,000m、2,600m
B	1,651.8m	25m			
C	1,675.8m	21~22m	264.5m		

■ コース高低断面図（右回り）

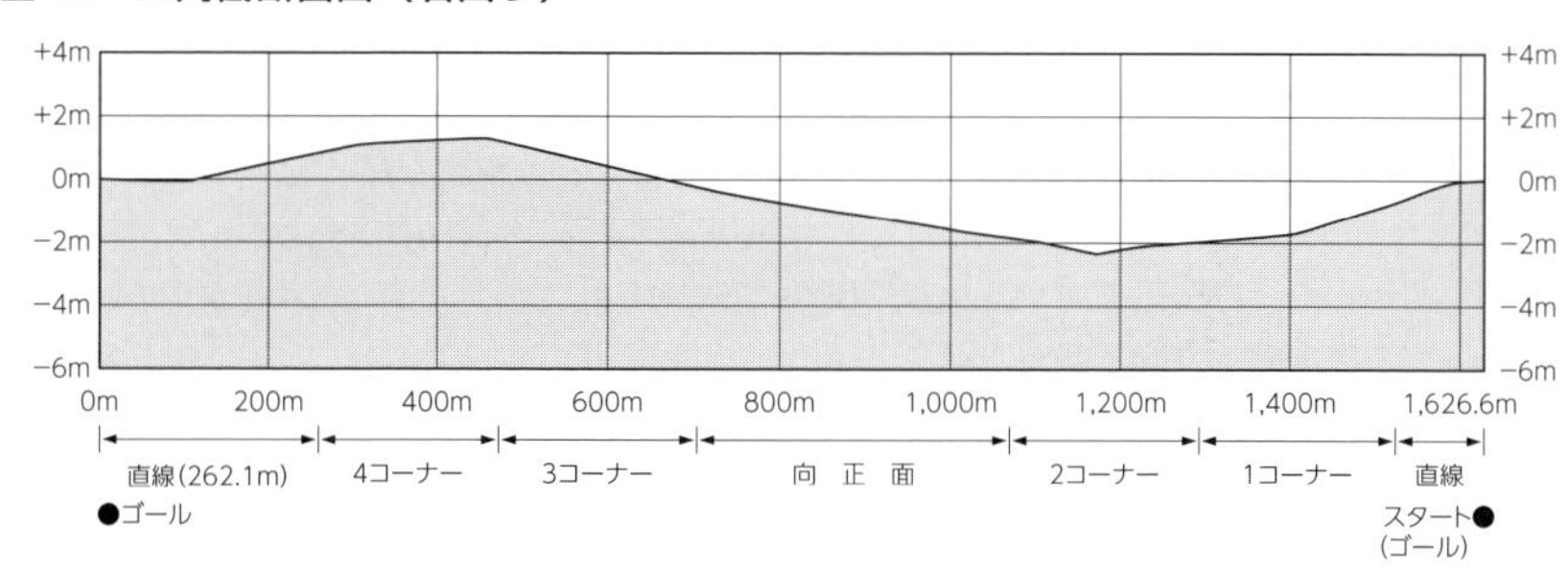

ダートコース

一周距離	幅員	直線距離	高低差	発走距離
1,475.8m	20m	260.3m	3.5m	1,000m、1,700m、2,400m

■ コース高低断面図（右回り）

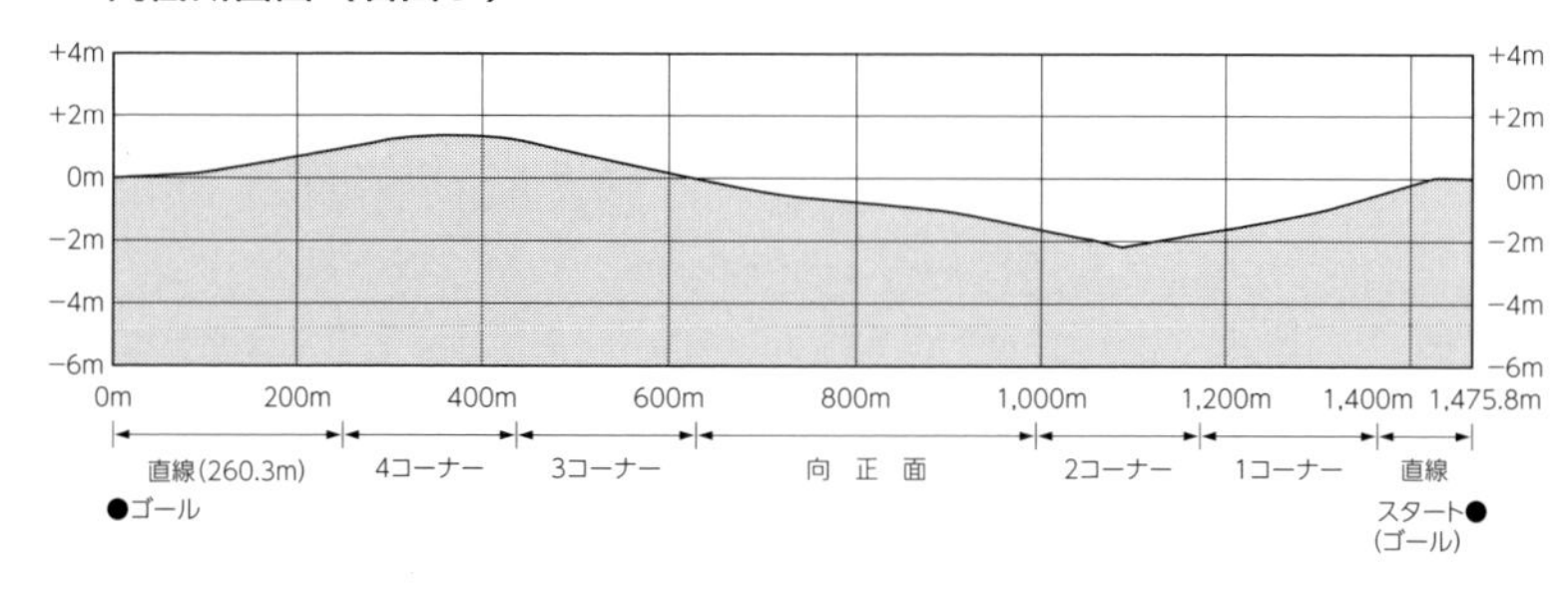

JRA全10場
馬場造園課に聞く

函館競馬場

函館競馬場施設整備課
課長　田村 陽輔

Q1 現在の芝コースの路盤ができた年月を教えて下さい。

1994年7月20日。

Q2 現在、使用している芝の種類を開催単位で教えて下さい。

ケンタッキーブルーグラス、トールフェスク、ペレニアルライグラスを混植した洋芝馬場。

Q3 芝コースの全開催単位のローテーション（通常開催時）を教えて下さい。

１回函館競馬　全日程Ａコース

２回函館競馬　前２日Ａコース
後４日Ｂコース

Q4 芝コースの張替はいつですか？　それに伴う作業スケジュールを教えて下さい。

９月から10月。路盤に土壌改良剤混合後、養成芝を用いて張替を実施しています。

Q5 エクイターフを導入している場合、現段階(2023年秋現在)での導入箇所を教えて下さい。

洋芝を使用しているため、導入実績はありません。

Q6 開催に向けたエアレーション作業の内容を教えて下さい。

おおむね３月末に１回目、２回目のバーチドレンを５月中旬に入れて、エアレーション作業を実施。春期にシャタリングマシンを入れる可能性もありますが、最近は耐久性を考慮して開幕前に入れる事はあまりないです。なお、これらの作業は芝の状態によって、時期や内容が変更される事があります。

Q7 現在のダートの路盤ができたのはいつですか？

1994年７月20日。

Q8 現在、使用しているクッション砂の産地を教えて下さい。

青森県産を使用しています。

Q9 ダートの砂を洗浄するタイミングはいつですか？

１年に１回。９月～10月に実施。

Q10 凍結防止剤はいつ頃から散布しますか？　その頻度を教えて下さい。

冬の開催がないため、使用していません。

Q11 ほかの競馬場と比較して、馬場管理で最も苦労するところは？

・開催が始まる６月中旬はまだ寒く、雪解け後から芝の生育を強く促す必要がある事（保温シート設置や肥料、芝刈など）
・開催終了後も調教馬が滞在し続けるため、全馬が退厩する９月頃から厳寒期を迎える10月頃までの約１カ月で芝張替を実施しなければならないところ
・ピーク時には600頭以上の馬が滞在しているため、平日は調教コースとしての管理作業も必要

Q12 アピールポイントやお伝えしたい事などを教えて下さい。

・洋芝の馬場であるためクッション性が高い
・競馬場の中で唯一本格的なウッドチップ調教コースを有しており、函館・札幌開催中は多数の競走馬が使用しています。

ＪＲＡ10場の中で直線は一番短い

函館競馬場は２０１０年に新スタンドが完成。レース直前の人馬を間近で応援できる〝はなみち〟や、馬の脚元の視点から歩様などを観察できる〝ダッグアウトパドック〟があり、馬をより身近に感じる事ができる競馬場だ。

芝コースの一周距離は１６２６・６ｍ（Ａコース）。直線は２６２・１ｍ（Ａコース）で、ＪＲＡ10場の中では直線が一番短いコースとなっている（写真①）。高低差は３・５ｍあり、ゴールから2コーナーにかけては緩やかな下り勾配。その後、４コーナーまで上り勾配が続き、ゴールまでは緩やかな下り勾配。直線が短いため、逃げ馬と先行馬の勝率が高いのが特徴。２０１４年から２０２３年までの10年間に行われた函館芝コースのレースでは、約7割が逃げ馬と先行馬による勝利となっている。

洋芝を使用

北海道と本州の競馬場では使用している芝の種類が違う。以前の函館では野芝のみで施行されていた時期もあったが、１９９４年の路盤改造工事以降、洋芝に変更（工事後の開催再開は１９９５年）。本州で使用される野芝の北限が函館付近のため、北海道の競馬場では気温が低くても育つ寒地型洋芝が採用されたのだ。現在、函館と札幌で使用される芝はケンタッ

写真①　函館競馬場の芝コース。直線の長さは全10場の中で一番短い

写真②　函館芝コースでは札幌競馬場と同様に３種の洋芝が使用されている

キーブルーグラス、トールフェスク、ペレニアルライグラスの３種混生となっている（写真②）。

例年、６月初旬から７月中旬にかけて開催がある函館競馬場。開催が終了した後も調教馬が滞在しているため、全馬が退厩する９月頃から芝コースの張替を行っている。手順としては、最初に張替える箇所とそうでない場所を決めて、張替えない箇所はバーチドレンやシャタリングマシンで芝をリフレッシュさせる作業を実施。そして、張替える部分には競馬場内の養成地で約2年間、養生させた5㎝の芝を厚張りしていく。函館では厳寒期を迎える10月頃まで、約1カ月で張替を終えないとならない。そのため5㎝という厚さで張る事で、より根付きが良くなるように対応しているという訳だ。そして、3月の雪解けの後には保温シートや肥料散布などをして、芝の生育を促す。

こうして迎える1回函館開催。朝晩などは肌寒さが残る6月の開催ではあるが、馬場を支える作業員の皆さんによる尽力もあり、開幕週から洋芝の鮮やかな緑が一面に広がっている。

なお、札幌競馬場はＪＲＡで初めての洋芝馬場だった事もあり、芝馬場の悪化を防ぐ目的で路盤に暗渠排水管が設置されたが、函館競馬場にこの暗渠管は整備されていない。函館の上層路盤には札幌と同じ産地の山砂（岩内産）が使用されていて、すでに札幌でこの山砂の排水性の良さがわかっていた事で、暗渠管なしでも十分な排水性が見込めると判断されたのだ。だから１９９４年に実施された函館の路盤改造工事では暗渠管が採用されなかった。現在の函館芝コースの排水性を函館競馬場施設整備課の田村陽輔課長に聞いてみると、「雨が降った後の回復が早く、排水性は良好です」との事だった。

エアレーション作業の見直し以降、レコードタイムは出ていない

函館では2014年頃から開催に向けたエアレーション作業を開始。バーチドレンを入れる回数については以前はおおむね1回で3月下旬か4月上旬にエアレーション作業を実施してきた。しかし、2017年の1回函館開幕週にジューヌエコールが1分06秒8のコースレコードで函館スプリントSを勝利するなど、レコードが多発した。当時、函館の馬場担当課長に取材したところ、その背景には「雨が少なかったために乾燥していた事や、当時の函館の春における気温が高めだったため、芝の生育が良くなっていた」という事情があった。そこで、2018年からはエアレーション作業内容の見直しが行われ、バーチドレンを入れる回数が増加した。最近はどのように行っているのだろう。田村課長に伺った。

「現在は1回目のバーチドレンをおおむね3月末に、そして2回目を5月中旬に入れて、エアレーション作業をしています（写真③）。春期にシャタリングマシンを入れる可能性もありますが、最近は耐久性を考慮して開幕前に入れる事はあまりないです。これらのエアレーション作業は、芝の状態によって時期や内容が変更される場合があります」

なお、エアレーション作業の回数が増えた2018年以降の函館芝コースではレコードタイムが更新されたレースは一つもない。作業見直しの効果が出ていると言って良いだろう。

写真③　函館芝コースで行われているバーチドレン作業中の様子

Bコース替わり週は先行馬と内枠に注意

例年、函館では前半4週間はAコースを使用し、残りの2週はBコ

ースを使用する。函館の幅員は29mと広いため、Bコースに替わると内側から4mの所に移動柵が設けられる。そのため、傷んでいた部分がほとんどカバーされるのだ。例年、このBコース替わり週は良であれば時計が速くなりやすく、先行馬や内枠馬が活躍する傾向があるので注意が必要だ。基本的にBコースで行われる函館記念も内枠馬の好走が多く、2014年から2023年までの10年間の勝ち馬のうち、7頭は1枠から4枠となっている。

含水率は札幌より高い

2019年から2023年までの芝コースの平均含水率は約14・6%。2021年から2023年の平均クッション値は約7・4%。ちなみに札幌の平均クッション値は約7・6%なので、そう差はない。注目なのは函館の方が札幌の平均含水率（約12・8%）より高いという点だ。

「函館は北海道の南端にあり、本州の梅雨前線の影響を受けやすいです。ちょうど函館開催の時期には蝦夷梅雨と呼ばれる現象もあり、雨が降る機会が多いですからね。それが含水率につながっているのではないでしょうか。一方で雨が少なければ、11%台の含水率が出るケースもありますから、やはり雨の影響が大きいと感じます」

同じ洋芝でも札幌より函館の方が時計がかかるケースが多いのは、雨の影響を受けやすく含水率が高い事が影響しているのだろう。なお、『第1章 ①芝馬場の基本』にも書いた通り、特に函館では、不良馬場になると極端に時計がかかりやすい。道悪馬場への巧拙が問われるようになり、欧州系や道悪血統馬が台頭しやすくなるので注意が必要だ。

ダートは圧倒的に逃げ・先行馬が優勢

ダートは一周1475・8m。直線は260・3m。芝コースと似たような感じのアップダウンがあり、高低差は3・5mとなっている。ダートは芝のレース以上に逃げ馬と先行馬が優勢。2014年から2023年までの10年間に行われたダートレース（計６０２レース）の逃げ馬と先行馬を合わせた勝率は8割を超える。そのため差し馬は苦戦傾向で、14年以降の10年間で中団馬の勝利は72勝、後方馬による勝利はたった4勝しかなかった。

函館競馬場でも長年、本州の競馬場同様に青森県産の砂を使用してきたが、良質のものが入手しにくい状況が続いている。引き続き、田村課長に現在の状況を聞いた。

「北海道は砂の産地が少ないんです。それに、本州や海外から砂を運ぶとなると多大なコストがかかりますから、砂探しは容易ではありません。ですから、函館競馬場では今、場内にある砂を大事に使用しています。例年、夏の2回開催終了後にすべてのクッション砂を洗浄し、再利用。そして洗浄によって足りなくなった分は、競馬場内にある追馬場や発走練習用のコースに元々敷いてあった青森県産の砂を洗って、本コースに足しています。洗浄した効果できれいな砂のみが残っていますから排水性に問題はなく、良い状態をキープできています。ただ、競馬場内に残る青森県産の砂は少なくなっています。引き続き、様々な可能性を求めて函館競馬場のダートコースに合う砂を探していきたいと考えています」

馬場事情を考慮し、函館競馬場のポイントをまとめる。

①芝もダートも逃げ・先行馬の勝率が高い
②芝コースのエアレーション作業を見直し、２０１８年以降はレコードタイムが更新されていない
③芝コースの含水率は札幌より高い。道悪になると欧州系など道悪血統馬が台頭しやすくなる

札幌競馬場
SAPPORO RACECOURSE

良好な水はけで“芝の不良馬場ゼロ”

コース図・紹介

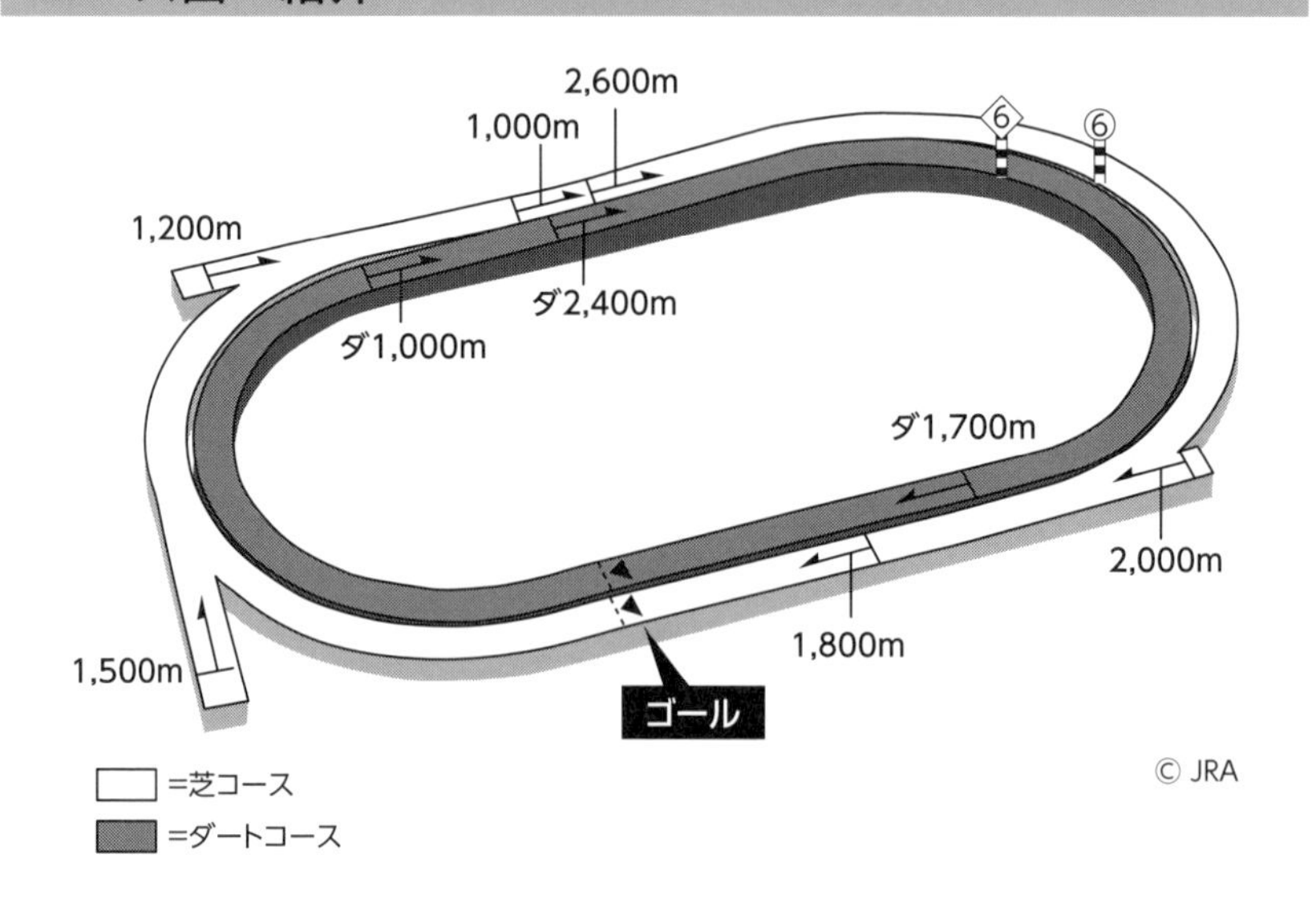

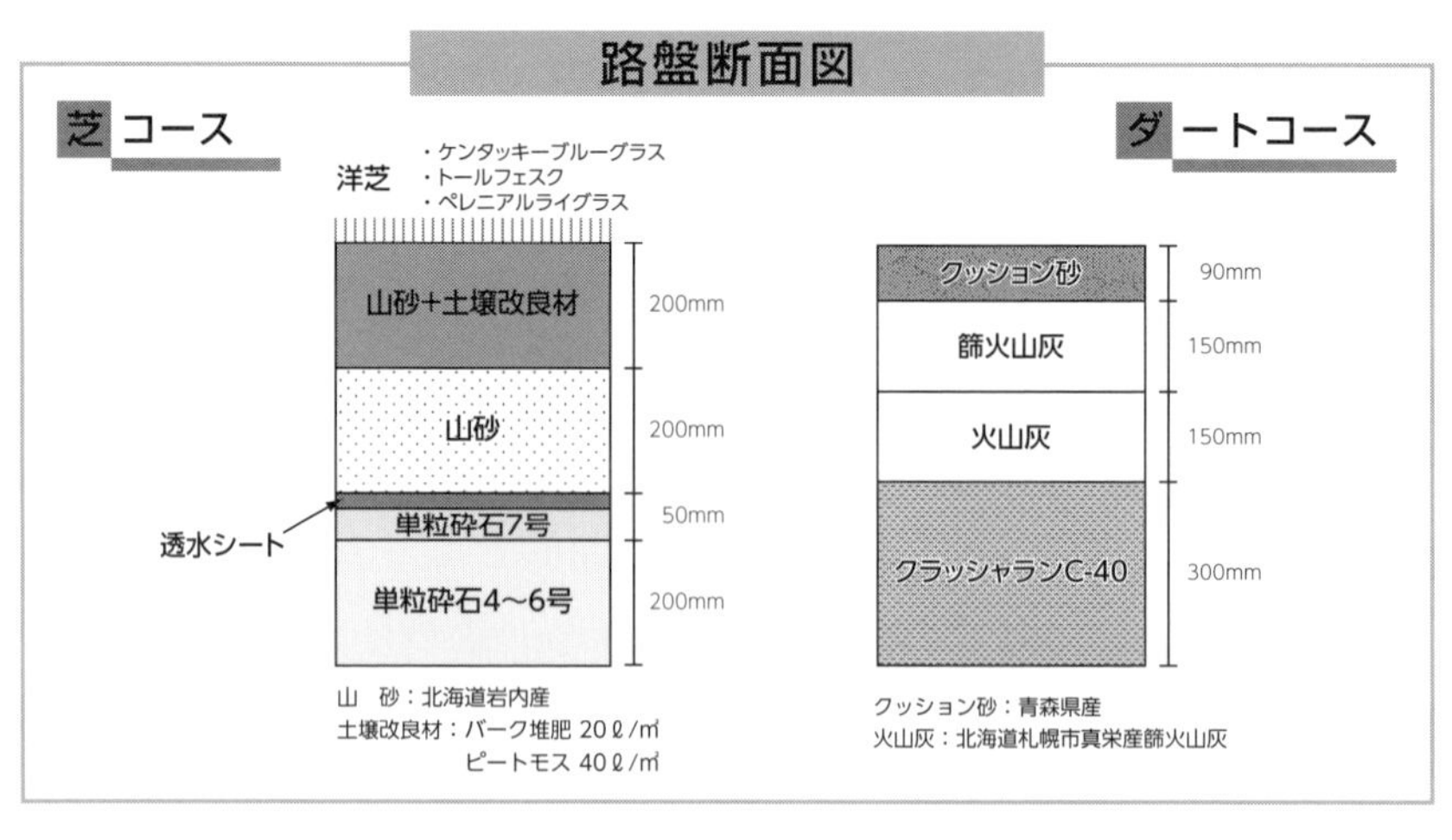

芝コース

コース	一周距離	幅員	直線距離	高低差	発走距離
A	1,640.9m	25~27m	266.1m	0.7m	1,000m、1,200m、1,500m、1,800m、2,000m、2,600m
B	1,650.4m	23.5~25.5m	267.6m		
C	1,659.8m	22~24m	269.1m		

■ コース高低断面図（右回り）

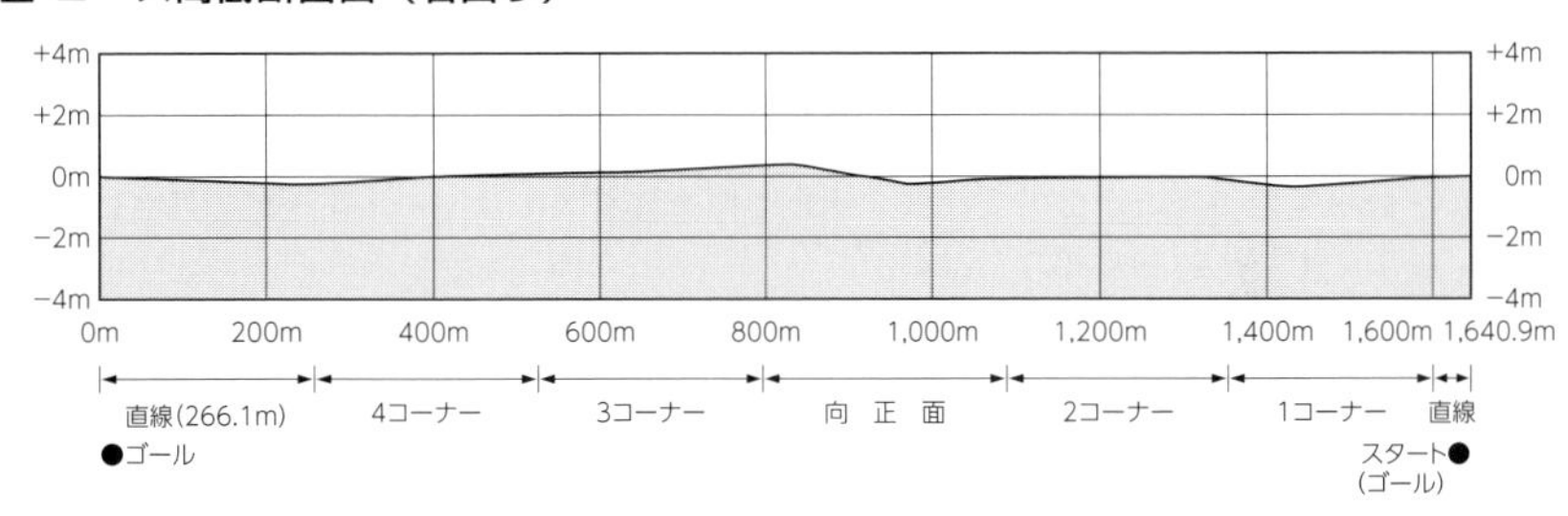

ダートコース

一周距離	幅員	直線距離	高低差	発走距離
1,487m	20m	264.3m	0.9m	1,000m、1,700m、2,400m

■ コース高低断面図（右回り）

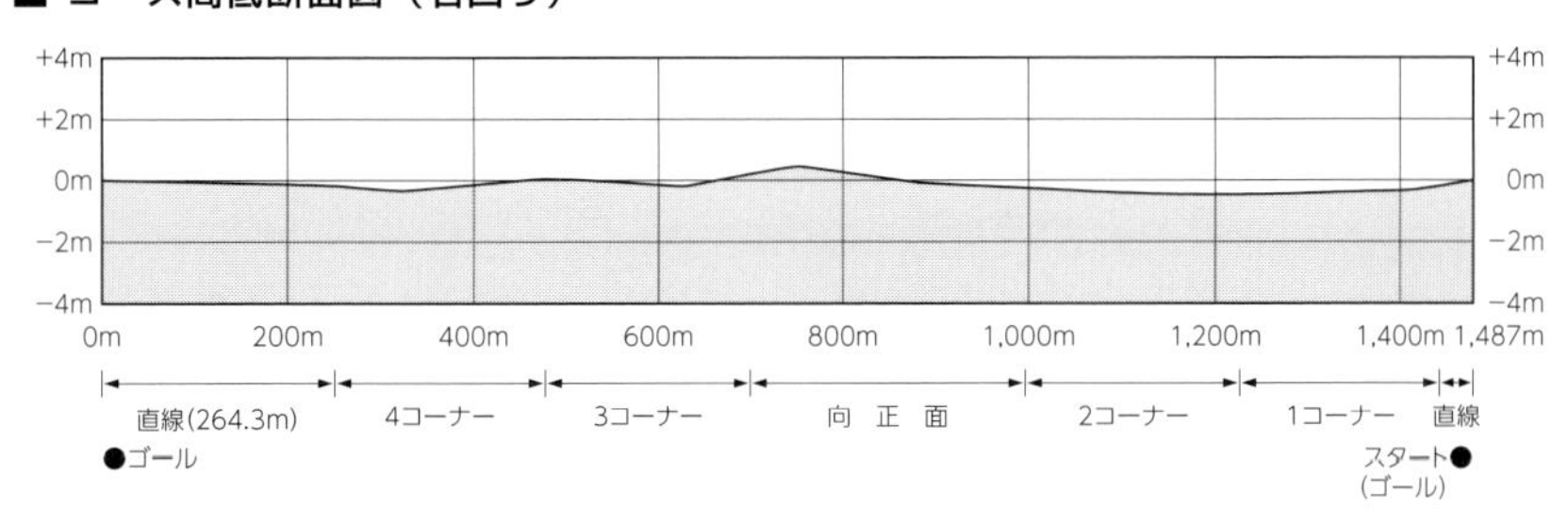

JRA全10場
馬場造園課に聞く

札幌競馬場

回答者 札幌競馬場施設整備課
課長　沼田 洋佑

Q1 現在の芝コースの路盤ができた年月を教えて下さい。

1989年8月31日。

Q2 現在、使用している芝の種類を開催単位で教えて下さい。

全日程でケンタッキーブルーグラス、トールフェスク、ペレニアルライグラスを混植した洋芝馬場。

Q3 芝コースの全開催単位のローテーション（通常開催時）を教えて下さい。

1回札幌競馬　全日程Aコース　　2回札幌競馬　前2日Aコース
後6日Cコース

Q4 芝コースの張替はいつですか？　それに伴う作業スケジュールを教えて下さい。

2回札幌競馬終了後の9月から積雪前（概ね11月中旬）まで張替を実施しています。

Q5 エクイターフを導入している場合、現段階（2023年秋現在）での導入箇所を教えて下さい。

洋芝を使用しているため、導入実績はありません。

Q6 開催に向けたエアレーション作業の内容を教えて下さい。

1回札幌では開催に向けて、3回バーチドレンを入れています。1回目はおおむね4月頃。2回目は6月初旬。そして3回目が6月末から7月初旬にかけてとなっています。なお、雪解けの時期や芝の状態によっては作業内容や時期が変化する事があります。

Q7 現在のダートの路盤ができたのはいつですか？

最後の改修工事は2007年6月29日。

Q8 現在、使用しているクッション砂の産地を教えて下さい。

青森県産を使用しています。

Q9 ダートの砂を洗浄するタイミングはいつですか？

1年に1回、2回札幌競馬終了後の9月～11月に実施。

Q10 凍結防止剤はいつ頃から散布しますか？　その頻度を教えて下さい。

冬の開催がないため、使用していません。

Q11 ほかの競馬場と比較して、馬場管理で最も苦労するところは？

12月から4月上旬の雪解けまで多い時で1m以上の積雪があるだけでなく、その前後も気温の低下で芝の生育が期待できない環境下にある事。また、繊細で冷涼な気候を好む洋芝にとって、生育適温からはずれた夏に競馬を行う事は非常にストレスフルであり、ダメージも受けやすいため、開催期間中は野芝以上のきめ細やかな管理が必要な点。

Q12 アピールポイントやお伝えしたい事などを教えて下さい。

開催終盤に行われるワールドオールスタージョッキーズでは関東・関西・海外・地方のトップジョッキーが一堂に会するので、小回りのトリッキーなコースでの名手たちの駆け引きを存分にお楽しみ下さい。

高低差は全場の中で一番小さく、ほぼ平坦なコース

毎年、豪華メンバーが出走する札幌記念や、トップジョッキーが集うワールドオールスタージョッキーズが行われる札幌競馬場。２０１４年には、ＪＲＡの競馬場としては初となる屋上観覧スペース（もいわテラス）が設けられた新スタンドが誕生。夏の時期に開催される事もあり、開放感を感じながら競馬観戦ができる競馬場である。

古い話だが、かつて札幌競馬場にはダートコースしかなかったのをご存知だろうか。それも左回りで、１９７５年から右回りに変更。現在の洋芝のコースが新設され、芝のレースが始まったのは１９９０年からだ。

一周距離は１６４０・９ｍ（Ａコース）で、ローカルの平均的なサイズだが、コーナーが緩やかなため、全体の距離のうちコーナーが占める距離が長く（写真①）、直線は２６６・１ｍと短い（Ａコース）。また、高低差は０・７ｍ。これはＪＲＡ全10場中最少で、ほぼ平坦なコースとなっているのが大きな特徴だ（写真②）。

現在、札幌競馬場で使用されている芝は函館と同じ。ケンタッキーブルーグラス、トールフェスク、ペレニアルライグラス３種の混生となっている。

札幌も芝の張替は函館同様に９月以降に始まり、北海道の気候と闘いながら作業を行っている。札幌の場合、９月初旬に開催が終了した後にも滞

写真①　札幌の４コーナー。コースはほぼ平坦で、コーナーが緩やかなのが特徴

写真②　札幌芝コースの直線。芝コースの高低差0.7mは全10場の中では最小となる

在馬がいるので、芝は全馬が退厩する９月中旬頃から張っていく。また札幌では早ければ10月頃から雪が降り、12月上旬から４月上旬頃まで雪に覆われ、最も多い時には１ｍ以上の積雪があり、芝の生育には厳しい環境だ。こうした背景を少しでも解決するため、函館と同じように競馬場内の養成地で約２年間、生育させた洋芝を５㎝の厚さで張っていき、短期間でより根付くようにしている。そして、コース外側などの張替に用いるカップ張りも含めて、すべての張替作業が終わるのは11月中旬頃となっている。

厳しい条件下の中で生長する札幌の洋芝。しかし、まだ肌寒さも残る６月にスタートする函館とは異なり、気温が上昇する７月下旬に開幕できる札幌では開催時期によるアドバンテージが大きく、開幕時にはフサフサとした洋芝が生え揃っている。

芝が〝不良〟になった事は一度もない！

また、札幌競馬場では不良馬場を心配する必要がほとんどない。なにせ、芝コースができた１９９０年から２０２３年までの間、〝芝の不良は一度もない〟のだ。その理由を以前取材した札幌の馬場担当者はこのように話していた。

「芝コースの上層路盤で使用する北海道岩内産の山砂は非常に水はけが良いです（写真③）。さらに札幌の場合、ＪＲＡで初めての洋芝馬場でしたから、馬場の悪化を防ぐため、全周にわたって柵下に暗渠排水管が設置

写真③　札幌芝コースの上層路盤で使用されている北海道岩内産の山砂

されました。この効果もあると考えられます」

なお、この暗渠管が設置されてから30年以上が経つが、札幌競馬場施設整備課の沼田洋佑課長によると、「まだ十分に機能してくれています」との事。札幌では多少の雨なら道悪になりにくいため、基本的に芝のレースは〝良馬場予想〟でいいだろう。本州の梅雨前線の影響を受けやすく、雨が降ると時計がかかりやすい函館競馬場とは異なる事をしっかりと認識しておきたい。

6月末から7月初旬などにエアレーション作業を実施

最近の札幌芝の馬場事情で変わってきた事といえば、エアレーション作業だ。ＪＲＡでは近年、〝馬場をより軟らかくしていこう〟という方針を掲げ、２０１３年頃から競馬場によって競馬が開幕する約2～1カ月前に、バーチドレンやシャタリングマシンと呼ばれる機械で路盤をほぐし、軟らかくする作業を行っている。札幌競馬場では２０１５年の開幕前から開催に向けたエアレーション作業を実施。現在の状況を沼田課長に聞いた。

「現在、札幌では開催に向けて、３回バーチドレンを入れています。１回目はおおむね4月頃。２回目は6月初旬。そして3回目が6月末から7月初旬にかけてとなっています。なお、雪解けの時期や芝の状態によっては作業内容や時期が変化する事があります。また、開催前にシャタリングマシンを入れていた時期がありましたが、現在は馬場状態を考慮して入れていません。シャタリングマシンを入れるのは2回開催の後ですね。張替えなくても大丈夫と判断した箇所に入れて、再び芝を元気にさせる目的で使用しています」

開幕前にエアレーション作業を行うようになって以降、札幌芝の脚質別成績には少し変化が表れてきている。２０１５年から２０２３年の9年間は逃げ・先行馬の勝率が高いものの、２００6年から２０１4年までの9年間に比べると逃げ馬の勝率が少し減り、代わって中団馬やマクリ馬の勝率が少し増加。開幕週でも展開次第では中団差しが届いている。ただし直線が短いので、やはり後方馬が勝ちきるのが難しいのは函館と同様だ。

含水率は函館より少し低い傾向

2018年から2023年までの芝コースの平均含水率は約12・8%。そして、2021年から2023年の平均クッション値は約7・6。同じ洋芝を使用している函館競馬場と比べると含水率は低く、クッション値はやや高めとなっている。平均含水率が函館より低い背景は函館競馬場の紹介ページに詳細を記載したので、ここではあまり触れないが、沼田課長も「開催時期の影響が大きいでしょう」と話す。

「函館開催は時期的に雨の影響を受けやすいですが、札幌開催は晴れる日が多く、気温も上がりますからね。それが芝の状態にも現れているのだと思います」

同じ洋芝でも、函館より札幌の方が速い時計が出やすい傾向になるのは、芝に含まれる水分の量や状態が影響しているのだろう。

ダートは函館ほど逃げ・先行馬が優勢というわけではない

ダートは一周1487m、直線264・3m。高低差は0・9mで芝コース同様、ほぼ平坦のレイアウトとなっている。直線が短い事もあり、脚質は逃げ・先行馬の勝率が高く、後方馬の勝率は低い。しかし、函館のように圧倒的に前に行く馬が優勢というわけではなく、マクリ馬の勝率が高い。

なお、芝は排水性が良いが、ダートの路盤で使用されている路盤材は芝とは異なるため、排水性はほかの競馬場と同程度となっている。

また、札幌競馬場でも長年、青森県産の砂を使用してきたが、良質のものが入手しにくい状況が続いているのはほかの競馬場と同じ。そのため、札幌でも函館競馬場と同じように、場内にある砂を大切に使用している。沼田課長はこう話す。

「例年、夏の2回開催終了後にすべてのクッション砂を洗浄し、細かくなった砂を取り除いています。そして洗浄によって足りなくなった分は、競馬場内にある追馬場に元々敷いてある青森県産の砂を洗って、本コースに補充しています。現在、良好な状態を保てていますし、排水性も問題ありません」

馬場事情を考慮し、札幌競馬場のポイントをまとめる。

①芝コースができた1990年から2023年までの間、芝の不良は一度もない

②札幌芝は逃げ・先行馬の勝率が高いものの、15年以降は逃げ馬の勝率が少し下がり、中団馬、マクリ馬の勝率が微増

③芝コースの含水率が函館競馬場より低い傾向で、速い時計が出やすい

馬場の小ネタ教えます その2

砂厚が一番薄い競馬場はどこ!?

「第1章 ④ダートの基本」で2009年よりJRAのすべての競馬場で砂厚が9㎝に統一されたとお伝えした。それでは、地方競馬場も含め、2024年4月の段階で砂厚が一番薄い競馬場はどこかおわかりだろうか？ 正解はJRAの9㎝。こう伝えると、「やっぱり」と思う方が多いだろうが、実は2023年10月6日まで、日本の競馬場の中で砂厚が一番薄かったのは大井競馬場だった。

大井競馬場では2012年に砂厚が8㎝に変更。それ以来、2023年10月6日の開催までずっと8㎝でレースを施行してきた。しかし、使用していた青森県産のクッション砂が細粒化するなどして排水性の確保が困難になってきた。そのため、2023年10月29日の開催から西オーストラリア州アルバニー産に変更。その際、砂厚が10㎝に変更された。なお、2006年から砂厚8・5㎝でレースを行ってきた川崎競馬場では、2022年6月頃から10㎝に変わっている。

という事で、以前の大井や川崎は確かにJRAより砂厚が薄かった。それでもなぜ、地方のダートは時計がかかり、パワーを要すると思われていたのだろう。それは地方の砂の方が粒子が細かくなりやすいからだと考えられる。地方競馬場の場合、競馬場のコースでも追い切りを行う。使用頻度が多いため、馬の蹄によって砂の粒が砕けやすい。だから粒子が細かくなり、時計がかかりやすいのだろう。砂の世界は本当に奥が深い。

●中央・地方競馬場の砂の産地と砂厚　（2024年４月現在）

競馬場	砂の産地	砂厚
帯広	北海道十勝	35㎝
門別	西オーストラリア州アルバニー	11㎝
盛岡	宮城県大和町	11㎝
水沢	宮城県大和町	11㎝
浦和	青森県	10㎝
船橋	西オーストラリア州アルバニー	11㎝
大井	西オーストラリア州アルバニー	10㎝
川崎	青森県東通村尻労	10㎝
金沢	愛知県瀬戸市	10㎝
笠松	愛知県瀬戸市	10㎝
名古屋	愛知県瀬戸市	10㎝
園田	西オーストラリア州アルバニー	11㎝
姫路	西オーストラリア州アルバニー	11㎝
高知	高知県	14〜11㎝
佐賀	福岡県、島根県を50%ずつ	14〜10㎝
ＪＲＡ	青森県産がベース	9㎝

第3章

馬場の管理

平日＆開催日の馬場管理作業に密着取材！

1 平日の馬場作業

前作『馬場のすべて教えます』を上梓した際、いただいた感想の中で多かったのが、「競馬場では平日でも色々な作業をしているんですね。知りませんでした」という内容だった。各競馬場の馬場を管理する馬場造園課では騎手が安全に騎乗し、すべての競走馬が全能力を発揮できる馬場を提供するために様々な管理を行っているが、それは土日の開催日だけではない。競馬ファンの目には触れないところで、週の中間も色々な作業を行っている。前作の取材から8年以上が経過し、馬場作業の内容も少し変わっている部分があるかもしれない。そこで今回も平日の東京競馬場を取材させていただいた。お話を伺ったのは東京競馬場馬場造園課の田中健課長だ。

「週末のレースの後、翌日の月曜日は基本的にお休みです。ですから作業は火曜日から金曜日に行います（3日間開催で月曜日までレースがある場合は火曜日が休みで、水曜日から金曜日に作業。ただし、場合によっては火曜日に作業をする事もある）。週末のレースを万全な状態で迎えられるように、芝はもちろんダートでも整備を行います」

芝コースで大事な作業は何だろうか。

「芝刈と蹄跡補修の二つですね。まず、芝刈は基本的に火曜日に行います（雨予報がある場合は月曜日に行う事もある）。そして蹄跡補修は開催日だけでは補修しきれなかった部分を火曜日から木曜日にかけてしっかり行っていきます。あとは必要に応じて、芝に肥料や殺菌剤を散布したり、生育に必要であれば芝コースへ散水もします。また使用コースがAからBに替わる時などは、移動柵の設置替え作業も行いますね」

芝刈作業は見た目以上の重労働

芝刈作業はなぜ行う必要があるのだろうか。

「芝は最盛期で野芝が1週間で2～3cmくらい、洋芝は1日に1～2cm伸びます。ですから芝刈をしないと、平日の間に4cm以上伸びてしまいます。草丈が長くなり過ぎてしまうと、芝が倒れてしまうため（生長した稲が穂を垂れる感じ）、芝刈作業に支障をきたすだけではなく、病虫害の発生原因となってしまうんですね。ですからやはり、芝刈が必要です。東京競馬場の場合は洋芝がほとんど生長しなくなる真冬の開催以外は毎週、芝刈作業が必要になります」

芝刈の機械はその競馬場がどの芝を使っているかにより2種類ある。一つは〝手押しタイプ〟で、作業員が手で押しながら刈っていく方法。もう一つが野芝のみを使用している競馬場でよく使われる〝大型の芝刈機〟だ。丈夫な野芝を刈る場合はこの大型機を入れるが、洋芝や野芝に洋芝をオーバーシードした馬場にこの機械を入れると芝に負担がかかってしまう。だから、手押しタイプを使用するのだ。東京競馬場では年間を通してオーバーシードの馬場なので、この手押しタイプが使用されている。

具体的にはどのような作業を行っているのだろうか。秋の東京開催を例に見ていこう。

「この季節は野芝が約10～12cm、洋芝が約12～16cmの長さで土日のレースを行います。芝刈機は草丈10cm以下でしか刈れません。ですから例えば、火曜日に10cmで芝刈作業をすると、開催日には前述のような長さになるわけです」

2023年11月14日（火曜日）。朝8時半から芝刈作業が始まるというので、見学させてもらった。芝コースへ行くと、作業員がぴったり並んで、芝刈作業を行っていた（写真①）。

「今日は16人体制で芝刈を行っています。この手押しの芝刈機の刈幅は50～60cm。刈りムラや刈り残しがないように、作業員がこうして並んで馬場を回りながら刈っていくんですよ。作業はだいたい朝から始めて、午後までかかりますね。東京競馬場の場合、Ａコースで幅員が31～41ｍあるので、この芝刈機を押しながら、一人の作業員が馬場を6周する事もあります。東京競馬場の芝コースは一周、約２kmですから、５周すれば、10km歩く事になるわけです」

特に大変なのは、気温が上がる春から夏場にかけてだ。この時期は洋芝も元気になってきて、葉が太くなってくる。こうなると、刈るためにはより力が必要になっていく。また馬場には日陰が一切ないので、作業中は容赦なく日差しが降り注ぐ。中には、１日で２kgくらい体重が落ちる作業員もいると、以前、東京競馬場の馬場課長だった方から聞いた事がある。田中課長はこう話す。

「この芝刈作業はとにかく体力を要します。『元々、企業でデスクワークをしていました』とか、『以前は調理師でした』など、様々なキャリアを経験してきた方が作業員として応募して下さいます。競馬場ならではの、ほかでは経験できない作業も多いので、習得するまでには苦労もあります。今、作業している皆さんは慣れていますから普通に作業しているように見えますが、実は大変な仕事ですから、皆さんには本当に感謝しています」

この芝刈作業。実はあるテレビ番組の収録で体験させていただいた。機械を動かすだけなら、〝押せばいいんでしょ〟と思っていたのだが、

写真①　芝刈作業は見た目以上に大変な作業だ

実際にやってみるとこれが本当に難しい。ハンドルをしっかり持っていないと機械がフラフラして、前に進む事すらできないのだ。そして力を入れないと芝刈機が蛇行してしまうので、刈りムラができてしまう。指導してくれた作業員さんのおかげで、なんとか数メートルの芝刈ができたコジトモであったが、翌日には筋肉痛になったし（苦笑）、改めて作業員の皆さんのすごさを実感したのであった。

蹄跡補修の目的とは？

ここからは、芝刈と並んで大事な作業である蹄跡補修を紹介する。

晴れていて馬場状態が良い時に行われるレースでは、馬の蹄が数回くらい芝コースについても葉が切れる程度で、芝が掘れる事は少ない。しかし、レースを重ねていったり、雨が降って馬場が緩んでいくと芝が飛んだりして、蹄跡ができてしまう。そのままの状態にしておくと、均一性が失われるばかりか、凸凹に脚を取られて怪我につながるケースがある。だから、補修する必要があるのだ。

この蹄跡補修は開催日のレース間にも行われているが、レース発走時刻が差し迫っているため、作業量としてはどうしても限られてしまう。一方、平日に行う蹄跡補修は開催日のような時間の制限がないので、この作業をより丁寧に行う事ができる。

２０２３年11月23日（木曜日）。東京競馬場へ行くと、ちょうど蹄跡補修が行われていた（写真②）。ある作業員さんに、実際どのように蹄跡補修を行うかを教えてもらった。

写真②　最近の東京競馬場では、このような突き棒を使用し蹄跡補修を行っている

写真③　蹄でめくれた芝を元の状態に戻して

写真④　突き棒で平坦にしていく

「まずは、凸凹がある箇所を見つけます。そしてその箇所が、馬の蹄が刺さった事で芝が巻き込まれてしまっているのか。高くなったり低くなったりする所があるだけなのかなど、状態を確認します。巻き込んでいるならそれを手で持ち上げて元に戻したり、切れている芝があれば取り除いて、めくれている芝を元の高さに戻します。そして、突き棒と呼ばれる器具で平坦にしていきます（写真③④）。」

この蹄跡補修で使用する器具は、競馬場によって多少異なるとの事。２０１４年に東京競馬場で蹄跡補修を取材した際は20㎝くらいの木槌を使っていたが、最近は作業の効率化を考えて、この突き棒を使用しているそうだ。また、それほど傷んでいない場合は器具を使わず、手だけで補修するケースもある。東京競馬場は馬場が広大なので、蹄跡補修は１日では終わらない事が多い。週末に人馬が安心して走れる馬場となるように、作業は数日間かけて行われていく。

馬場硬度測定車で定期的に馬場の硬度をチェック

定期的に行われているのが、馬場硬度測定車（写真⑤）を使用しての芝コースの硬度チェックだ。

写真⑤　馬場硬度測定車

　この馬場硬度測定車は定期的に馬場硬度を測定し、管理に役立てるために使用されている。測定車の後部には６kgの馬蹄型の重りが付いていて、これを10m走る毎に86cmの高さから落下させ（カラーグラビアＰ17参照）、その反力の強さで硬度を測定する。硬度は〝Ｇ〟で表現し、この数値が低いほど軟らかい馬場になる。ＪＲＡ全10競馬場では、１開催に１回はこの測定車を芝コースに入れ、内側から外側まで走らせて全周の硬度をポイント、ポイントで測定しているのだ。そして、測定されたデータは馬場硬度解析システムを用いて、全体の硬度が一目でわかるように硬度を色分けし、〝硬度分布図〟として表している（図①）。

　では、実際にこれをどのように馬場管理に役立てているのだろう。田中課長に聞いた。

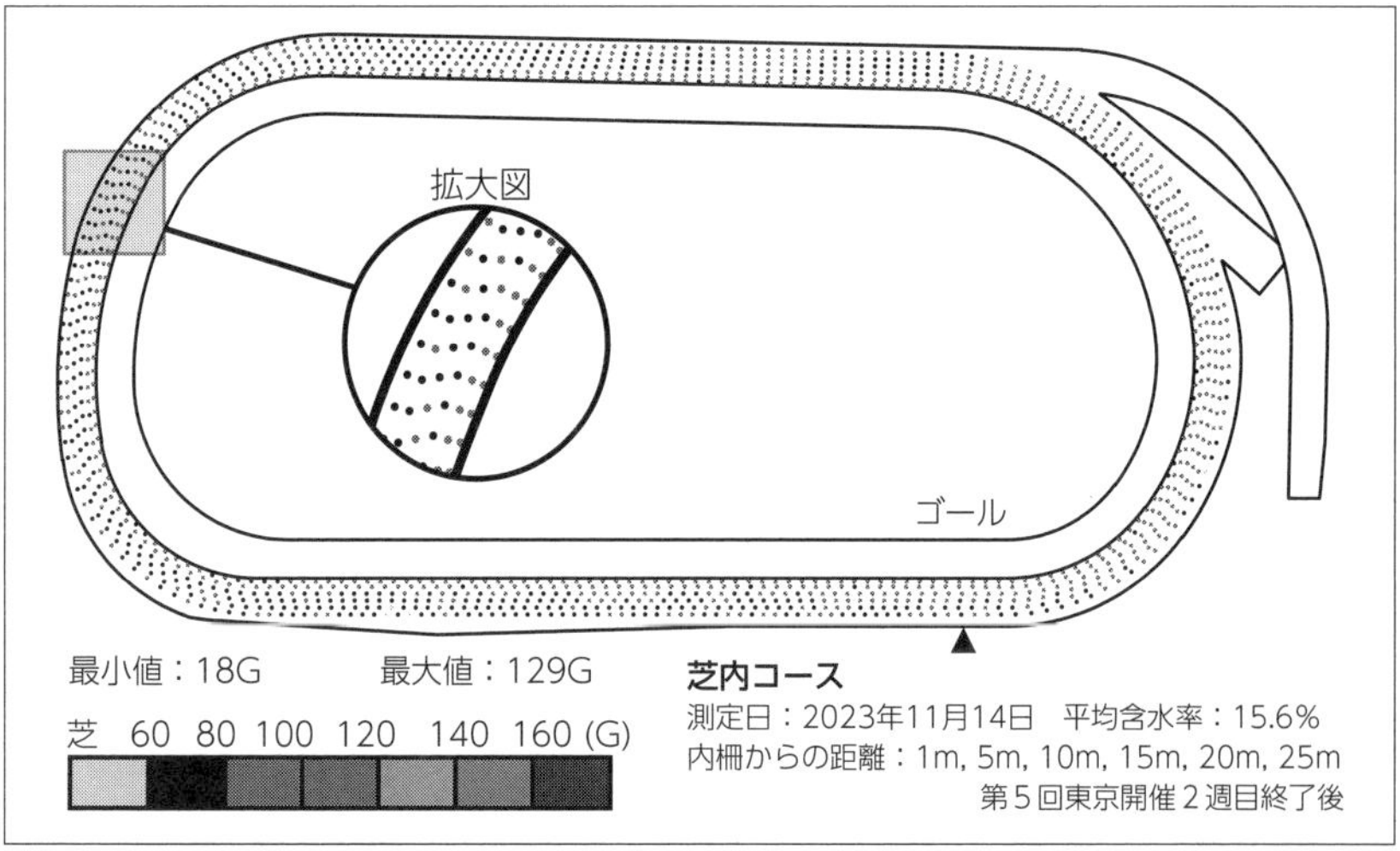

拡大図
ゴール
最小値：18G　　最大値：129G
芝　60　80　100　120　140　160 (G)
芝内コース
測定日：2023年11月14日　平均含水率：15.6%
内柵からの距離：1m, 5m, 10m, 15m, 20m, 25m
第５回東京開催２週目終了後

図①　硬度分布図（東京競馬場）

「例えば硬化の兆候が見られる場合は、エアレーション作業におけるタイン（穴を開ける棒）を太くしたり、回数を増やすなどして、軟らかくなるようにします。ＪＲＡではこの馬場硬度測定車を１９９３年頃から使用しており、積み重ねてきた貴重なデータがあります。過去の数字とも比較できますから、より管理に役立てる事ができるんです」

今から約30年も前から、このような機械を導入し硬度管理をしていた事にまず驚くが、パッと見ただけで硬度がわかる数値をデータベース化して保管し、管理に役立てている細やかさはさすがＪＲＡである。世界の競馬場を含めて、ここまで緻密に馬場を管理している国は、おそらくほかにはないだろう。この硬度分布図。競馬ファンの皆さんの中には公表してほしいと思う方もいるかもしれない。しかしここ数年、馬場土木課では含水率やクッション値の公表を開始するなど、馬場の情報開示はどんどん進んでいる。現に、ＪＲＡでは馬場の状態を把握するための新たな取り組みとしてドローンを駆使した最新研究を行っており、今後はさらに情報開示が進んでいく可能性がある。これについては、『馬場の小ネタ教えます　その３・その４』などでご紹介する。

砂厚管理にも一切の妥協はなし！

現場の馬場造園課職員に、平日のダートの管理で一番大変な事を尋ねると、「砂厚の管理です」と口を揃える。

現在、ＪＲＡの10の競馬場で砂厚は９㎝に統一されていて、上層路盤の上にクッション砂が重ねられている。路盤には雨をスムーズに排出するために勾配がついていて、例えば直線部は馬場の真ん中が一番高く

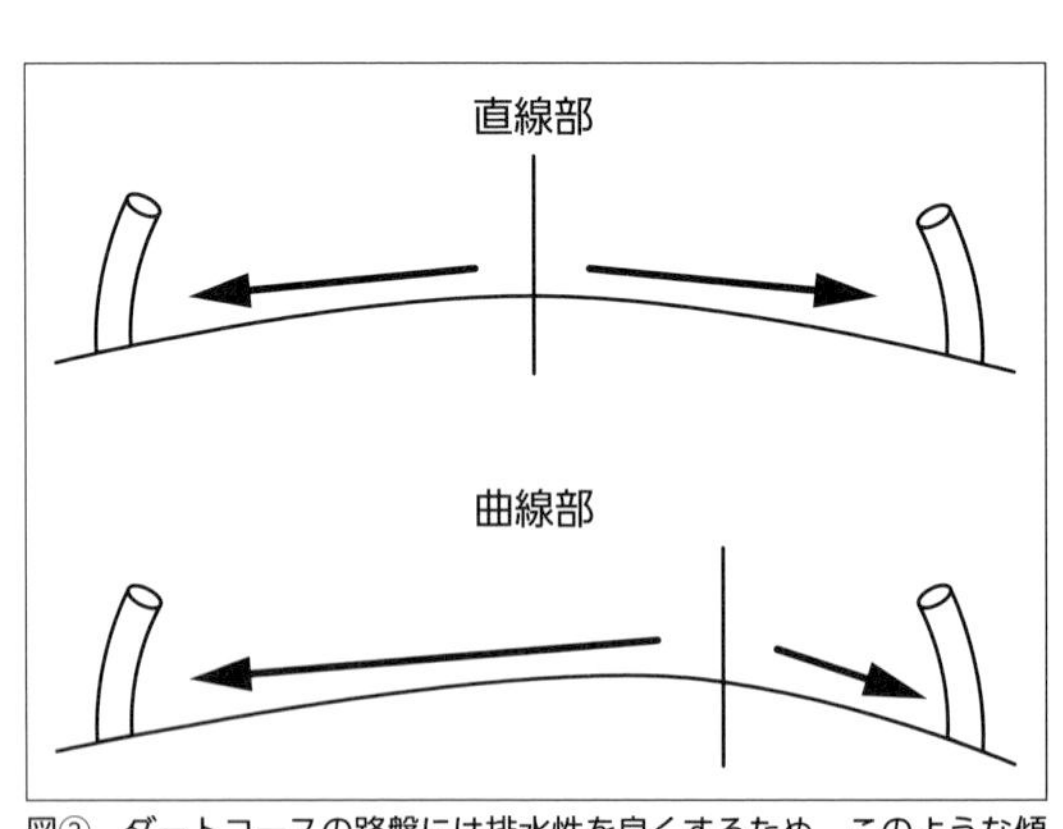

図②　ダートコースの路盤には排水性を良くするため、このような傾斜がついている

写真⑥　レベルハロー

写真⑦　砂厚測定機

て、内側と外側が低い構造になっている（図②）。そのため雨が降ったり、ハロー掛けをすると、少しずつ砂が低い方へ移動していくため、真ん中の砂が薄くなったり、内側や外側の砂が厚くなったりと、均一でなくなる事がある。そのため平日に、砂厚を元の９㎝に揃える作業を行うのだ。

砂厚を調整するだけなら、〝ハロー車で数周回れば終わるでしょ〞と思ったそこのあなた！　砂厚調整はそんなに単純なものではない（私も当初は砂厚調整を甘く見ていた）。

まず、砂厚調整はこのレベルハロー（写真⑥）と呼ばれる機械で行う。この車にはハイド板と呼ばれるものが付いていて、これを９㎝の高さになるよう設定し、バラバラになった砂厚を均一になるようにしていく（カラーグラビアＰ19参照）。ただ、１回ではすべてを均一にする事は難しいので、このレベルハローで何周も回るのだ。それも、ちゃんと揃ったとしても、風や雨で砂が移動してしまえば、やり直しだ。だから、基本的に砂厚管理は火曜日から金曜日まで調整し、最後まで理想の状態を追い求め続ける。

そして、砂厚調整の仕上げには砂厚測定機（写真⑦）と呼ばれる機械でコース全体の砂厚をチェックする。この機械の下に付いている車輪部で砂厚を測り（カラーグラビアＰ19参照）、ポイントごとに記録。これもまた、砂厚分布図として記録に残し（図③）、砂厚にばらつきがあるようなら再調整するなど、その後の管理に役立てている。田中課長はこうつけ加える。

「砂厚測定機で調べた後も、最終的には自分たちで定規を使い、砂厚が９

cmになっているかをチェックしたり、実際に歩いて感触を確かめています。機械の測定がすべて正しいとは限りませんからね」

2024年1月25日（木曜日）。この日は、気温が下がるという天気予報が出ていた週末に備えて、ダートコースに凍結防止剤を散布する作業が行われていた（写真⑧）。凍結防止剤の詳細は『第1章 ④ダートの基本』に書いているので、そちらをお読みいただきたい。

写真⑧ 東京競馬場で行われていた凍結防止剤散布の様子

なお、芝で使用する馬場硬度測定車もダートで使う砂厚測定機も、JRAが開発したオリジナルの機械である。

こうやって取材をしてみると、改めて馬場作業は本当に多岐にわたると実感する。週末になれば大歓声に沸く競馬の舞台は、平日からその準備が粛々と進められている。

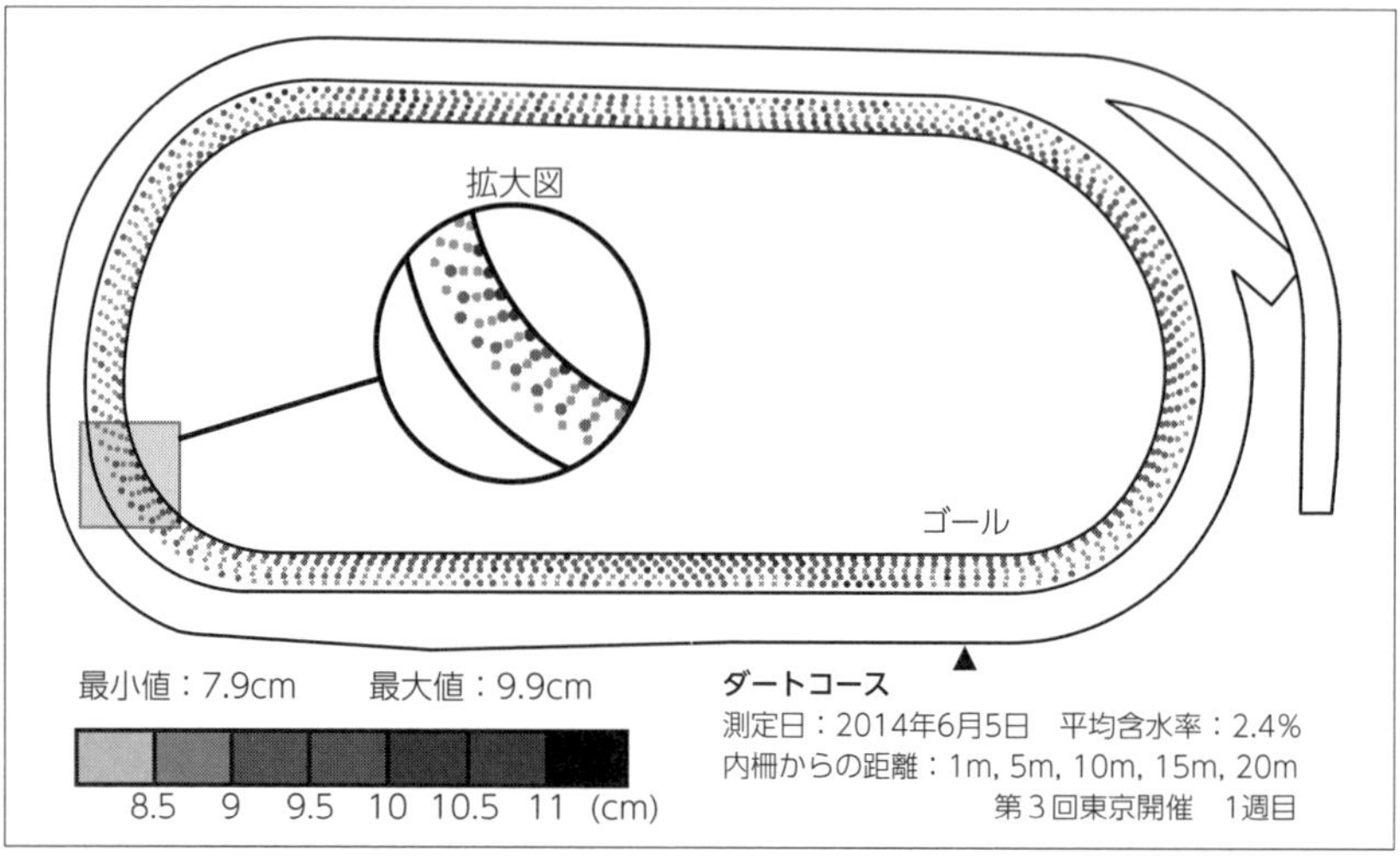

拡大図
ゴール
最小値：7.9cm　最大値：9.9cm
8.5　9　9.5　10　10.5　11　(cm)
ダートコース
測定日：2014年6月5日　平均含水率：2.4%
内柵からの距離：1m, 5m, 10m, 15m, 20m
第3回東京開催　1週目

図③ 砂厚分布図

2 開催日の馬場作業

普段、私たちは競馬場でパドックを見て、返し馬をチェックし、レースを見て一喜一憂している。一方で、レースの舞台である馬場でどんな作業が行われているのかは、意外に知られていない。

早朝に含水率を測定

という事で、今回は中山競馬場における開催日の馬場作業をご紹介しよう。取材を行ったのは2024年1月7日と8日である。

取材日前日、中山競馬場馬場造園課の野津智課長から、「当日は朝4時50分に集合して下さい。中山の場合、普段は朝5時30分から含水率を測定しますが、この日は障害馬の調教があるので、5時から測定します」と連絡が入った。

1月7日朝4時30分、中山競馬場へ到着。案内してくれる中山競馬場馬場造園課の溝端良健さんとはこの時が初対面という、少々緊張するシチュエーション。しかし、「僕、JRAの馬場職員になりたくて、採用試験の前に小島さんの『馬場のすべて教えます』を5回読みました」と言ってくれたのだ！　なんというありがたき幸せ。とっさに良い言葉が思い浮かばず、溝端さんにはさらりと「少しでもお役に立てたようで良かったです」と伝えただけだったが、本当は嬉しくて天にも昇る気持ちだった事をここに書かせていただく(笑)。

緊張が少しほぐれたところで5時になり、中山競馬場馬場造園課の野畑貴俊さんが合流。車に乗り馬場へ向かう。車窓から空を見上げると、まだ月が煌々と輝いていた。まずは馬場の含水率を調べるために、芝とダートの試料（調べるために必要な現物）を取りに行く。溝端さんに話を聞いた。

競馬開催日の作業スケジュール
（中山競馬場）

5時30分	含水率を調べるための試料採取
5時45分	赤外線水分計で含水率を調べる
6時	馬場造園課の課長、係長が馬場で状態を確認し馬場状態を決定
6時30分	JRAホームページに馬場状態発表
7時	・馬場踏査 ・クレッグインパクトソイルテスターによる芝馬場硬度測定
8時	全体打ち合わせ
8時30分	作業員による作業開始
16時55分	作業終了

＊この後、最終レースまで以下の作業が随時行われる
・馬場課長、係長はレース前後、レース中はスタンドから馬場を監視
・ダートレース前は必ずハロー掛け作業が行われる。必要であればダートコースに散水を実施
・芝コース上ではレース前にも状態を確認。レース後には必ず蹄跡補修
・常にＪＲＡ馬場担当職員が馬場を歩き、状態を確認。必要であれば馬場状態変更
・柵の移動作業など

「芝もダートも４コーナーとゴール前の含水率を調べます。馬が走る走路部の内柵沿いで試料を採取しますが、なるべく同じ場所で採取するように、職員同士で採取場所を共有しています。場所がずれると、前日と比べて急に数値が高くなるなどの現象が起こる可能性がありますからね」

最初はダートコースの４コーナーへ。この後に調教が行われる事もあり、場内には照明が点灯している。２０１５年に東京競馬場で含水率測定を取材した際は真っ暗闇だったので怖い思いをしたが、今回は大丈夫そうだ。

まずはダート表面のクッション砂を採取（写真①）。ここで驚いたのが試料採取の際に空き缶を使っていた事。溝端さんに聞くと、「この缶の長さが砂厚と同じ９㎝なんです。９㎝採取すれば今のダートの状態がわかりますか

写真①　ダートのクッション砂を採取。９㎝サイズの空き缶を使用

写真②　芝コースの含水率を調べるための試料を採取

写真③　ＴＤＲと呼ばれる機械で、試験的に土壌水分量を測定している

らね」と教えてくれた。そういえば、東京競馬場でもこのような空き缶を使って砂を採取していた。空き缶は全国共通のようだ。

続いては芝コースの4コーナーへ。溝端さんが穴の開いた棒（検土杖）を芝コースにグッと突き刺した（写真②）。匍匐茎がしっかりしているので、かなりの力を入れないと棒が突き刺さらない。そして溝端さんは芝コースの試料を採った後、同じ場所で今度はハンドルがついた棒状の機械で、何かを調べ始めた。

「これは〝ＴＤＲ土壌水分計〟という機械です（写真③）。現在の含水率測定では試料採取から含水率が判明するまで30分以上かかる事もありますが、このＴＤＲでは調べたその場で土壌水分量がわかります。中山競馬場では今、この機械を試験的に使用し、参考にしています」

２０１５年に東京競馬場で開催日の馬場取材をした際、試験的に使われていたのがクッション値を測る機械であるクレッグインパクトソイルテスターだった。その取材から約5年後、ＪＲＡはクッション値の発表に踏み切った。このＴＤＲも、実用性や利便性が証明されれば、今は朝1回しかない含水率発表の頻度がもう少し増えるかもしれない（詳しくは、『第4章　馬場にまつわる素朴な疑問⑨TDRという機械はなんですか？』を参照）。

その後、溝端さんはゴール付近でもダートと芝の試料を採取。そして車に乗り込み、馬場監視所へと移動。ここで含水率を調べるのだ。溝端さんが調べる前に、芝コースで採った試料を見せてくれた。

「上から、芝草、地下茎、上層路盤の山砂となっています。芝草と地下茎の部分は取り除き、上層路盤の山砂（指で示した範囲）の含水率を調べます（写真④）。さらに中山ではこの山砂を粗いふるいにかけて、雑物や根などを取り除いています（写真⑤）。こうする事で、ばらつきのない含水率が調べられます」

含水率を調べるために使われるのが〝赤外線水分計〟だ（写真⑥）。まず、この機械のお皿に馬場で採取した試料を約15g乗せる。この機械で180度まで熱し、試料に含まれる水分を蒸発させる。元々の試料の重さ（W1）から水分蒸発後の試料の重さ（W2）を引いた数字を元々の試料（W1）で割り、それに100をかけた数字が含水率となる（表①）。

「この赤外線水分計で含水率を調べるのに、ダートは5分くらい。芝は短くて7分くらい。水分を含んでいると10分以

$$含水率 = \frac{W1 - W2}{W1} \times 100\ (\%)$$

表①

写真⑤　粗いふるいを使って、雑物や根を取り除く

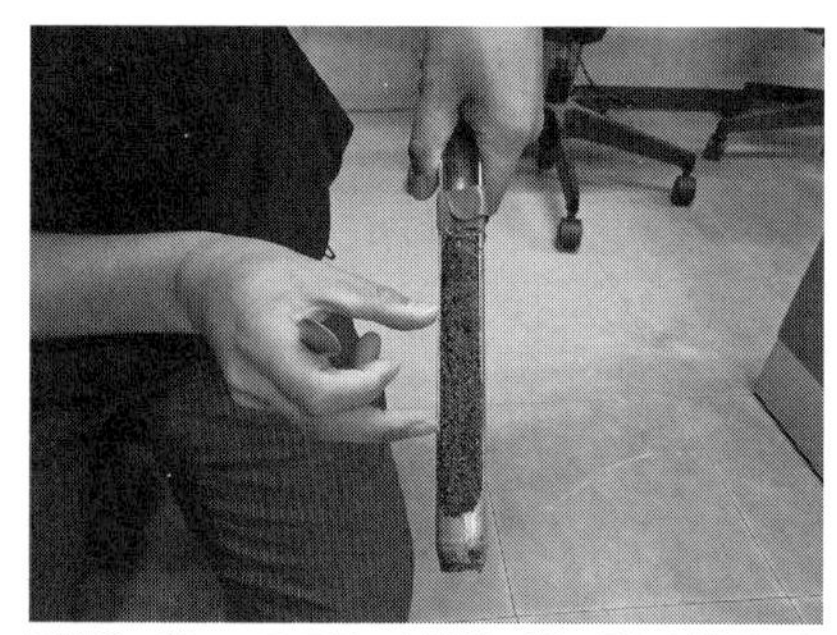

写真④　芝コースで採った試料。指で示した範囲の含水率を調べる

上かかるケースもありますね」

溝端さんはこう話すと、手際よく芝コースのゴール前で採った山砂を機械のお皿に載せて蓋をした。少し経つと、焦げた匂いがしてきた。7分経って〝ピピピ〟とアラームが鳴り、画面に11・15％と含水率が表示された（写真⑦）。なお、小数点第2位以下は四捨五入されるので、この日のゴール前含水率は11・2％と発表されている。そしてその後も、この日に採取した試料の含水率を野畑さんとともに調べ、ホワイトボードにその数字を記録していく。すべての含水率が出揃ったのは5時40分だった。

写真⑥　赤外線水分計

写真⑦　含水率11.15％を示す赤外線水分計

馬場状態はどう決まる？

ちょうどその頃に野津課長が出勤し、含水率や気象状況をチェック。間もなくして、野津課長が馬場造園課の安藤恒平係長、溝端さんと状態を確認するために馬場へ行くというのでついていった。

「これから馬場状態を決定します。含水率はピンポイントの情報なので、実際に自分たちの足で踏んだり、手で触った感覚と照らし合わせます。もし、含水率と自分たちの感覚にずれがある場合は、3人で話し合い、その感覚を加味して、馬場状態を決めます。含水率は数カ所しか調べられませんから、広大な馬場の状態を含水率だけで判断するのは困難です。だから馬場を知り尽くした馬場造園課の職員が実際に馬場を歩き、確認します」

野津課長はこう話すと、芝コースへ目をやった。しかし、この日は3人とも芝コースの中には入らなかった。

「本来は芝コースに入って状態を見たいのですが、今朝は芝コースに霜が降りています。この状態であちこち歩くと芝が傷んでしまいますし、雨も降らなかったようなので、今朝は近くから観察する事にします。確認した感じでは、芝もダートも良ですね」

なお過去に東京競馬場で取材した際、含水率は良の範囲だったが、実際に馬場担当職員が歩くと数字以上に水分を含んでいたため、協議の結果、稍重で発表された事があった。含水率だけで馬場状態は決まらないのである。

6時。野津課長は馬場取締委員（業務課長）に馬場状態を報告。6時30分、JRAホームページに発表された。ちょうどその頃、障害戦に出走する馬たちが馬場に姿を見せ、調教を開始した。この時、馬場監視所では馬場担当職員のほか、救急対応や馬取扱いの担当職員も来て、調教監視を行っていた。馬場担当者の役割としては、馬場の監視や、調教で飛越した障害の場所などをチェックする事。この後、調教で飛んだ障害コースに破損がないかなどを確認する上でも重要な仕事となる。

7時。馬場踏査が始まった。これは馬場造園課所属の課長、係長、先ほどの野畑さんら現場担当職員に加え、業務課長、JRAファシリティーズ職員や協力会社の世話役など総勢十数人が3班に分かれて、芝とダート、障害コースを1周歩き（写真⑧）、状態を確認。落下物がないか、柵やハロン棒に異常がないかなどの点検を行う。

7時30分にJRA、JRAファシリティーズ、協力会社による打ち合わせが終わった後、8時からは全体打ち合わせ。ラジオ出演があった野津課長は参加していなかったが、係長や現場担当職員、作業班長らが集まって、この

写真⑧　馬場踏査中。柵やハロン棒に異常がないかなどを確認

日の作業の流れや、「今日は強風予報が出ているので飛来物にはくれぐれも注意して下さい」などと、注意事項が伝えられた。

1月8日の8時からはクッション値の測定を見学した。中山ではクッション値を普段は7時に測定しているそうだが、この日は霜が降りていたため、この時間に変更されたのだった。なお現在、JRAではクレッグインパクトソイルテスター（通称クレッグ）という簡易的に馬場硬度を測れる機械で馬場の硬度を測り、発表している（詳しい計測方法は『第1章　馬場の基本⑥クッション値』を参照）。中山競馬場ではゴール前、残り200m、4コーナーの3地点で計測が行われており、安藤係長は4コーナー、残り200m、ゴール前の順で測定（写真⑨）。作業は一人で行い、手際よく数値を記録していく。8時15分にはすべての測定が終了。馬場監視所へ戻り、表計算ソフトに数値を入力。安藤係長は、「今日のクッション値は10・1ですね。ここ数日、雨が降っていないので数値が少し高めです」と話すと、野津課長に電話でこの数値を伝えた。

馬場作業は時間との闘い

中山競馬場では開催日にどれくらいの作業員が働いているのだろう。安藤係長に詳細を聞いた。

「今日（1月7日）は134名で作業にあたります。コース上で作業する人たちは10の班（1班～8班と3コーナー班、ハロー車を運転する特殊運転工がいるハロー班）に分けられていて、芝、ダート、障害コース、それぞれの持ち場で作業を行います（図①参照）。例えば8班は直線の入り口から1800mのスタート地点くらいまでが

写真⑨　クレッグで芝コースゴール前のクッション値を測定

担当エリアです。ここを17名で担当します。班によって持ち場の面積は異なりますが、距離でいうと、一班だいたい200mくらいだと思います。レース間に行う蹄跡補修の作業時間は通常7分くらいしかないので、その間にすべての蹄跡を補修できるよう考慮して、作業員の数を決めています」

という事で、直線コースを受け持つ8班と1班は、ほかの班と比べると作業員の数が多い。傷む範囲が大きくなりやすい直線コースは人数を増やして対応しているというわけだ。

細かいところでは、作業員さんの中に大工さんがいる事に驚いた。聞けば、勝利ジョッキーインタビューで使用する台などは大工さんが作ってくれているそうだ。この大工さんは馬場だけでなく、中山競馬場全域の建物（スタンドや厩舎など）の大工案件を担当しているとの事。改めて、色々な人が競馬施行を支えてくれているのだと実感した。

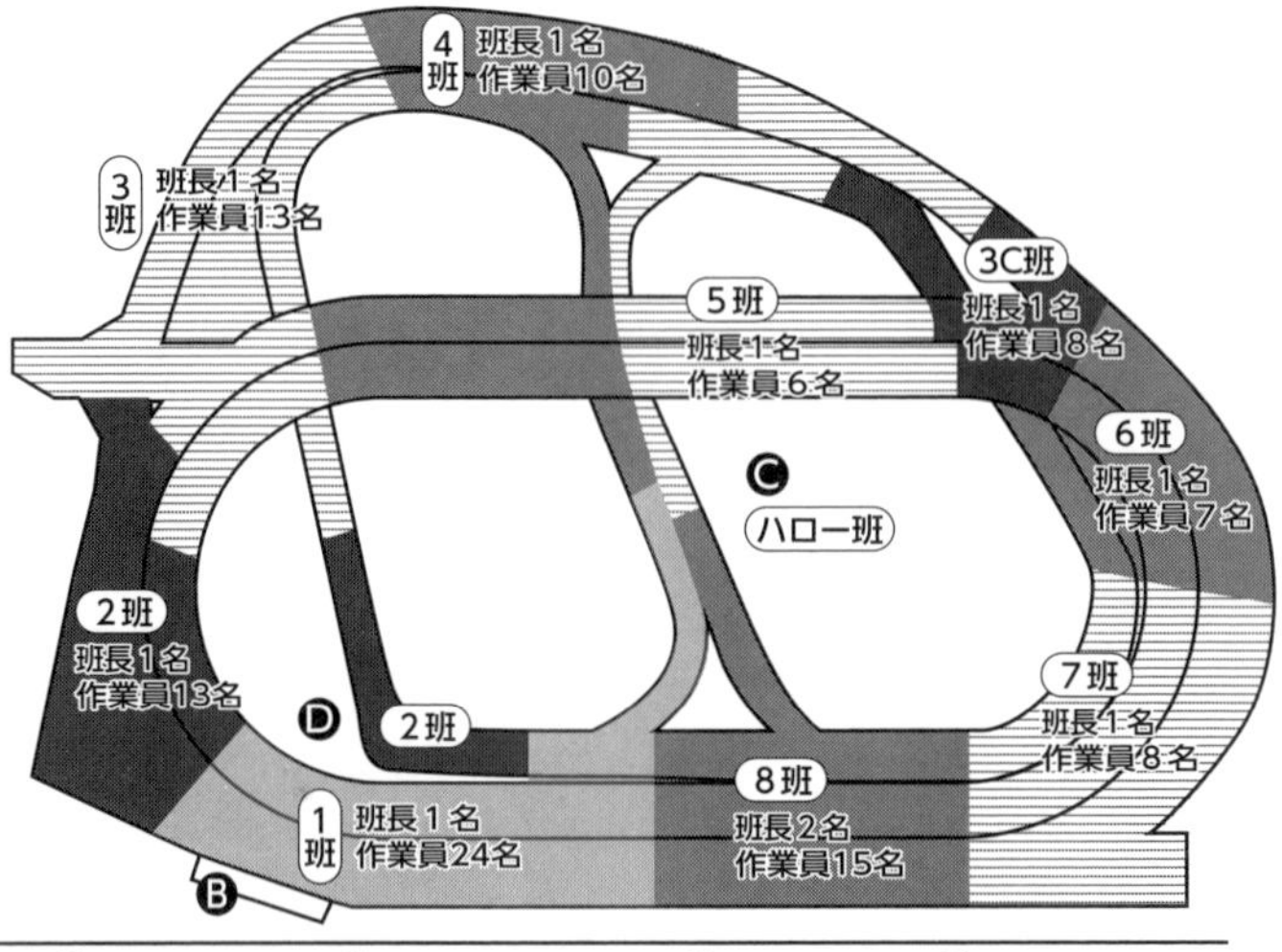

A 構内班
班長１名
作業員２名

B 大工室
大工１名
作業員（建築）２名

C ハロー班
班長１名
運転工７名
作業員１名

D 特設班
班長１名
作業員１名

＊**作業員合計134名**（世話役１名、班長13名、運転工７名、作業員110名、大工１名、作業員［建築］２名）

図①　中山競馬場　開催日作業員配置図（2024年１月７日）

写真⑩　ダートコース散水中

8時30分、作業員さんたちが馬場作業を開始。芝コースでは前日までのレースによって切れた芝カスを集める作業などが、そしてダートコースでは散水が行われていた（写真⑩）。

ハロー車を入れるのは均一性確保のため

冬はダートのレースが多い。そのダートにおいて重要な作業が〝ハロー掛け〟である。ウニモグと呼ばれている車両に、爪ハローが付いており、それらを合わせた総称が〝ハロー車〟だ。このハロー車。コース幅員の狭い競馬場では4台のところもあるが、中山や東京では5台が隊列を組んでハロー掛けを行っている（写真⑪。詳細はカラーグラビアP21参照）。溝端さんに詳細を伺った。

「ダートレースの前には必ずハロー掛けを行っています。ダートのレースを行った後は必ず馬の足跡ができます。足跡がある箇所とそうでない所があると、均一な状態とは言えません。ですから前のレースでできた足跡は可能な限りならして、次のレースの出走馬にはきれいな状態になったダートを走ってもらう。均一で安全な馬場の確保、我々はこれを徹底しています」

特に午前中はレース間の時間が短い。前のレースの出走馬がコースから出て、次のレースの出走馬がコースに登場するまで約10分しかない。ハロー車は一周するのに7～8分かかるため、時間との闘いである。困るのは、「放馬や落馬の影響で、作業時間が短くなった時」との事。しかし、どんなに発走時刻が遅れても、ダートのレースが行われる前は必ずハロー車が入る。繰り返しになるが、それは均一で安全な馬場確保のためなのである。

そして野津課長の許可を得て、ハロー車に乗車させていただいた。2015年に取材した東京競馬場に続き、〝コ

写真⑪　中山競馬場でのハロー掛け作業の様子。Vの字の隊列がカッコイイ！

ジトモ、人生2度目のハロー車〟である（写真⑫）。今回はVの字の隊列の先頭右側、いわゆる1号車に乗せていただいた。ハンドルを握るのはキャリア10年の横山一悟さん。

「スピードは一周すべて一定です。今、12km／hくらいのスピードで走っています。直線ではお客様の方へ砂埃がいかないよう、配慮が欠かせません。レースの舞台ですから責任重大ですが、自分たちがきれいにしたダートを人馬が走ってくれますからね。やり甲斐を感じます」

ハロー車の動きを見ていると掛け漏れは一切なく、隊列が崩れる事もない。聞けば、一番外側（先頭の左側）を走る5号車がスピードを調整しているそうだ。という事で、5号車を運転する佐藤宏和さんにもお話を伺った。

「直線は1号車と同じ12km／hで走って、カーブでは外側の車が14～15km／hで走る事によって、追いついています。それで5台の間隔が均一になる感じですね」

という事で、競馬初心者のお友達に中山競馬場を案内する際は、「ダートのハロー車は直線のスピードは一定だけど、カーブでは一番外側の車がスピードを上げて追いついているんだよ」と、ドヤ顔で教えてあげよう（笑）。

写真⑫　コジトモ。人生２度目のハロー車

置柵の重さはなんと約40kg！

11時。3コーナーの内側へ移動。3レース後に行われる、ある作業を取材するためである。この日の4レースには障害戦（2880m。直線ダート）があり、それに向けての〝柵の移動作業〟も馬場作業員の仕事なのだ。

11時5分、3レースが発走。11時10分。ダートコースに馬がいなくなるタイミングで、「作業を開始して下さい」と無線が飛んできた。すると、作業員たちが馬場へ一斉に飛び出していく。3レースはダート1800m戦だったので、この時点ではそれ用の置柵が設置されていた。しかし、障害の2880m戦は3コーナー手前で芝とダートコースを横切り、障害用のコースに入っていくため、3レースのために設置されていた柵を撤去し、柵を並び替え、障害戦のためのコースを造り上げなければならないのだ。見ていると、作業員さんたちは2人1組で置柵を次々と運んでいく（写真⑬）。この置柵。なんと一つ40kgもあるそうだが、その足取りは早い。そして、班長が柵を置く場所を「もう少し前に出して」「はい、オッケー」などとテキパキと指示を出していく。この間、与えられた作業時間は約7分しかない。作業員さんたちの表情は真剣そのものだった。

写真⑬　置柵の重さはなんと約40kg！　それをテキパキと運んでいく

11時17分、作業が完了。コースに目を移すと、見事に障害戦用のコースができ上がっていた。中山の障害戦は大障害コースをはじめ、コースレイアウトが複雑で、他場と比べると作業内容は多岐にわたる。そのため、気を遣うところが多いそうだ。障害レース前後の作業で気をつける点などを馬場作業の世話役である柴﨑則久さんに聞いた。

「やはり一番注意するのは、限られた時間の中で正確に柵の移動をする事ですね。コース設定にミスがあれば、大事故につながりかねないし、そもそもミスは絶対にあってはなりません。ですから、作業員全員で協力しあい、次の作業を意識しながら動いています」

障害戦のためのすべての作業が終わった後、一人残って馬場をチェックする現場職員の大友隆志さんの姿があった。聞けば、最後にもう一度、間違いがないか確認をしているとの事。こうした地道な作業の積み重ねがレースの安全を支えている。

人馬の安全を守る馬場監視

開催日における馬場造園課の大事な仕事の一つが馬場監視所で行われる〝馬場監視〟だ。野津課長に聞いた。

「ここではレースの監視や、馬場作業が予定通り行われているかを確認しています（写真⑭）。作業は私を含めた馬場造園課職員2名、JRAファシリティーズ職員1名、計3名体制で行います。レース中に落馬があった際の馬運車・救急車への指示などのアクシデント対応も馬場造園課の仕事です。その日の作業内容が書かれたチェックリストを作っており、これを元にJRAファシリティーズ職員が現場の作業員に作業開始の指示を出したり、予定していた作業が終わったかどうかをチェックします。放馬などのアクシデントで次のレースの準備が間に合わない場合は、発走時刻の変更を依頼する事もあります」

障害の置柵設置の作業を見ていた時、「作業を開始して下さい」という無線が聞こえてきたが、あれはここから発信されたものだったのだ。障害戦の前後

写真⑭　馬場監視中

ともなると、チェックリストに記された作業内容は15個以上にも及ぶ。そのすべての作業が正しく行われたかどうかは、現場からの「作業が終了しました」という無線報告だけではなく、自ら双眼鏡でもしっかり確認していくのだ。また、この監視所には肉眼では見えにくい箇所を手元のコントローラーで自在に見られるモニターもあり、ターフビジョンがあるために見えない3コーナー手前付近などもバッチリ確認する事ができる。野津課長は「このモニターがある事で死角がなくなりますからね。とても助かっています」と話す。なお、このようなモニターはJRAすべての競馬場に完備されている。

競走馬の脚を守る蹄跡補修

芝コースで重要な作業が〝蹄跡補修〟だ。馬場作業密着初日の1月7日は1回中山開催2日目だったため、芝のレースが終わった後に馬場を見ると、まだそれほど多くの蹄跡はできていなかった。しかし、それでも芝コースのレースが終わる度に作業員が芝コースに出て、切れた芝カスを拾うなどの作業を丁寧に続けていた。

1月8日。この日は1月6日の中山金杯デーから続いた3日間開催の最終日。作業開始の8時30分に馬場へ出てみると、すでに芝コースでは前日に補修しきれなかった蹄跡を直したりするなどの作業が行われていた。馬場作業はいくらでもやるべき事があるのだ。

東京競馬場で見た平日の蹄跡補修では作業員が突き棒を使っていたが、開催日の中山では誰一人持っていなかった。野津課長によると、「最近はあまり器具を使わず、手でめくれた芝を戻して足で踏んでいく方法で行っています。手足でやった方が素早く、丁寧な作業になりますからね。ただ、開催が進んできて傷みが大きくなった場合は、突き棒などの器具を使う事もあります。でも、どこの競馬場でもなるべく器具を使わない流れになってきていますね。どちらにしても大変な作業なので、現場で作業していただく方々には本当に感謝しています」

ダートのレースの前にハロー車がすべての足跡を消していたように、芝コースでも、前のレースでできた蹄跡

写真⑮　最近の蹄跡補修は手足を使って行われるケースが多い

は、次の芝のレースまでにすべて直さなければならない。

11レースと12レースに芝のレースが組まれていたこの日。11レース前までに3コーナー付近に移動し、蹄跡補修をじっくり見させていただいた。3日間開催の最終日ともなれば、レース後にはけっこうな数の蹄跡ができていた。それを10数分の間に、すべて手足で直していく（写真⑮）。1つの蹄跡補修にかかる時間は約6秒という素早さ。蹄跡補修前と後を、同じ場所で見比べてみた（写真⑯⑰）。どこに蹄跡があったのか、わからなくなっているではないか！まさにプロの仕事である。

16時25分。最終レースが発走。その後、ダートコースではこの日最後のハロー掛けが、そして芝コースの向正面付近でも翌週の競馬に向けて、傷みを残さないための蹄跡補修が行われていた。

作業を取材していると、スタンド側から、なにやら音楽が聞こえてきた。この日はパンサラッサの引退式が行われていたのだ。時折、風に乗ってファンの歓声が聞こえてきて、スタンド側に目を移すと、パンサラッサの関係者やファンのた

写真⑯　蹄跡補修前。芝がめくれた箇所や蹄跡がある

写真⑰　蹄跡補修後。見事に蹄跡がなくなっている！

めに灯されたライトが空を照らしていた。一方、こちら向正面では翌週の競馬に向けて少しでも傷みを残さないための蹄跡補修が、黙々と行われていた。正面の引退式が表舞台なら、馬場作業が行われているこちら側は間違いなく、裏舞台だろう。そして、やはりスポットライトを浴びるのは表舞台で、影で支える人たちが注目される機会はどうしても少ない。

16時55分。「すべての作業を終了して下さい」という無線が入った。今、気温は何度だろうか。凍てつく風が容赦なく頬を刺す。気づくと、馬場にも照明が点灯していた。

私は、昼間に芝コースの作業に従事する作業員さんにインタビューさせていただいたが、その中のお一人である上野さんが話していた言葉を思い出していた。

「この仕事をしていてやり甲斐を感じる時ですか？　1日のすべての作業が終わった後、1レースから12レースまで出走したすべての馬が無事に帰っていったと、聞いた時ですね。この仕事をやっていて、心から良かったと思います」

馬場を支える馬場造園課の皆さんや作業員さんは、まさに縁の下の力持ち。だから、表舞台で目立つ機会は少ない。しかし、日々作業に従事する作業員さんたちがいなければ、競馬施行は成立しない。そう考えると、馬場作業に従事するすべての人たちは、間違いなく〝影なる主役〟である。

中山競馬場馬場造園課職員や作業員の皆さんと記念撮影

馬場の小ネタ教えます その3

芝を見える化!? ドローンを駆使した最新研究・前編

「今、ドローンを使って、ある研究を行っているんです。取材に来ますか？」

ある日、東京競馬場馬場造園課の田中健課長と話していたら、こう聞かれた。「えっ？　なんですか、それ。とても興味深いじゃないですか。絶対見に行きます！」と即答。聞けば、東京競馬場では現在、毎週木曜日にドローンを使った研究を試験的に行っているという。そこで、予定されている日に東京競馬場へ伺うと、内馬場に大きなドローン1機が待機していた。田中課長、これから何をするんですか？

「このドローンにはマルチスペクトルカメラが付いていて、目に見えない様々な波長の光を捉える事ができるんです。これを上空へ飛ばし、芝コース全体を撮影します。撮影枚数は何千にも及びますね。それをコンピューターで解析し、数値化します」

ドローンの操作をするのは東京競馬場馬場造園課の茜ケ久保槙吾さんだ。

「90ｍの高さで、2秒に1回の設定で撮影していきます。事前に撮影場所やルートをプログラムで設定しているので、自動運転で飛ばしています。なおルール上、風速5ｍ以上の日や雨の日は飛ばしません。今日は風も吹いていないですし、条件的に大丈夫ですね（JRAでは許可取得の上、ドローン飛行を実施している）」

茜ケ久保さんはこう話すと、コントローラーを使ってドローンを上空へ飛ばした（写真）。ドローンによる撮影は約30分で終了。さあ、いったいこの撮影データから何がわかるのだろう。その詳細は『馬場の小ネタ教えます　その4　芝を見える化!?　ドローンを駆使した最新研究・後編』でご紹介する。

東京競馬場、芝コース上空を飛ぶドローン

第4章

馬場にまつわる素朴な疑問

みんなが気になる“あの疑問”を
ＪＲＡ施設部馬場土木課に聞きました

疑問1
最近の芝は硬くないというけれど、それはなぜですか？

▼この章では〝馬場にまつわる素朴な疑問〟や〝マニアックな質問〟について、JRA施設部馬場土木課の浅川敬之課長補佐を中心に答えていただきます。馬場にまつわる疑問は普遍的な内容が多いので、前作『馬場のすべて教えます』の同コーナーと同じような質問もありますが、最近のデータなどを盛り込みながら、お伝えしていければと思っています。

まずは、芝コースの硬度についてです。『第1章　③JRAが目指す軟らかい馬場造り』で、近年の芝コースは年々、軟らかくなってきていると教えていただきました。ただ、1990年代前半は120G（G＝衝撃加速度。この数値が低いほど、軟らかい）くらいになった事もあり（表①）、当時の日本の芝コースは硬かったとの事。それはなぜですか？

「現在、JRA全場の芝馬場の路盤には排水性の良い砂質系の材料を用いていますが、この頃はまだ土系の路盤が主流だったというのが一つ目の理由です。路盤には畑に近いような土系の素材を使っていたので、乾燥するとカチカチに固まってしまう事がありました。そしてもう一つが、90年代中頃

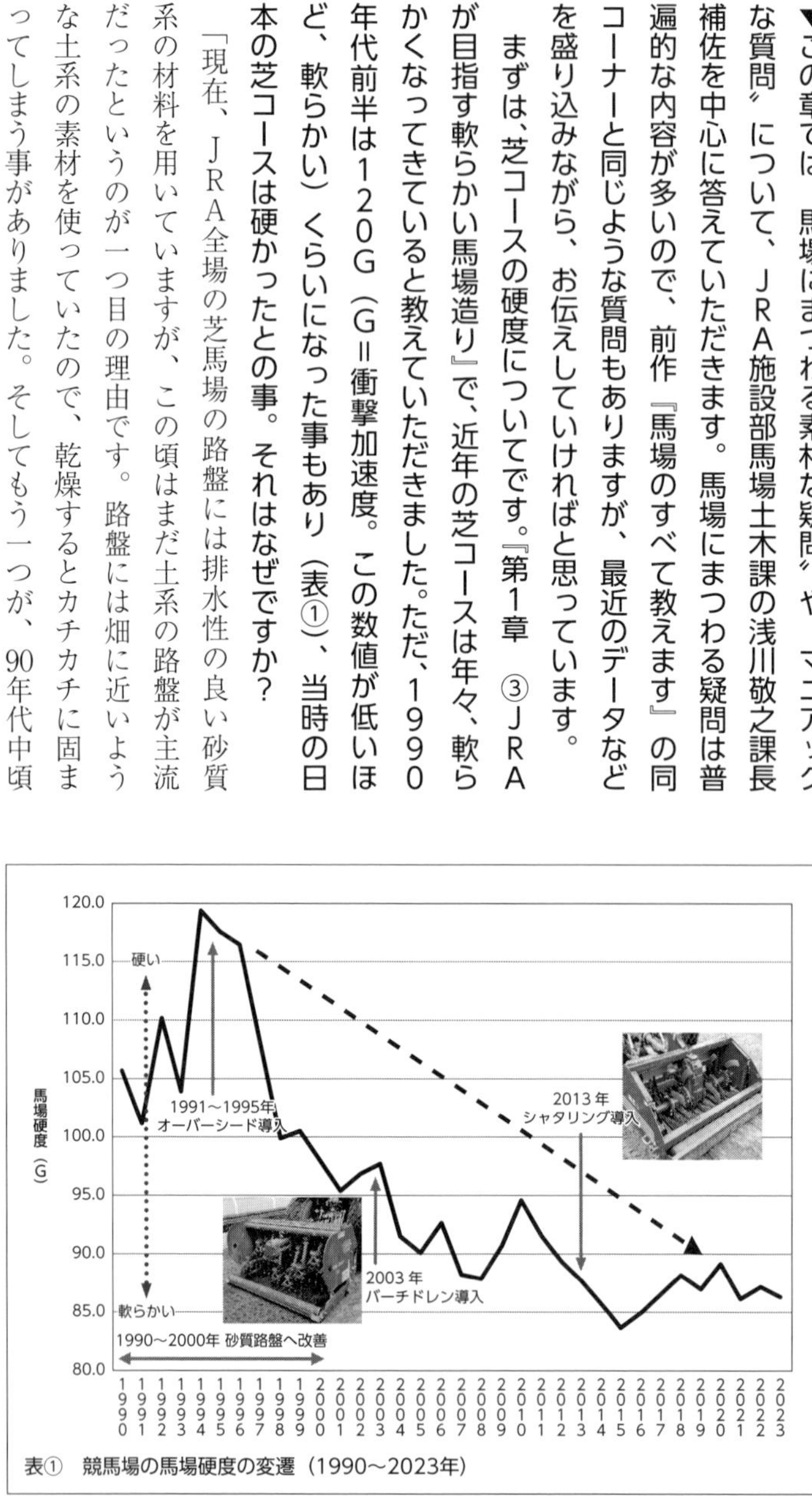

表①　競馬場の馬場硬度の変遷（1990～2023年）

に使用していた機械では、馬場を軟らかくする効果があるエアレーション作業が今ほど効率的に行えなかった事です。それが２００３年にバーチドレンを、２０１３年にシャタリングマシンを本格導入。それぞれの競馬場の馬場担当者や作業員の皆さんが試行錯誤を繰り返し、軟らかくするための作業経験を積んできました。それによって、よりクッション性を高める作業ができるようになってきています」

▼近年は開催に向けたエアレーション作業も行われていますからね。現在、ＪＲＡの芝コースではどのくらいの硬度を目指して作業を行っているのですか？

「80～１００Ｇくらいを目安に管理しています。クッション値でいうと、８～10くらいですね。天候や季節によってこの範囲を超える時がありますが、極端に超えるケースは少ないです」

▼確かに、ずっと雨が降らない日が続くと10台のクッション値を見かける事がありますが、11を超えるケースはめったにありません。では、海外と比べるといかがでしょうか？

「馬場担当の職員が２０１９年に海外の主要な競馬場で調査した結果では、日本の馬場が極端に硬いという結果は出ませんでした」

▼日本の芝コースは海外と比べても硬くないのですね。その背景を知り、勉強になりました。

結論

近年はエアレーション作業を工夫し、適度な軟らかさをキープ。海外の主要競馬場と比較しても硬くない

疑問２

なぜ日本の芝コースは速い時計が出るのか？

▼疑問①で、現在の日本の芝コースは軟らかくなってきている事を改めて認識しました。ただ、軟らかいのに速い時計が出る現状を、やはり不思議に思うファンの皆さんは多いと思います。実際、芝コースの走破時計の推移はどうなっていますか？

「こちらのデータを見て下さい（表②）。これは１９９３年から２０２３年にかけての東京競馬場の馬場硬度と芝１６００ｍの走破タイムの推移です（古馬２勝クラス・良馬場）」

▼先ほどの表①と同じように、90年代後半に入ると硬度の値が低くなってきています。一方、タイムは右肩上がり。特に２０００年以降は速くなってきていますね。２０２３年は１９９３年より約2秒速くなっています。硬度は低くなっているのに、走破時計は速くなってきている。反比例しているのは興味深いです。なぜ、時計が速くなってきているのでしょう？

「近年は日本の競走馬のレベルが上がっていますし、厩舎関係者や牧場の皆さんの馬の仕上げ方や調教技術の向上といった事も、走破タイムが速くなっている大きな要因だと思います。また、馬場の面から考えると、各競馬場で芝の張替作業を効果的に行ったり、芝の張替面積を増や

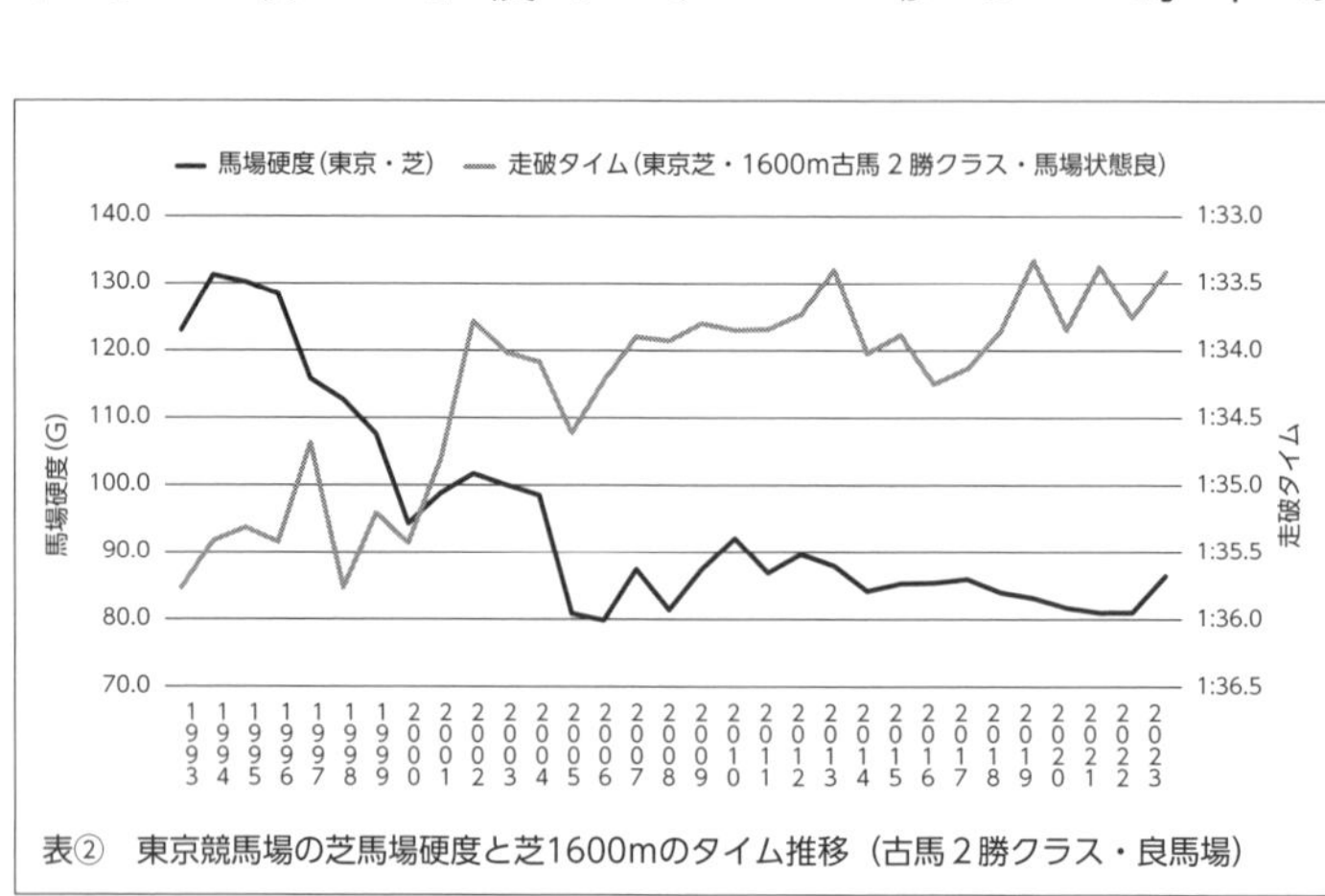

表②　東京競馬場の芝馬場硬度と芝1600mのタイム推移（古馬２勝クラス・良馬場）

す取り組みを行うなど、できる限りの改善を重ねてきて、昔よりも極端に傷むケースが減ってきている事も影響していると感じます」

▼確かに最近は各競馬場で、芝張替面積が増えてきています。様々な要素によって、時計が速くなってきているのですね。ただし、この表をよく見ると、ここ数年は時計面にあまり変化はありませんね？

「そうですね。最近、時計の出方は落ち着いていると思います」

▼以前に比べれば時計は速くなってきているけど、近年はその出方が落ち着いてきているのですね。これは頭に入れておきたいと思います。

結論

馬場の硬度は低くなっているが、走破時計は速くなってきている。しかし近年、時計の出方は落ち着いてきている

好時計レースで思い出されるのは2023年、天皇賞(秋)。イクイノックスが１分55秒２という驚異的なＪＲＡレコードで快勝した

疑問3

最近の事故率はどうなっていますか？

▼レコードタイムが続出すると、〝時計が速いと事故が増えるのでは〟という声が上がります。実際、事故率の推移はどうなっているのでしょう。JRA馬事部獣医課の加藤智弘課長に伺います。

「芝とダートを合わせた全体の事故率（3カ月以上の休養が必要と診断された骨折を発症した馬の率）は1980年代に2%を超えた事がありましたが、93年頃から減り始め、それ以降は低い値でほぼ横ばいで推移しています。2023年の芝コースの事故率は1・27%、ダートコースは1・54%です（表③）」

▼これは100頭走って怪我をする馬が1・27頭という事ですよね。そして、確かに最近も増えていません。

「一口に骨折と言っても、例えば競走能力を喪失するような重度のものから、3カ月の休養が必要と診断するような軽度の骨折まで、症状としては様々なものがあります。我々が事故と表現している骨折は、この軽度と診断するものが多くを占めています。これらの骨折は、持続的な骨の接触といった刺激が原因となるものであり、競走馬がスポーツアスリートとして調教したり、レースに出走する中でどうしても避けられない骨折とみる事もでき、横ばいで推移している結果になっているかもし

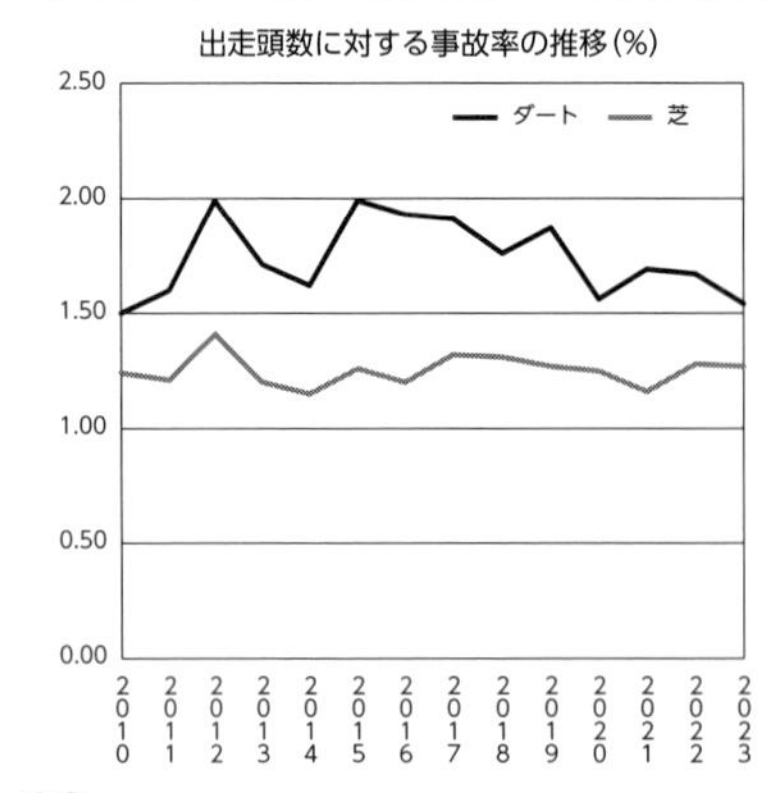

出走頭数に対する事故率の推移(%)

表③

3か月以上の休養が必要と診断された骨折を発症した馬の率（芝・ダート別）

ダート		芝	
2010	1.50	2010	1.24
2011	1.60	2011	1.21
2012	1.99	2012	1.41
2013	1.71	2013	1.20
2014	1.62	2014	1.15
2015	1.99	2015	1.26
2016	1.93	2016	1.20
2017	1.91	2017	1.32
2018	1.76	2018	1.31
2019	1.87	2019	1.27
2020	1.56	2020	1.25
2021	1.69	2021	1.16
2022	1.67	2022	1.28
2023	1.54	2023	1.27
平均	1.74	平均	1.25

れません。これに対し我々は重度の骨折に関して、特に注視しています。全体で見た場合、発症頭数が少ないので事故率にはなかなか影響しないのですが、重度の骨折と診断される馬は確実に減少してきています」

▼そうなのですね。それはどうしてでしょうか。

「馬場の改良や馬の管理方法が変わってきたというのも一因としてあるでしょうし、あとは薬物規制が厳格になってきた背景もあると思います。出走前に痛みを取る効果のある薬を使用できる期間は限られており、現在はなんらかの症状がある馬に対し、痛み止めの力を使って出走させるといった事はできなくなっています。厩舎を取り巻く環境や、厩舎スタッフの意識が変わってきたのも影響していると思います。常に脚元をチェックして、腫れや熱がある場合はしっかりと休養するといった意識が強くなってきているようです。最近はトレセン近郊に休養牧場が増えましたから、それらをうまく活用して、休養を挟みながら出走できるようになった事も、怪我をするリスクが減ってきている一因になっているのではないでしょうか」

▼競走馬にとっては休養も大切ですものね。ダートの方が、少し事故率が高いのはなぜでしょうか。

「様々な要因があると思うので明確には言えませんが、ダートの事故率は年によりばらつきがあるところをみると、芝に比べちょっとした馬場状態の変化が故障を誘発するのかもしれません。また、脚元に不安を抱えている馬がダートを選択するケースが多いというのも一因かもしれません」

▼ダートレースは未勝利戦も多く組まれていますからね。時計が速い芝のレースの方が事故率は低い事からも、スピードと事故率の関連性は、あまりないと理解する事もできるのかなと感じました。

結論

レース中の事故は増えていない。
重度の骨折を発症する馬の率は減ってきている

疑問4

草丈が短いと走破時計が速くなる？

▼野芝が休眠に入る冬期以外は、基本的に毎週芝刈を行っている事が競馬ファンの皆さんに浸透してきたのか、最近は〝今週は芝を刈りこんだから、走破時計が速くなるだろう〟と言う人は減ってきた印象です。ただ、欧州の芝コースに比べると、日本の草丈の方が短いから速い時計が出ると思っている方はいまだに多いように感じます。実際、日本の芝コースの草丈はどうなのでしょうか？ 浅川課長補佐、教えて下さい。

「週末の開催に向けた芝刈作業は月曜または火曜に行われる事が多いですが、草丈は種類、季節により伸縮があります。野芝は夏に最も伸びますが、冬はあまり伸びる事はありません。オーバーシードに用いられる洋芝（イタリアンライグラス）は、春秋に最も伸びます。野芝は冬で約6～8cm、夏で約12～14cmくらい、洋芝（イタリアンライグラス）は冬で約10～14cm、春秋で約12～16cmほどの長さで土日の競馬を迎える事が多いです（写真①）」

▼凱旋門賞が行われるパリロンシャン競馬場の芝コースの草丈はどのくらいなのでしょうか？

「2019年に馬場担当職員が視察に行った際の記録によると、草種は主にペレニアルライグラス。開催前日に9cmで刈り揃えているとの事です（写真②）」

▼この2枚の写真比較では東京競馬場の方が草丈が長いですね。

写真①　東京競馬場の芝（2023年11月24日金曜日撮影）。この時期は開催日に野芝10～12cm、洋芝12～16cmの長さになるように調整

そもそも、草丈は走破時計に影響しますか？

「走破タイムと草丈の関係性については１９８３年に、アメリカで行われた研究が参考になると思います。それによると、〝草丈の長短と蹄への衝撃の間には相関がない。馬の蹄への衝撃を主に左右するのは、芝の路盤の水分量〟という結果でした。この事からも、馬場の草丈による走破タイムへの直接の影響はないのでは、と考えられます」

▼思い出したのですが、２０２１年に１回新潟開催が例年より１カ月早く、４月に始まった時がありましたよね。

「ちょうどその頃、私は新潟競馬場施設整備課の課長として馬場を管理していたので覚えています」

▼あの時はまだ野芝が生長途上のため、開幕週の草丈がいつもの春開催より短くて、５～７㎝だったんですよね（２０２０年の１回新潟開催開幕週の草丈は８～１０㎝だった）。でも特段、時計が速過ぎる感じではなかったんですよ。この事からも草丈は時計に影響しないと考えて良いのかなと感じました。

写真②　パリロンシャン競馬場の芝（2019年９月７日土曜日撮影）。開催前日に９cmで刈り揃えられている

結論　草丈の長短は走破時計に影響しない

疑問5 なぜ、もっと散水しないのですか?

▼凱旋門賞など、ヨーロッパの大レースの後に、〝日本の芝コースも散水を行ってもっと軟らかくして、時計がかかる状態にすれば良いのに〟という意見が出る事があります。

「その質問にお答えする前に〝JRAではどういう目的で芝コースに散水を行っているか〟を説明させて下さい。芝は気温が上がり水分が不足すると、縮んだり、回復力が低下したり、最悪は枯れてしまうケースがあります。そのため、芝が生きていく上で必要な散水を行うというのが基本的な目的です(写真③)。我々が必要以上の散水をしない目的の一つは〝公正面の問題〟です。湿った馬場が得意な馬もいれば、乾いた馬場で好成績を出す馬もいて、適性はそれぞれです。それをどちらか一方へ有利に働くような状態にするのは公正ではないと考えています」

▼馬場状態を左右するような散水は行わないという事ですね。そのほかに理由はありますか?

「欧州と日本は路盤が違う事ですね。欧州の場合、その競馬場の自然を活かしてコースを造っているので、路盤に粘土質が多いんですよ。乾燥が進むと、この粘土層が固まってしまいます。ですから、頻

写真③　芝コース散水中の様子(撮影:中山競馬場)

繁に散水して軟らかくする必要があるんですね。一方、日本は路盤に水はけの良い砂質の材料を使用しています。このような砂は締め固まりにくいので、乾燥によって極端に硬くなる事はあまりないです」

▼そもそも、日本の芝コースは散水を行って軟らかくする必要がないのですね。

「基本的にそうです。ただし、例えば夏に数週間雨が降らない時などは、水をやらないと芝も生き物なので参ってしまいます。そのような時は、前日でも散水する事があります。この散水には芝が枯れる事を防ぐだけではなく、乾燥による根の損傷を防ぐ効果もありますので、競走による芝の損傷を最小限に防ぐ事につながります」

▼ケースバイケースで、芝の損傷を防ぐために必要な場合は散水する事もあるのですね。ＪＲＡが散水を行う目的は芝の保護のためですが、公正面にも注意しているという事はきちんと理解しておきたいと思いました。

結論

公正面と路盤の違いから、日本では必要以上の散水は行わない。ただし、芝の保護を考慮して散水を行うケースもある

疑問6

最近、冬や春先の開催前にエアレーション作業をしなくなっているのはなぜですか？

▼近年、ＪＲＡでは軟らかい馬場造りを進めており、競馬開催が始まる約2～1カ月前にバーチドレンやシャタリングマシンを入れて馬場をほぐす〝エアレーション作業〟を行っています（写真④）。その中で最近、冬や春先の開催に向けてはこの作業を見合わせる競馬場が増えています。中山競馬場でも2020年までは2月末から始まる2回開催と12月の5回開催前にもエアレーション作業を行っていたのですが、近年は行っていません。その背景などについて、中山競馬場馬場造園課の野津智課長に伺います。

「冬期の芝コースは低温により芝草の生長が見込めず、ベースとなる野芝は休眠状態となります。そのため、芝馬場全体の耐久性はほかの時期と比べて著しく低くなります。したがって、冬期にエアレーション作業を実施すると、特に開催日の天候によっては芝コースが極端に悪化する恐れがあるので、近年は控えるようにしています。また、中山競馬場の芝コースはAコースの使用頻度が高く、春開催までの芝コースの耐久性（平坦性や均一性を維持する事）を考えると、現時点では実施しない方が良いと考えています」

▼確かに、冬の5回開催は全日程がＡコース使用で、使用頻度が高い

写真④　中山競馬場芝コースで行われているバーチドレン作業

ですからね。では、エアレーション作業をしなくても、クッション性は確保できているのでしょうか？

「芝コースのクッション性の管理については通年で留意しているところであり、中山競馬場の場合は土壌改良材の混合などによって適度なクッション性を十分確保できていると感じています」

▼この件に関して詳しくは、『第2章　中山競馬場』のクッション値を説明する箇所に野津課長のお話を紹介しています。そちらもお読みいただければと思います。今後も2月や12月の中山開催の前はエアレーション作業をしないのでしょうか？

「現在の芝コースのクッション性や耐久性を確認した限りでは、冬期のエアレーション作業を今後実施する必要性は低いと考えています」

▼馬場の管理方法は画一的ではなく、その時の状態によって対応されていると改めて知って、勉強になりました。一方で、エアレーション作業を行わないで開催を迎えた際、好天続きで雨があまり降らない場合は開催後半でも速い時計が出たり、逃げ・先行馬が優勢になるケースがあると、個人的には感じています。そのあたりの傾向推移は注意深く見ていきたいなと思いました。

結論

最近は芝の状態を考慮し、冬や春先の開催前のエアレーション作業は実施していないが、適度なクッション性は確保できている

疑問7

まだ緑の砂やローラーは使っていますか？

▼以前、レースとレースの合間に芝コースへ、作業員さんが緑色の砂を撒いているのを見た事があります。前作『馬場のすべて教えます』の『馬場にまつわる素朴な疑問』で、あれは芝が傷んだ時の対策だと教えていただきました。通常の目砂を入れると乾燥した時に白っぽくなってしまい、馬がモノ見をする要因になるので、安全対策の一つとして緑色に色付けした砂を撒くケースがあったそうですが、10年くらい前からは傷みが少なくなってきているのもあり、緑の砂を使う機会が少なくなってきたとの事でしたよね。最近はどうですか

「最近はもう緑色の砂を芝コース自体に撒く事はないですね。撒くとしたら、芝とダートの境目です（写真⑤）。例えば、東京のダート１６００ｍで、スタート後に芝からダートに切り替わる所。ここに境界がぼやけるように撒きます」

▼馬が境目で驚いてしまうのを避けたり、安全面を考慮しての配慮ですよね。また、２０００年代後半には芝コースにローラーを入れる事はなくなったと聞きました。最近も使用していないですか？

「はい。芝コースに入れる事はないです。ただし、まだローラーを使う機会（写真⑥）はあって、たまに障害コースで使用するケースがあります」

▼あ！　そういえば２０２４年の冬の小倉開催の後半に、ＪＲＡホーム

写真⑤　芝とダートの境目に撒かれている緑の砂（撮影：東京競馬場）

ページの馬場情報に障害コースの作業の記述として、〝ローラーを用いて１・２・３号障害前後および各コーナー内側の凸凹を整正しました〟と書いてあるのを読んで、使っているんだ！と思いました。

「障害レースは距離が長いため、コーナーではロスを避けるために位置取りが内側に偏り、さらに同じコースを複数回通過するので、傷みが集中しやすくなります。その結果、飛越による衝撃が大きい障害前後やコーナー内側には凹凸が生じやすいです。この局所的についた凹凸を均一で平坦な状態に戻し、レースの安全性を高めるため、ローラーを使用する事があります」

▼まだ、障害コースにはローラーが使用されていたとは少し驚きましたが、それも人馬にとっての安全のためなのですね。

緑の砂を撒くとしたら、芝とダートの境目。ローラーを使用するとしたら、障害コース

写真⑥　現在、ＪＲＡで使用されているローラー。障害コースでは時々、使われている

疑問8

馬場作業の分野でも機械の自動化は進みそうですか？

▼近年、技術の発達が目覚ましく、農業の分野では機械の自動化が進んでいますよね。馬場の世界ではどうですか？

「近年の馬場管理を行う上での課題としては、働き手不足や高齢化など、人的要因があります。ですから、機械の自動化は取り組まなければいけない課題だと思い、芝刈機をはじめ、管理機械の研究をしています」

▼具体的にはどんな研究を行っていますか？

「調教後のハロー掛け、芝刈、エアレーション作業などですね。自動操縦システムを取り付けたトラクター、および芝刈機を自動運転走行で実施し、その実現性や可能性を検証しています」

▼芝刈機は毎週の芝刈に使う競馬開催用ですか？

「週末の競馬のために行う芝刈はより精度を求められるので、まだその研究には至っていません。現在は競馬開催がない時期に行う管理用の芝刈機の研究を積み重ねており、実用化を目指しています」

▼現段階での研究結果や課題はいかがですか？

「芝刈機だけではなく、ほかの機械の自動運転検証においても、おおむね手動操作と同等レベルでの作業が可能である事がわかっています。特にエアレーション作業など、長時間にわたる集中力と注意力が必要とされる作業への（写真⑦）、自動運転技術の応用は労務の負担軽減に極めて効果的であり、人的課題解決への有用性が示唆されています。一方で、複雑な箇所における作業では課題が確認され、運転走行軌跡の記録方法や作業手順の策定に工夫が必要と考えられます。今後は馬場管理作業への自動運転の導入を視野に、情報収集と調査を継続しつつ、各作業に最適な自動運転技術の検証を進めていきたいと考えています」

▼馬場の分野でも機械の自動化の研究が進んでいるのですね。いつか取材してみたいです。

結論

馬場の分野でも実用化を目指し、機械の自動化に向けた研究が進んでいる

写真⑦　現在は作業員の運転によって行われているエアレーション作業。自動化され、作業が軽減される日はそう遠くないかもしれない

疑問9 TDRという機械はなんですか？

▼先日、中山競馬場で開催日の作業を取材させていただいた際、TDRという機械を使って土壌水分量を調べていました（写真⑧）。あれはなんですか？

「TDR（Time Domain Reflectometry）土壌水分計は電磁波の伝播速度を利用して、土壌の誘電率から水分量（体積比）を測定できる機械です。現在、JRAが発表している含水率の測定方法では発表まで1時間ぐらいかかりますが、TDRなら、その場でパッと土壌水分量がわかるというメリットがあります（写真⑨）。JRAでは2021年頃から、この機械を試験的に使用しています」

▼現在、含水率の発表は朝1回だけです。このTDRが実用化されたら、含水率の更新発表の頻度が増える可能性はありますか？

「TDRは、今発表している質量比による含水率とは測定の仕組みが異なるため、別の基準で出るんですよ。ですから、今の含水率とはそぐわない部分があります」

▼では、この値を発表する事はまだ考えていないのですか？

「そうですね。現在発表している含水率と併せて、お客様にと

写真⑧　TDR土壌水分計。この機械を使えば、その場で土壌水分量がわかる

ってわかりやすい馬場情報として整理できれば良いのですが、まだそこまでには至っていません。現在はあくまでも馬場管理への指標として試験的に研究をしています」

▼具体的にはどんな管理に役立ちそうですか？

「知りたい場所の水分状態がすぐにわかるので、例えば散水をする際に、1コーナーはかなり乾いているから、しっかり水を撒いておこうとか。でも3コーナーは少し渋っているので、量を少なめにしようなど。そういったきめ細やかな対応が可能になります」

▼それは良いですね。今後、このTDRで調べた土壌水分量をもっと活用できるようになれば、今は朝1回の含水率発表の頻度が、いつかは増えるかもしれませんよね。その実現を淡い気持ちで期待しています(笑)。

結論

TDRは調べたその場で土壌水分量がわかる機械。現在は馬場の管理用に研究されている

写真⑨　測定すると、すぐにTDRの画面に土壌水分量が表示される

疑問10

ＪＲＡではどんな馬場造りを目指していますか？

▼さあ、この項目の最後の質問です。ＪＲＡ施設部馬場土木課の森本哲郎課長にも加わっていただきます。馬場を取材させていただくようになり約20年。つくづく、ＪＲＡの馬場管理は丁寧で、手が込んでいるなと感じます。例えば、開催日の作業員も東京競馬場では約１５０人います。一方で、海外の競馬場では開催日にどのくらいの人が馬場作業にあたっているのですか？

浅川「競馬場によって差はありますが、２０１９年の調査の際は、20～50名ほどの所が多かったです」

▼やはりＪＲＡの馬場作業員の数は多いですね。ＪＲＡの馬場の状態が良いのは、日本人ならではの真面目な気質も影響していると思います。馬場に携わる皆さんはどう感じていますか？

浅川「私たちの日頃の取組を評価していただけるなら、それはありがたいお話ですね。ただ、私たちとしてはそれを当たり前の事として行っていますから、特段、頑張っているという感覚ではないです」

▼そのような姿勢もやはり日本人ならではと思いますし、個人的にとても共感できる部分です。では森本課長、最後にＪＲＡが馬場造りにおいて大切にしている方針を教えて下さい。

森本「第一に〝安全である事〟。騎手や馬が安全にレースで走る事ができる。私たちは何よりこれを大切にしています。また、我々は競馬を施行し馬券を発売していますので、〝公正である事〟も安全性と同じくらいに重きを置いています。その上で〝全馬が全能力を発揮できる事〟。このような舞台を目指し、管理しています（表④）。

浅川「これを実現するための馬場管理の基本方針は三つあり、私たちはそれを〝馬場の３大要素〟と呼んでいます。それが「均一性」、「平坦性」、「クッション性」（表⑤）。均一性とは馬場のどこを走っても同じような状態で、硬い箇所と軟らかい箇所が入り混じっていたり、雨が降った際などに部分的に悪い箇所ができたりしないようにする事。これはレースの公正さを確保する上でも非常に重要という認識です。平坦性とは馬場に凸凹がない事。馬が走ると蹄跡ができますが、それが残ったままだと蹄の着地バランスが悪くなり、事故につながるケースもあります。ですから、なるべく平坦になるように管理しています。クッション性は特に我々が力を入れて取り組んでいる要素で、軟らかい馬場造りを目指しています」

▼これまで馬場作業を取材してきた中で、これらの要素をしっかり守って作業を行っているのだなと感じる場面に何度も遭遇しました。馬場に携わる皆さんや作業員さんがいなければ競馬は施行できません。馬場作業のほとんどが屋外ですし、力がいる作業も多いです。ですから、改めて感謝したいですね。

馬場に求められる条件
安全である事
公正である事
全能力を発揮できる事

表④

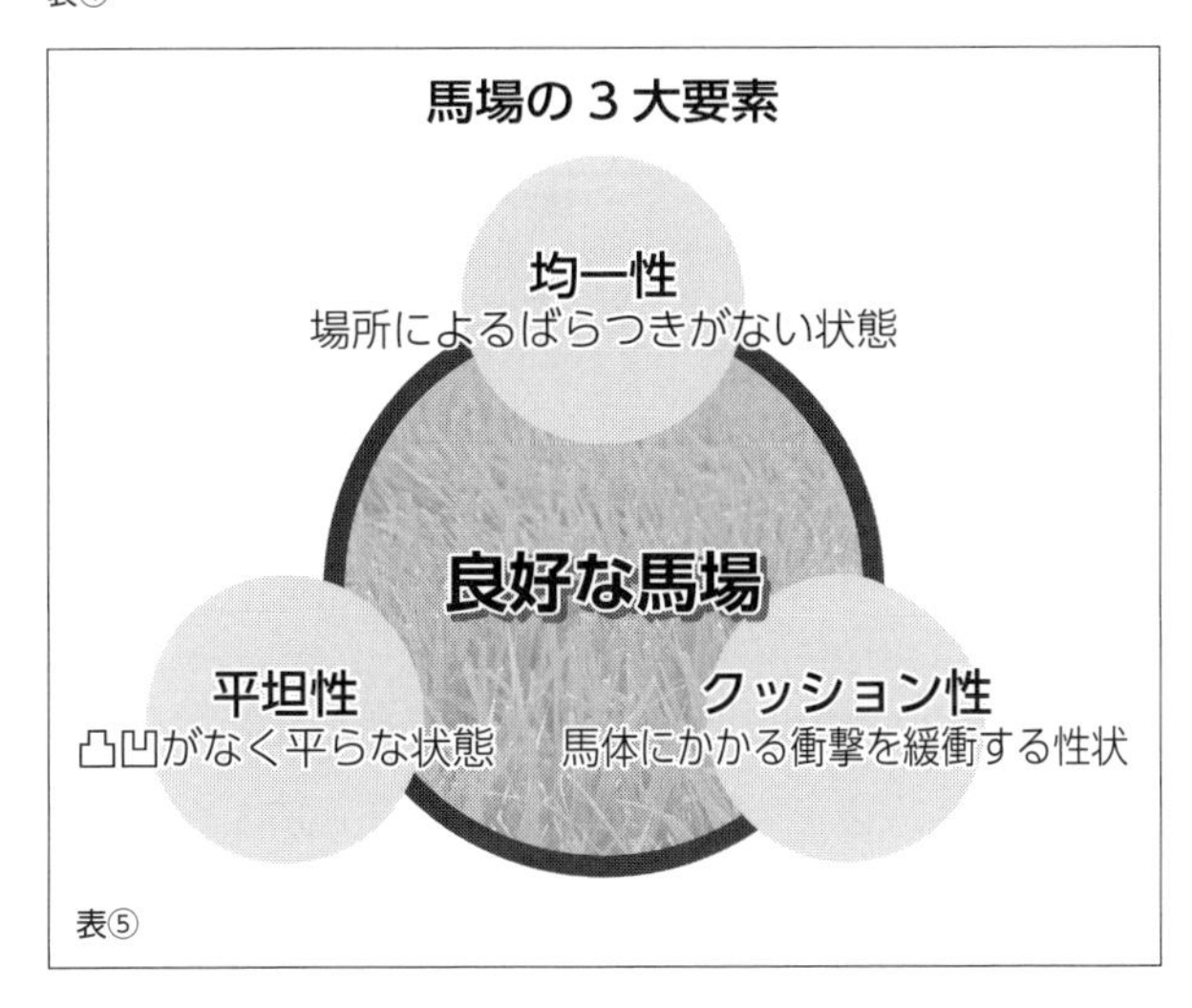

表⑤

馬場の小ネタ教えます その4

芝を見える化!? ドローンを駆使した最新研究・後編

ドローンによる撮影で、どんな事がわかるのだろう。東京競馬場馬場造園課の田中健課長に伺った。

「〝芝の生育状況〟がより詳しく把握できるようになります。芝の活性度がNDVIという指標で表されるんですね。現在、この数値を画像やグラフにして分析しています。そして、毎週のデータをグラフ化したものがこちらです（下図データ参照）。数値は1に近づくほど、生育が良い状態。2023年3月31日は東京競馬開催前で数値が低いですが、春開催に向けて芝が生長し数値が上がり、2回東京開幕週の4月20日のデータ平均は0・93。そして開催が始まると、週を追うごとに数値が下がっています。というのも、馬が走ると芝が少しずつ傷むので段々、数値が下がっていくのです。しかし、5月25日の数値では、前の週は0・86だった平均値が0・91に上がっています。実はこの週から芝はCコースに替わっているんですね。つまり、コース替わりによって傷みがカバーされた事が数値にも表れているのです。現在、JRAホームページでは『コース替わりによって、おおむね傷みはカバーされました』と説明していますが、このような数値があるとよりわかりやすくなるのではと考えています」

これはすごい。今までは見た目などから馬場の状態を推察していたが、この数値があればより正確に状態を把握できるようになる。このほかに〝地表面温度〟から、馬場全体の保水傾向（どこが乾いていて、どこが湿っているか）をつかめないか探っているという。

「現在は芝の状態把握へのドローン活用を模索している段階ですが、将来的にはエリアごとに、より最適な生育管理を行う事を目指して、研究を行っています」と田中課長。今後、まずはこのNDVIの数値が新たな指標として発表されるようになれば嬉しいなあと、やんわり期待しているコジトモである。

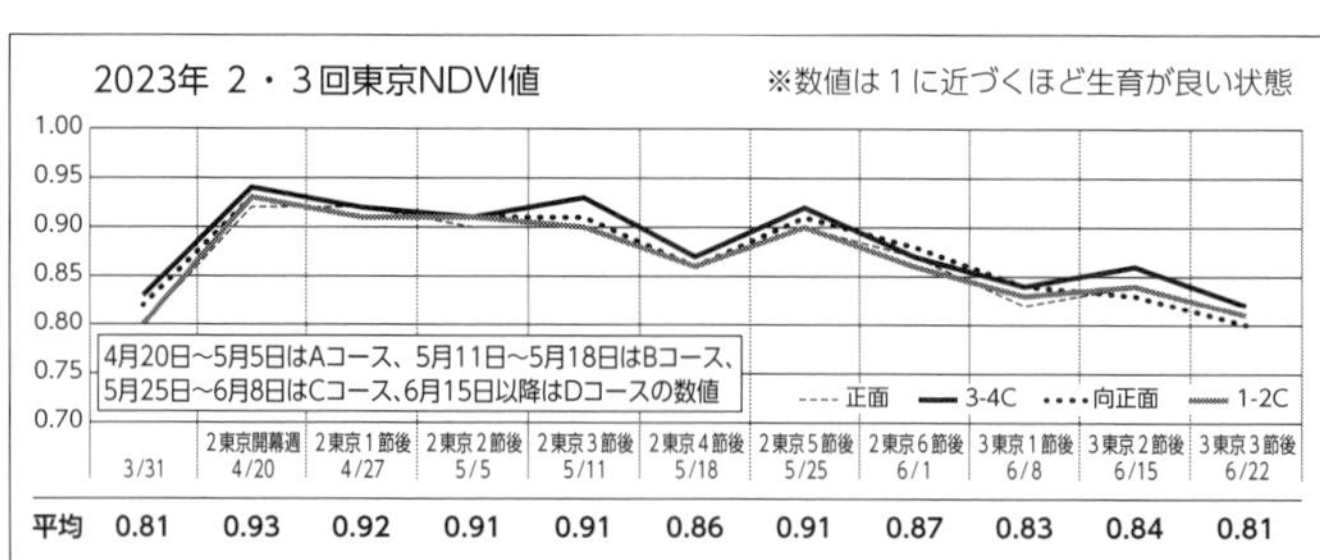

第5章

JRA騎手&JRA馬場造園課座談会・後編

～今後、馬場はどうなるのか～

JRAでも白い砂を導入すべきか

小島　座談会、後編はダートの話題からです。最近、地方競馬場では〝白い砂〟の導入が進み、園田、姫路、門別、船橋、大井競馬場は西オーストラリア州のアルバニー産の珪砂（けいしゃ）。金沢、笠松、名古屋は愛知県瀬戸市産の珪砂を使用。川田騎手はウシュバテソーロで船橋と大井の重賞を勝利。アルバニー産の砂の印象はいかがでしょうか。

川田　時計はかかっていますが、乗っている感覚からすると、以前より軽い。馬の体力はそこまで使わないのかなと感じます。

小島　そうなのですね。坂井騎手はいかがでしょうか。

坂井　オーストラリア産に変わったばかりの頃の園田はかなり深くて、パワーがいる馬場だと感じました。最近の門別、大井、船橋では特にそこまでは感じないですね。騎手や馬が受けるキックバックがかなり少なくなったので、そういう意味ではジョッキーにとって助かる馬場です。

小島　白い砂を導入する競馬場の騎手に聞くと、確かに「ゴーグルに砂がつかなくなったので良いですね」という声が多いです。ＪＲＡも白い砂にした方が良いのではという声もあるようですが、いかがでしょうか。

川田　ＪＲＡのダートは長年、管理が徹底されていて、現在も素晴らしい状態で維持されています。視野が確保しやすいですし、故障が多い印象もありません。路盤も良くて、水が抜けるのも早い。だから僕は変える必要はないと思っています。馬は人間が思う以上に怖がりです。白い砂に限らず、乾き過ぎたダートはギラッと見えるのか、馬が飛んでしまう時があります。

藤岡　白いと黒い部分が目立ちますからね。急に足跡が見えると、馬は飛ぶんですよ。

川田　僕らは安全に乗れて、全馬がフェアに能力を出せる事を重要視しています。となると、今のＪＲＡの砂に不満はないです。

写真⑧　ＪＲＡの競馬場で使用しているクッション砂

小島　森本課長、今のＪＲＡのダートで使用する砂事情を教えて下さい。

森本　ＪＲＡの全10箇所の競馬場では1年に1回、すべての砂を洗って再利用し、足りない分は新しい砂を足しています。軟らかくなり、摩耗した砂は取り除かれていき、強くて磨きこまれた言わば〝砂のエリート〟が残っていますから、我々が砂に求める条件を十分に満たしています（写真⑧）。一方で今、世界的に砂資源が不足して良質な砂が採れにくくなっており、我々も苦労しています。そんな中、川田騎手が今のＪＲＡの砂を評価して下さっているので、今後も大幅な変更をせず、騎手の皆さんと相談しながらやっていきたいと思っています。

小島　さて、トレセンに目を移すと、２０２３年10月に美浦の坂路がリニューアルし、高低差が33ｍに変更になりました。今後、この坂路を使用した関東馬がどんな活躍を見せるのか、注目が集まります。一方、栗東では新しい追馬場が完成しましたね。

鹿内　既存の追馬場が混雑するという話があり、２０２３年秋にもう一つ新設しました。混雑は緩和された印象です。今後も逍遥馬道の増設など、人馬にとってより安全な調教環境を提供できるよう施設改善に努めていきます。

海外の馬場との比較 ～芝コース編～

小島　今回、ご参加いただいた騎手の皆さんは海外での騎乗経験が豊富ですから、海外との違いを教えて下さい。欧州との比較は先に伺ったので、それ以外の国についてです。まずは芝コース。香港はどんな感じですか？

川田　ヨーロッパのように自然の土地を利用したコースなのか。人工的に馬場を造って競馬をしているのか。この差が大きいと思います。人工的に整備されている競馬場なら日本馬も結果を出せる。その一つが香港ですね。香港は洋芝を使用しているので、洋芝適性の差は出ると思います。例えば、東京競馬場で素晴らしい走りをしていた馬でも、香港ではあまり動けない事も出てきます。

小島 川田騎手は2021年にラヴズオンリーユーでBCフィリー&メアターフを勝ちました。アメリカの芝コースの印象はいかがでしたか？

川田 アメリカではそのデルマー競馬場を含め、サンタアニタパーク競馬場で乗りました。人工的に整備されている競馬場なので、日本馬が力を発揮できる馬場だと感じました。

小島 なるほど。ドバイの芝コースはどうですか？

坂井 雨の影響を受けずに乾いていれば、とても走りやすいです。良馬場であれば、日本馬が力を発揮できる馬場だと思います。

小島 最近はオーストラリアでも日本馬が活躍しています。坂井騎手はオーストラリアでの騎乗経験も豊富ですよね。

坂井 天候によって大きく変わりますね。雨が降ったらパワーを要しますし、乾いていれば、かなり上がりが速くなる事もあります。あとは、競馬場によっても違います。

鹿内 オーストラリアのメルボルンとシドニーのいくつかの競馬場を見に行った経験があります。ともにメルボルンにある（競馬場のうち）ムーニーバレー競馬場は北海道の洋芝と似ている印象でしたが、フレミントン競馬場はベースが野芝の本州の競馬場に近い印象でしたね。

小島 多少の差はあるにしても、日本の芝コースと似ている感じなんですね。伺っているとやはり、自然の土地を利用した馬場なのか、人工的に造っているのか。この差が大きいのだと感じました。

海外の馬場との比較 ～ダートコース編～

小島 続いてはダートについても教えて下さい。川田騎手は2023年にウシュバテソーロでドバイワールドカップを勝ちました。メイダン競馬場のダートはどんな感じですか？

川田　JRAの砂とはだいぶ違います。地方のダートで結果が出ているような馬であれば、適応できる印象です。

小島　そうなのですね。アメリカで牧場を営む方から、「ドバイのダートはアメリカの馬を招待しやすいように、アメリカの基準で造られているので、両国のダートは似ています」と、聞いた事があります。アメリカのダートはどんな造りですか？

森本　2022年春に馬場担当の職員がアメリカの主要競馬場を数カ所、視察しました。その時の報告によると、日本とアメリカではまず路盤の造り方が根本的に異なります。まず日本は路盤が整備されていて、その上に9cmのクッション砂を敷く形です。一方、アメリカでは粘土や砂を混ぜた15～30cmほどの路盤を造り、開催時にその上部7～10cm（この厚みは各競馬場によって異なる）をハローのようなものでほぐして使っています。また、クッション砂の素材はアメリカの場合、土に近いです。一方、雨の多い日本は土だと排水性に影響するので、100%が砂です。

小島　アメリカと日本では、ダートの色が違いますものね。

川田　だから、ダートといっても一括りではないですよね。ドバイやアメリカのダートは土に近いけど、日本は砂ですし。芝同様にダートにも様々な種類があり、適応できるかどうかは馬次第という事なのだと思います。

小島　実際に海外で乗った経験のある騎手の皆さんの感想や、海外視察のお話を聞けて、とても勉強になりました。最近、JRAでは海外レースの馬券発売が増えていますから、ぜひ参考にさせていただきます。

ドローンで芝の状態がよりわかるように

小島　先ほど、藤岡騎手からも、クッション値の話題が出ました。JRAは2018年に含水率、2020年にクッション値の公表を開始しました。情報開示が進む事を騎手の皆さんはどう感じていますか？

川田将雅騎手

藤岡　すごく良いと思います。ファンの皆さんに安心して競馬を楽しんでもらうためにも、出せる情報は提供した方が良いですよね。

小島　レース当日の検量室にはこれらの数値が貼り出されるとの事ですが、騎手の皆さんはチェックしますか？

藤岡　見ますね。数値を見て、実際に乗った体感とのずれがあるかを確認します。

小島　やはり見ているんですね。またＪＲＡでは最近、ドローンを使うなど、さらに研究が進んでいるそうですね。

森本　マルチスペクトルカメラが付いているドローンを上空に飛ばし、芝コースをくまなく撮影（ＪＲＡでは許可取得の上、ドローン飛行を実施している）。これにより目に見えない様々な波長の光を捉える事ができるんです。それをコンピューターで解析し、数値化しています（詳しくはＰ２００、２２２の『馬場の小ネタ教えます　その３・その４　芝を見える化!?ドローンを駆使した最新研究』を参照）。

小島　これによって、どんな事がわかるのですか？

森本　この研究では芝の活性度や保水傾向などを数値化して、活用する事に取り組んでいます。例えば芝の生育度合いに合わせ、場所ごとに散水や施肥（肥料を与える事）を変えるといったきめ細やかな管理が可能になります。さらに、現在は「例年通りです」とか「昨年より良い状態です」など、言葉で伝えていた生育状態を数値でも表現できる可能性があります。

小島　それは良いですね。状態を数値化できたら、よりわかりやすくなりますから。ドローンを使った研究は実用化できそうですか？

森本　まだ研究途中ではありますが、馬場管理にも新技術を導入できるよう挑戦したいと思います。

小島　騎手の皆さんは、このドローンを駆使した最新研究をどう感じますか？

藤岡佑介騎手

藤岡　良い取り組みだと思います。データとして残っていくのは大事ですよね。

小島　そうですよね。今後、含水率、クッション値に続く第3の指標となる可能性もあるのかなども期待しつつ、注目していきたいと思います。

森本　あとは、ダートで使うクッション砂の粒には実は色々種類があるんです。X線解析をすると例えば長石とか、鉱物の種類がわかります。ですから、ダートの状態が良かった年は、その時に使用した鉱物組成を記録しておいて、次回も組成が近い砂を選ぶなど、管理に役立てる事ができます。

川田　すごいですね。

藤岡　ここまで安全面を考慮し、日々努力して下さっているという事が少しでも伝われば良いなと感じます。

坂井　ここまでやっていただいているのかと知って、驚きました。もっと感謝したいです。

小島　今回は多岐にわたる話題をお聞かせいただき、目から鱗の連続でした。最後に感想をお聞かせ下さい。

坂井　こんなに整備されて、乗りやすい馬場はほかにないです。馬場造園課の方がこれだけ工夫してくれて、安全に競馬ができている事をもっと知ってほしいですね。乗る側としても安全な競馬ができるよう、今まで以上に気をつけていきたいと感じました。

藤岡　東課長がシャンティイ競馬場へ視察に来た際、僕と東課長が話しているのを見ていたフランスの関係者が「日本はあんなきれいな馬場で競馬をしているのに、フランスまで何を見に来たんだ?」と言っていました(笑)。それほど日本の馬場が良い事は知られています。その方が「ヨーロッパの馬場を参考にしてくれるのは嬉しいけど、あんなに多くのファンが参加する競馬はほかにないから、日本の競馬は人馬にとっての安全性を第一に考えるべきだ」と言っていたのを聞いて、とても納得しました。今後も安心して楽しんでもらえる馬場を一緒に造って

坂井瑠星騎手

いければいいなと思います。

小島　川田騎手、改めて騎手が考える理想の馬場を教えて下さい。

川田　一番は人馬が無事に帰ってこられる馬場である事。その上でフェアである事。それがファンの皆様により良い競馬を提供できる事につながると思います。レースでの使用や、雨の影響によって馬場が荒れる場合もありますが、そんな面も予想の範疇として楽しんでいただく。自然の中でやっている以上、それも含めて競馬ですから。色々な変化があるから面白い。様々な状況を楽しんでもらえるように、僕らも日々を積み重ねていきたいです。

鹿内　競馬開催日では時間も限られるので、今回はじっくりと貴重な話し合いをする事ができ、今後の方向性を確認できました。今まで以上に良い状態で造れるよう、今後も意見交換させていただきたいと感じました。

本橋　皆さんの率直な意見が聞けて、貴重な時間になりました。今後もまた競馬場で色々と教えて下さい。

東　競馬は血統など、過去からの積み重ねがあり、今があります。その舞台である馬場には急激な変化はあってはいけないと思っています。一方で、その時々に合わせた調整が必要で、騎手の方々の意見も聞きながらバランス良くやっていきたいですね。

森本　騎手の皆さんから教えてもらった事が積み重なって今がありますから、今後もこの関係性を継続していきたいですね。この座談会で、我々だけで馬場を造っているのではないと伝われば幸いです。

小島　今回、一番驚いたのは騎手の皆さんと馬場造園課が、最近は密に連携をとって、より安全な馬場造りを行っているという事でした。馬場は競走馬の走りを支える大切な舞台です。今後も人馬にとって安全な馬場造りを目指していただければと思います。本日は本当にありがとうございました。

（2024年1月31日　栗東トレーニング・センターで実施）

第6章

地方と海外の馬場

「地方競馬場に広がる〝白い砂〟の正体」
「日本と海外の馬場の違い」

園田競馬場

1 地方競馬場に広がる〝白い砂〟の正体

（社台グループ会報誌「サラブレッド2023年10月号」に執筆した記事を一部加筆して転載。文章中の肩書き、データは当時のものです）

近年、ダートコースに〝白い砂〟を導入する地方競馬場が増えている。「きれい」、「映(ば)える」という見た目も相まって、SNSで話題になる機会も多い。現在、白い砂を使用している競馬場は北から、門別、船橋、大井、金沢、笠松、名古屋、園田、姫路の8場（表①）。各主催者はなぜ続々と、白い砂を導入し始めているのか。また、どのような特徴があるのだろうか。白い砂の正体を取材した。

最近では2022年11月に船橋が、2023年4月には門別が白い砂を導入。これらがオーストラリア産だった事から、先に導入されていた競馬場も同じ砂であると思っている人が多いのではないだろうか。取材を進めると、地方競馬場で使用されている白い砂は2つの産地に分かれる事が判明。結論からお伝えすると、門別、船橋、大井、園田、姫路は西オーストラリア州のアルバニー産の珪砂(けいしゃ)。金沢、笠松、名古屋は愛知県瀬戸市産の珪砂である。

競馬場	産地	種類	砂厚	使用開始時期
門別	西オーストラリア州	珪砂	11㎝	2023年4月
船橋	西オーストラリア州	珪砂	11㎝	2022年11月
大井	西オーストラリア州	珪砂	10㎝	2023年10月
金沢	愛知県瀬戸市	珪砂	10㎝	2021年3月
笠松	愛知県瀬戸市	珪砂	10㎝	2016年4月
名古屋	愛知県瀬戸市	珪砂	10㎝	2015年8月
園田	西オーストラリア州	珪砂	11㎝	2020年4月
姫路	西オーストラリア州	珪砂	11㎝	2021年1月

表①　白い砂を導入している地方競馬場

最初に白い砂を導入した笠松競馬場

日本で白い砂を初めて使い始めたのは笠松競馬場だ。競馬場の担当者にその経緯を聞く事ができた。

「以前は笠松競馬場の南側を流れる木曽川の砂を使っていましたが、鮎の産卵床の保護などの理由により採れなくなりました。その代替として、2004年から中国山東省の長石を使用し始めました。これが全国で初めての白

写真提供／笠松競馬場

写真①　日本の競馬場で最初に白い砂を使い始めた笠松競馬場。現在は愛知県瀬戸市産の砂を使用

色系の砂で粒度も大きめだったため、競馬場のクッション砂として受け入れられるか不安でした。結果的には、水はけが良い、砂塵が少ない、馬の毛色とのコントラストがはっきりしてレースが見やすいと、好評を得られました」

日本で最初に白い砂を使い始めたのは笠松競馬場で、それも今から約20年も前だったとは驚いた。しかし、この中国山東省の長石は２００８年から中国のオリンピックなどの内需や保護の観点から、輸出禁止措置がとられてしまった。そのため、笠松競馬場では中国産の砂と同質であった長野県南木曽町産に変更。ただし、この砂も採取地が土砂崩れの影響を受け、採取禁止となってしまった。

「砂に求める条件はレースが安全に行われる事が最優先事項です。また、毎日の調教やレースによる品質の低下を最小限にする耐久性がある事や、継続的に購入できる価格である必要がありました。そこで、国内外から20種類ほどのサンプルを取り寄せて精査。条件にあった砂が愛知県瀬戸市産の珪砂でした。珪砂はガラス製品や鋳物の原料としても使用されている砂。異物が混合しておらず、砂粒に角がないため粉砕しづらく、ダートで使用する砂に適しているんです」

笠松ではこの瀬戸産の砂を２０１６年から使用。砂厚は10cm程度だそうだ。

「この砂の特徴は水はけの良さ。また騎手からは、『ブーツに砂がついても落としやすい』といった声が届いています。世の中の物価上昇と同様にこの砂の値段も上がっていますが、安定的な供給が可能との事なので、今後も使用していく予定です（写真①）。時計面や事故率の変化については不明です」

写真提供／名古屋競馬場

写真②　2022年に移転した名古屋競馬場。スタンドと白い砂のマッチングが鮮やかだ

名古屋競馬場では落馬が減少

名古屋では、まだ競馬場が愛知県名古屋市にあった２０１５年から愛知県瀬戸市産の珪砂を使用している。それ以前は岐阜県木曽川産を使用していたが、笠松の事情と同じように、自然災害の影響を受けて変更したとの事。名古屋競馬場の担当者は次のように語る。

「砂の購入元の工場が豪雨災害で浸水し、廃業してしまったんです。笠松競馬場では白い砂をいち早く導入しており、馬場を確認させてもらったところ、評判が良かったんです。それで今の砂に変更しました。砂厚は10㎝です」

メリットとしては笠松競馬場同様に「水はけが良い」そうだ。あとはこんな特徴があると教えてくれた。

「砂が白いため路盤の脆弱部が瞬時に把握でき、補修工事がしやすいです。また、ナイター開催時に照明が砂を照らすため、競走馬が映えますね。騎手からは、『明るくて見やすい』という声があります。その影響もあり、レース中の落馬が減少しました」

２０２２年４月に名古屋競馬場が愛知県弥富市に移転した後もこの砂を使用（写真②）。担当者は「旧競馬場と新競馬場ではコースが変更となったため、一概に比較はできませんが、時計面の変化はないと思います」と話していた。

金沢競馬場では2021年から使用

富山県神通川産の砂を使用していた金沢競馬場が愛知県瀬戸市産の珪砂に変えたのは２０２１年３月の開催か

ら。その経緯を金沢競馬場に問い合わせた。

「以前の砂については関係者から、『砂が刺さる』、『排水性が良くない』などの意見がありました。砂を変更せずに改善策を講じるとメンテナンス費が増えてしまいます。コストを含めた検討の結果、笠松競馬場や名古屋競馬場で実績のあった愛知県瀬戸市産の珪砂を採用しました。砂厚は10㎝です」

導入後の変化について伺った。

「騎手からは、『雨の日でも砂がゴーグルなどにつきにくい』と聞いています。また、『脚抜きが良い』、タイムが速くなった』、『眼の疾病が減った』という声もあります」

という事で笠松、名古屋、金沢の3場とも愛知県瀬戸市産の珪砂に対する評価は上々。走破時計の傾向については明確な傾向はつかめなかった。

2020年からオーストラリア産の砂を導入している園田競馬場

西オーストラリア州のアルバニー産の珪砂を日本の競馬場で最初に使用し始めたのは園田競馬場だ。兵庫県競馬組合、総務部施設課の担当者に新砂導入の経緯を伺った。

「2020年1月8日、不良馬場で行われていた第3レースで3頭が競走を中止。それ以降のすべてのレースを中止する事態が起きた事が、砂を替えるきっかけでした。当時は青森県六ヶ所村産の砂を使っていましたが（写真③④）、この地の

写真③　以前の園田競馬場で使用されていた青森県六ケ所村産の砂

写真④　2018年当時の園田競馬場のダートコースと筆者（2018年10月撮影）

写真⑤　園田競馬場の西オーストラリア州アルバニー産の砂。粒子に角がなく、白くてとてもきれい

砂が採れにくくなった事情もあって質が低下し、砂の粒子が弱くなっていたんです。騎手や調教師からの要望も強く、より良いものを選択する必要がありました」

近隣の競馬場では当時すでに、名古屋が愛知県瀬戸市産を使用。園田でも最初はこの砂を検討したそうだ。

「園田競馬場では当時、1年に2回、砂の入替を行っていましたが、瀬戸市産の砂を採掘する場所ではそれだけの量を採れないとの事で断念しました。そんな時に騎手から、『（2020年当時の）弥富トレーニングセンターの砂は水はけが良い』と聞き、調査すると西オーストラリア州のアルバニー産であると判明。十分な量を確保できるとの事で、2020年4月7日の開催から導入しました。砂厚は11cmです（写真⑤⑥）」

現地で騎手に話を聞くと、評判が良い。兵庫県競馬組合騎手会会長の小谷周平騎手は「排水性が良くなりました。以前の砂は雨が降ると田んぼみたいになって砂が流れていたけど、今の砂はあまり無くならない。安心して乗れるようになりました」とコメント。吉村智洋騎手は「すべてにおいて良い印象しかない。乗りやすいので、馬体の故障が減ったと感じています。安全面を第一に考えてほしいというのが馬関係者の希望でした。それに見合う砂を見つけてくれて感謝しています」と絶賛していた。また、鴨

写真⑥　現在の砂は園田競馬場の騎手からも大好評

宮祥行騎手も「水はけが良くて、安全な競馬ができるのが一番です」と話していた。

事故率の変化などを兵庫県競馬組合、事業部業務課の獣医師に聞いた。

「園田競馬場で調教を行ったり、レースを走った馬のレントゲン依頼件数は2017年から2019年の3年間は1584件でしたが、新砂導入後の2020年から2022年は1172件に減少しました。レース後に歩様が悪くなる馬は減っていますから、騎手の安全性を含めて良くなっていると感じます」

また、時計に関しては小谷騎手も吉村騎手も、「雨が降ると時計がかかり、良馬場だと速くなる印象がある」と話していた。一般的にダートは、〝道悪になると時計が速くなる〟というのが定説なので、園田競馬場での傾向は新鮮だ。また吉村騎手が、「逃げた方が良いのか、2〜3番手につけた方が良いのかは日によって変わる。その変化を見て乗るのも騎手の技量のうちだと思います」と教えてくれたのも興味深かった。なお、姫路競馬場では2021年から西オーストラリア州のアルバニー産の珪砂を使用している。

船橋競馬場は2022年11月から変更

青森県六ヶ所村産の砂を使っていた船橋競馬場が宮城県大和町産の砂に替えたのは2020年11月。そこから2年経った2022年11月28日の開催から、西オーストラリア州のアルバニー産の珪砂に変更となった。その背景を船橋競馬場の担当者はこう語る。

「良質な砂が入手困難になった事が要因です。良い砂を探す中で、園田競馬場の評判を聞きました。視察させていただいたところ、馬の怪我も減って良い砂だと聞き、導入しました。砂厚は11cmです（写真⑦）。今回は本馬場の路盤改修工事も行いました」

2023年1月中旬、この砂について森泰斗騎手に話を聞く機会があった。

「以前のダートと比べて一番違うのはゴーグルに砂がつかないから、視界不良になるケースがなくなった事です。

タイムはかかりますね。クッションが効いているので、馬の脚に優しいと感じます。あと、以前の砂の時より切れる脚が使えないケースが多いので、前目で乗る意識を持っています。ただ皆がそう考えてオーバーペースになると、差しが届く事もあるので、その辺りのかけひきはありますね」

　ほかにも話を聞けた御神本訓史騎手は、「全場、この砂に替えてほしいくらいです。みんな大絶賛ですよ」と手放しで褒めていたのが印象的だった。

　実際、船橋のダートに入らせてもらった私もこの砂の良さを感じた。粒子がサラッとしているので（写真⑧）、靴に砂がほとんどつかない。これは園田のダートを歩いた時も同様だった。

　なお、担当者によると「船橋競馬場では元々、事故率が低い事もあり、新砂導入後も事故率はほとんど変わっていません」との事だった。

写真⑦　ナイター時の船橋競馬場。まだ青森県六ケ所村産の砂が残る内馬場と比べると、色の差が歴然

写真⑧　船橋競馬場で使用されている西オーストラリア州アルバニー産の砂。粒子がサラッとしている

門別競馬場でも好評

　１９９７年の開場時から青森県六ヶ所村産の砂を使用してきた門別競馬場が、砂を変更した背景は園田や船橋同様に、良質な砂が採れにくくなってきた事が影響している。そのため、２０２１年には宮城県大和町産に、

2022年には北海道日高町富浜産の砂に変更。西オーストラリア州のアルバニー産の珪砂を導入したのは2023年4月19日の開催からだ。

「砂厚は11㎝です。入替時に路盤改修工事を実施した事もあり、排水性が良くなりました。降雨時、走路に水が浮く状況が極端に減少したとともに、砂の流失も軽減された事から、以前より整備に手がかからなくなりました。砂を入れ替えた事で、馬がすべって怪我につながる事象などを心配しましたが、そのような現象はなく、現在に至っています。騎手からは、『クッションが効いて乗りやすい』と好評です。また白砂という事で、昼夜ともに見栄えが良いですね（写真⑨）」

大井競馬場は砂厚も変更

青森県つがる市・六ヶ所産海砂（洗浄砂）と青森県東通村産海砂（新砂）を使用してきた大井競馬場は、2023年のJBC開催から西オーストラリア州のアルバニー産の珪砂に変更した。その経緯をTCK広報に聞いた。

「数年前から青森県産のクッション砂がつぶれやすくシルト化（泥化）が早くなってきた事により、排水性の確保が難しくなっていました。砂洗浄や排水の工事などを実施してきましたが、大きく改善しませんでした。そのため、馬場に適しているクッション砂の性状調査を実施。非常に評価の高かったアルバニー産の使用を決定しました。実際に園田や船橋、門別競馬場へ視察に行き、評判が良かった事も変更に踏み切れた一つの要因です。なお、路盤は状態の悪い箇所について部分的な補修を行いました」

写真⑨　門別競馬場でも新しい砂の評判は上々。写真は２歳馬の能検のシーン

砂厚が変わった事も大きなポイントだ。
「以前は砂厚が8㎝でしたが、10㎝に変更しました。事故の防止と安全性を確保するためです。競走馬の故障率が低下していく事を期待しています」

2024年2月、関係者に話を聞く事ができた。大井競馬騎手会会長の和田譲治騎手は、「替わった当初はすごく時計がかかっていましたが、最近は落ち着いてきた印象です。極端に前が残る馬場ではなく、ペースによって差しが決まります。以前より砂がゴーグルにつかなくなったので、今の砂の方が良いです」とコメント。御神本訓史騎手も、「視界が良くなり、かなり乗りやすくなりました」とその印象の良さを口にしていた。一方で、ミックファイアを管理する渡邉和雄調教師が、「砂厚が厚くなった事で、少し競馬が変わった印象がありますね。以前の大井の速い時計で結果を出していた馬や、馬格のない馬は苦戦するケースもあります」と話していたのが興味深かった。

砂の争奪戦が始まる!?

冒頭に書いた通り、地方競馬場で流通している白い砂の産地は二つあるが、種類は〝珪砂〟で共通している。そして、多くの主催者が話す珪砂の利点が〝排水性の良さ〟と、〝ゴーグルなどに砂がつきにくい〟という2点だ。事故率に関してはまだ不明な部分はあるが、騎手の反応は好意的な意見ばかりだった。ただし、馬の腱などへの影響はまだわからない部分があるのではないか。今後の検証が必要だろう。

園田、船橋、門別の担当者に聞いたところ、砂業者からは「オーストラリア産の珪砂は今後も安定的な供給が可

写真⑩　大井競馬場では新砂導入のタイミングで砂厚が10㎝に変更された

能と回答を得ている」との事。一方、笠松の担当者は「瀬戸市産の珪砂は新規の競馬場へは安定的な納品が難しいため、希望があってもお断りしているそうです」と話していた。このような背景から、今後はオーストラリア産の砂を導入する競馬場が新たに出て来るのではないかと思う。問題は運搬費の値上げや円安の影響による値段の高騰。園田の担当者によると、オーストラリア産の砂は「２０２０年に比べると２０２３年の価格は約2倍になっている」そうだ。

先日、「世界的に砂が不足している」というニュースを見た。長年、全10場のダートコースで青森県産の砂を使ってきたＪＲＡでも砂の確保には苦慮しており、最近は青森県産の砂をベースにして、それぞれの競馬場に必要な要素を補える産地の砂を混ぜている。砂はダート競馬を支える重要な存在。今後も人馬が安全な舞台でレースを行うためにも、良質な砂がなくならないでほしいと、切に願う。

この取材は、取材窓口を引き受けて下さった地方競馬全国協会をはじめ、五十音順に、大井競馬場、笠松競馬場、金沢競馬場、名古屋競馬場、船橋競馬場、ホッカイドウ競馬、兵庫県競馬組合（園田・姫路）の各主催者に多大なご協力をいただいた。

地方競馬 全15場データ

NAR RACECOURSES

※各競馬場のデータ等は2024年４月現在のものです

ばんえい帯広　北海道

直線　200m
幅員　21m
砂厚　35㎝
（ゴール前は80〜90㎝ ※冬期は除く）
産地　北海道十勝
主なレース
ばんえい記念（３月）
ばんえいダービー（12月）

第２障害　第１障害
GOAL　START
200m
高低差1.6m　高低差1.0m

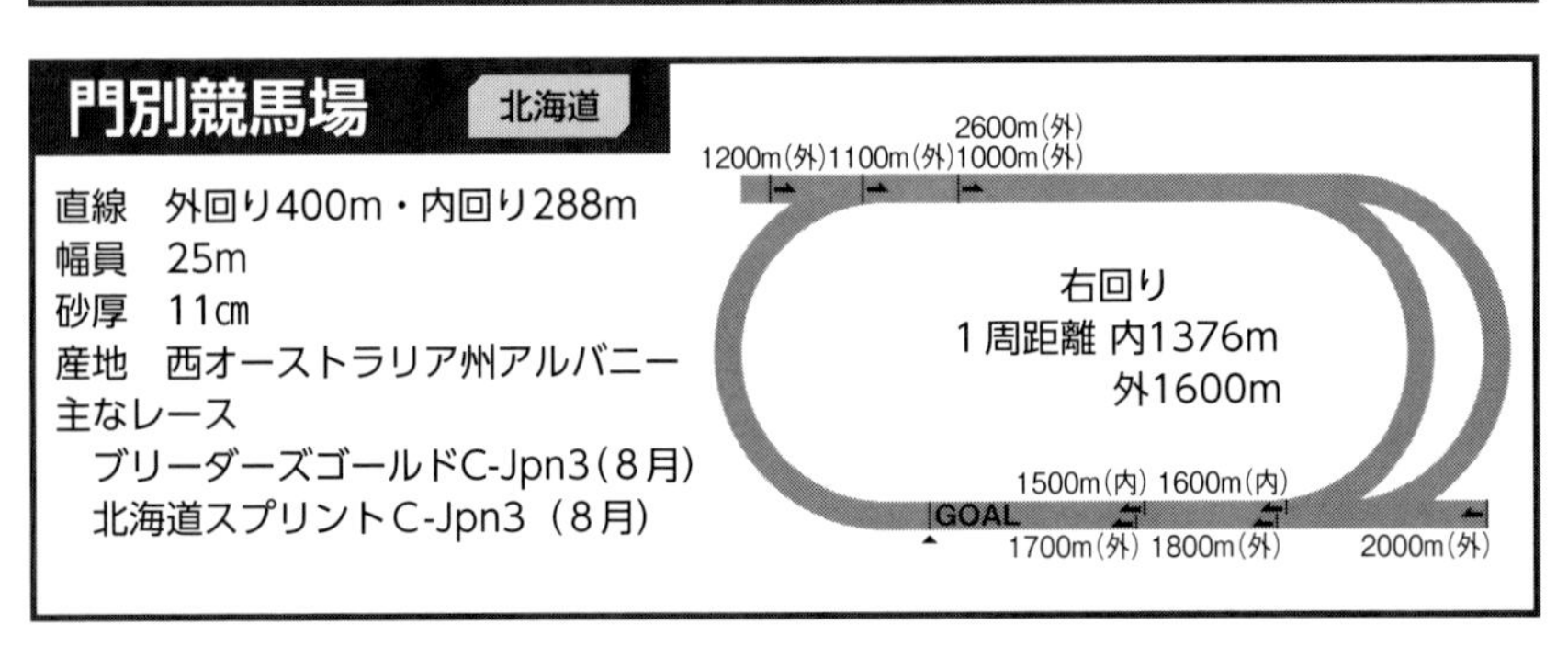

門別競馬場　北海道

直線　外回り400m・内回り288m
幅員　25m
砂厚　11㎝
産地　西オーストラリア州アルバニー
主なレース
ブリーダーズゴールドC-Jpn3（８月）
北海道スプリントC-Jpn3（８月）

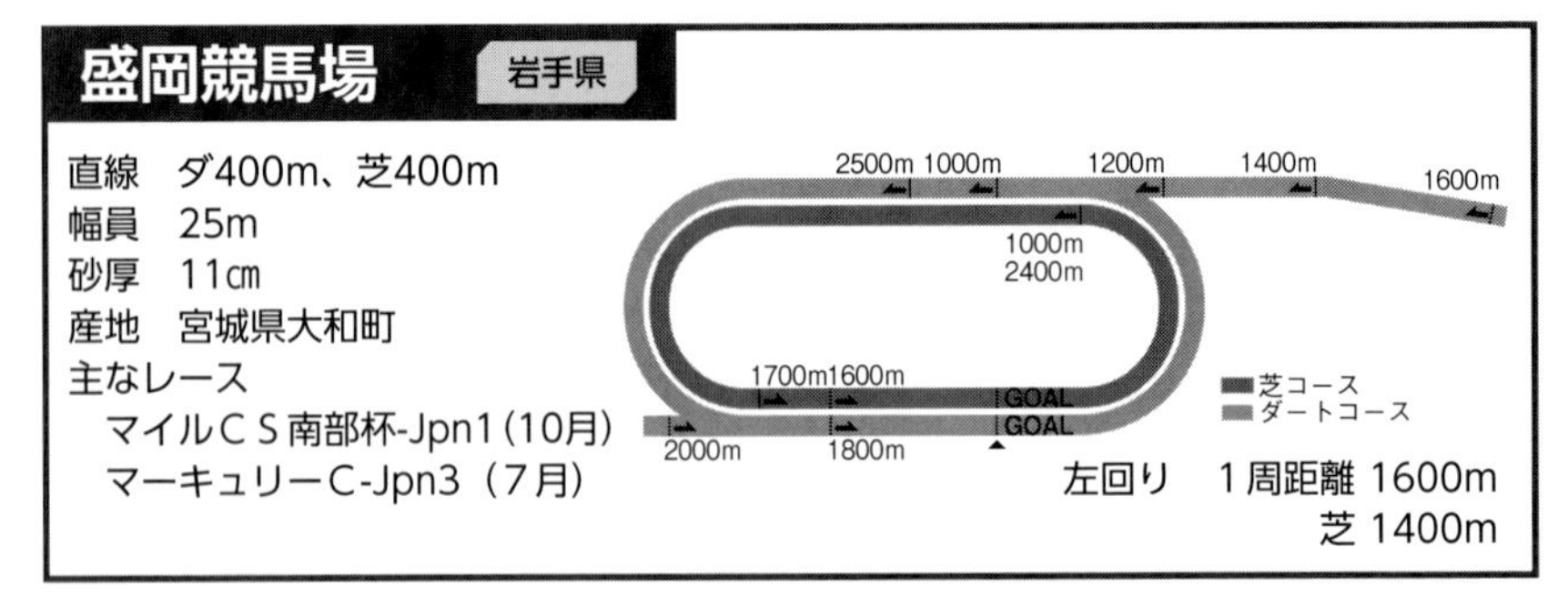

盛岡競馬場　岩手県

直線　ダ400m、芝400m
幅員　25m
砂厚　11㎝
産地　宮城県大和町
主なレース
マイルＣＳ南部杯-Jpn1（10月）
マーキュリーC-Jpn3（７月）

水沢競馬場　岩手県

直線　317m
幅員　20m
砂厚　11㎝
産地　宮城県大和町
主なレース
　東北優駿（6月）
　桐花賞（12月）

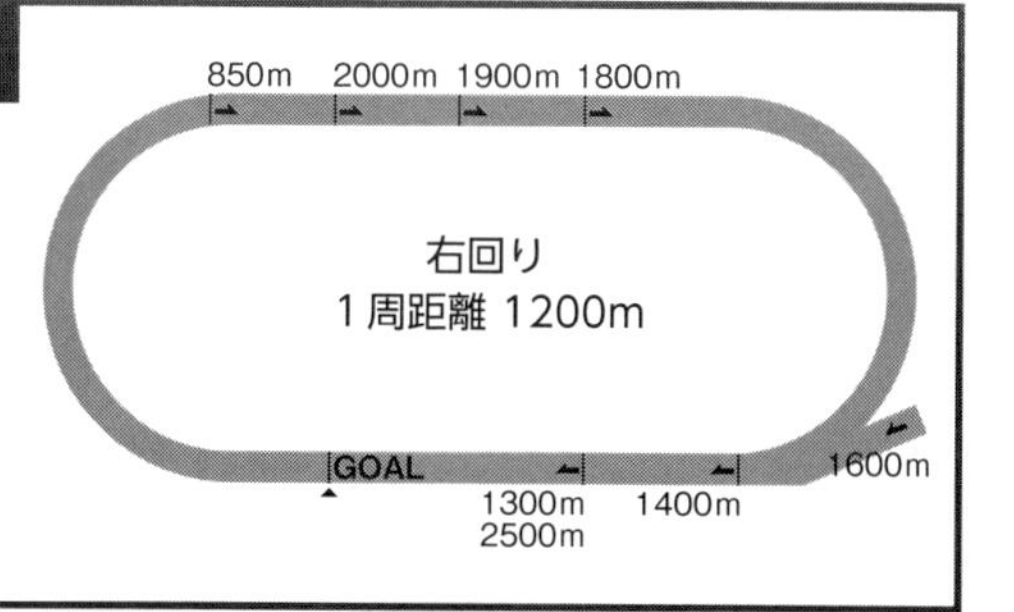

浦和競馬場　埼玉県

直線　300m
幅員　正面24m・向正面16.5m
砂厚　10㎝
産地　青森県
主なレース
　さきたま杯-Jpn1（6月）
　浦和記念-Jpn2（11月）

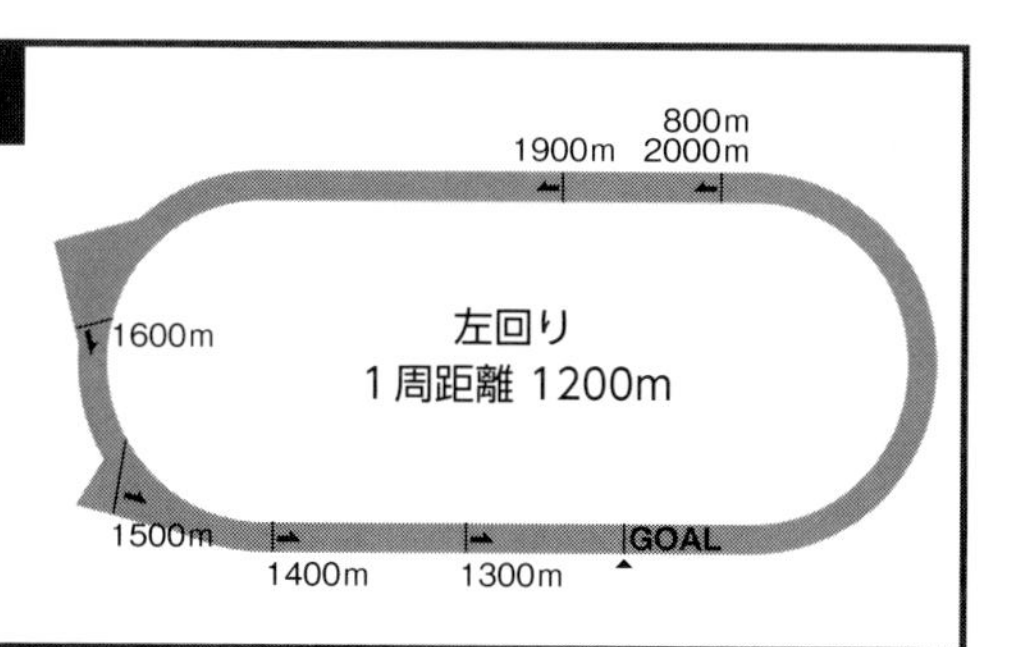

船橋競馬場　千葉県

直線　362m
幅員　内20m、外25m
砂厚　11㎝
産地　西オーストラリア州アルバニー
主なレース
　かしわ記念-Jpn1（5月）
　ダイオライト記念-Jpn2（3月）

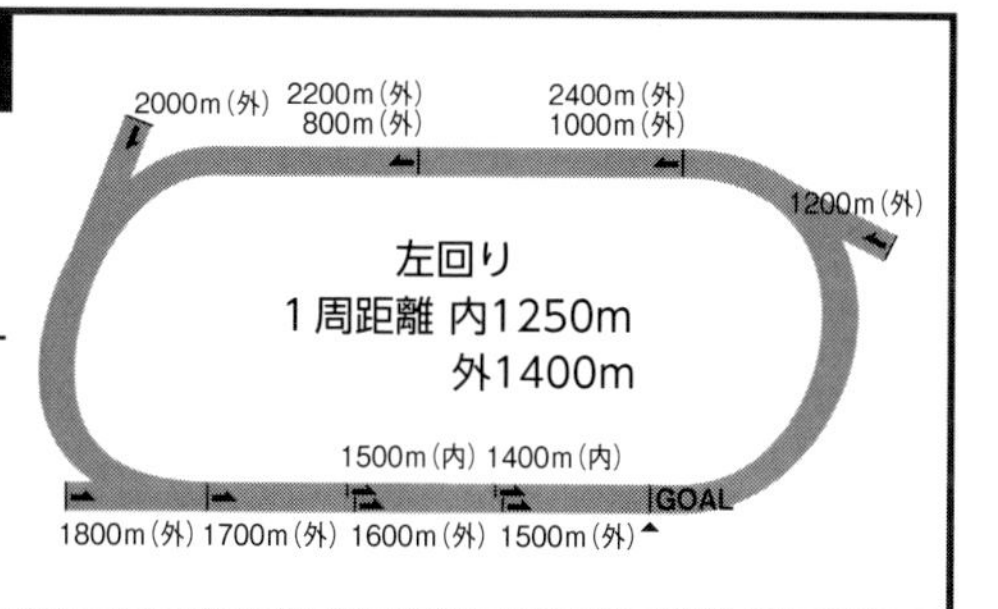

大井競馬場　東京都

直線右回り・内386m、外486m
左回り・外486m
幅員　25m
砂厚　10㎝
産地　西オーストラリア州アルバニー
主なレース
　東京大賞典-G1（12月）
　帝王賞-Jpn1（6月）

2600m(外)
1200m(外) 1000m(外) 2400m(外)
1400m(外)
●右回りコース
1500m(内) 1600m(内)
GOAL
1700m(外) 1800m(外) 2000m(外)
●左回りコース
GOAL
1650m(左・外)

1周距離 内1400m
外1600m

川崎競馬場 神奈川県

直線　400m
幅員　25m
砂厚　10㎝
産地　青森県東通村尻労
主なレース
　川崎記念-Jpn1（4月）
　全日本２歳優駿-Jpn1（12月）

左回り
1周距離 1200m
2000m
900m
2100m
GOAL
1600m
1500m
1400m

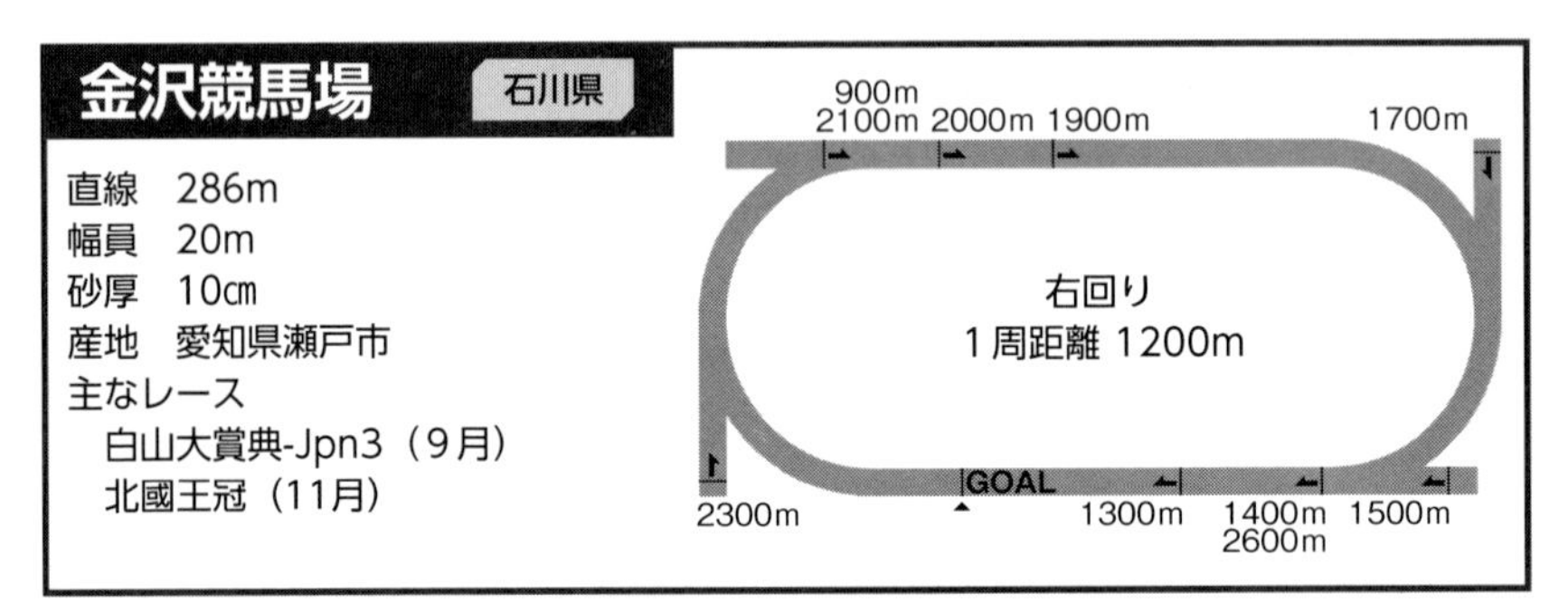

金沢競馬場 石川県

直線　286m
幅員　20m
砂厚　10㎝
産地　愛知県瀬戸市
主なレース
　白山大賞典-Jpn3（9月）
　北國王冠（11月）

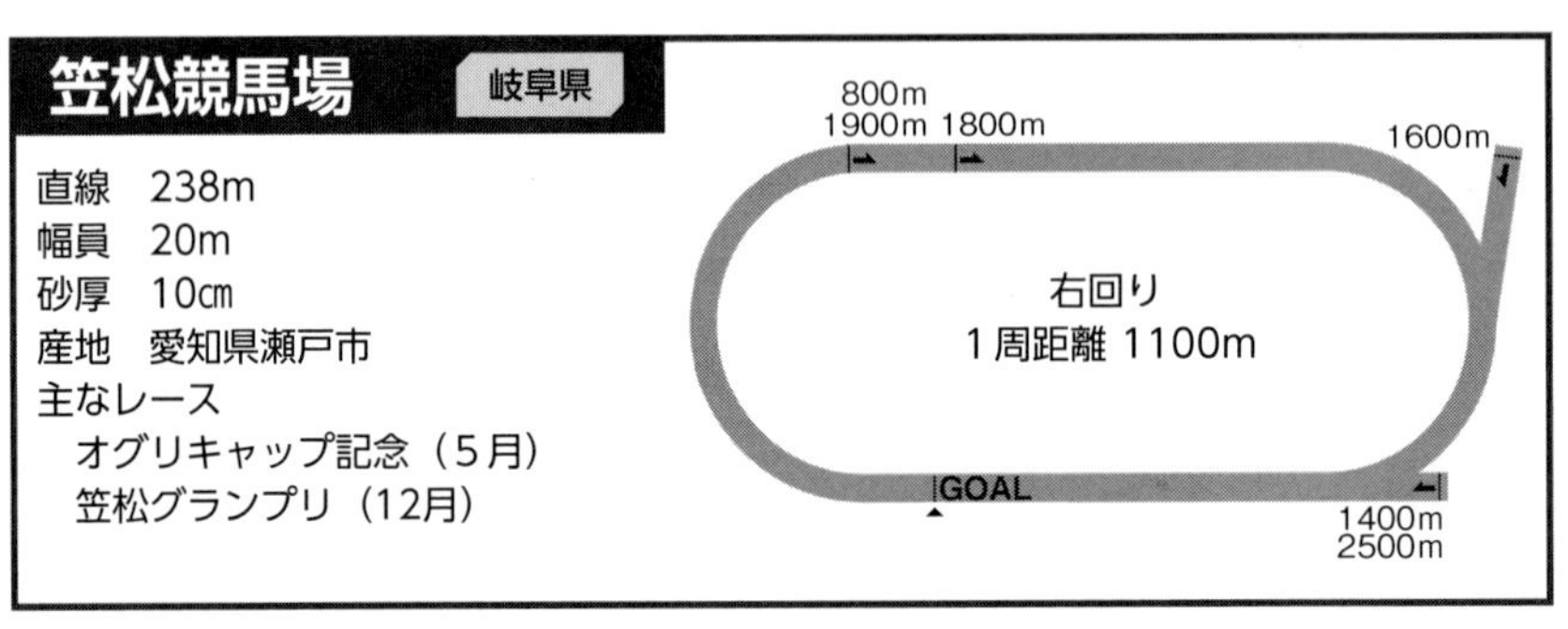

笠松競馬場 岐阜県

直線　238m
幅員　20m
砂厚　10㎝
産地　愛知県瀬戸市
主なレース
　オグリキャップ記念（5月）
　笠松グランプリ（12月）

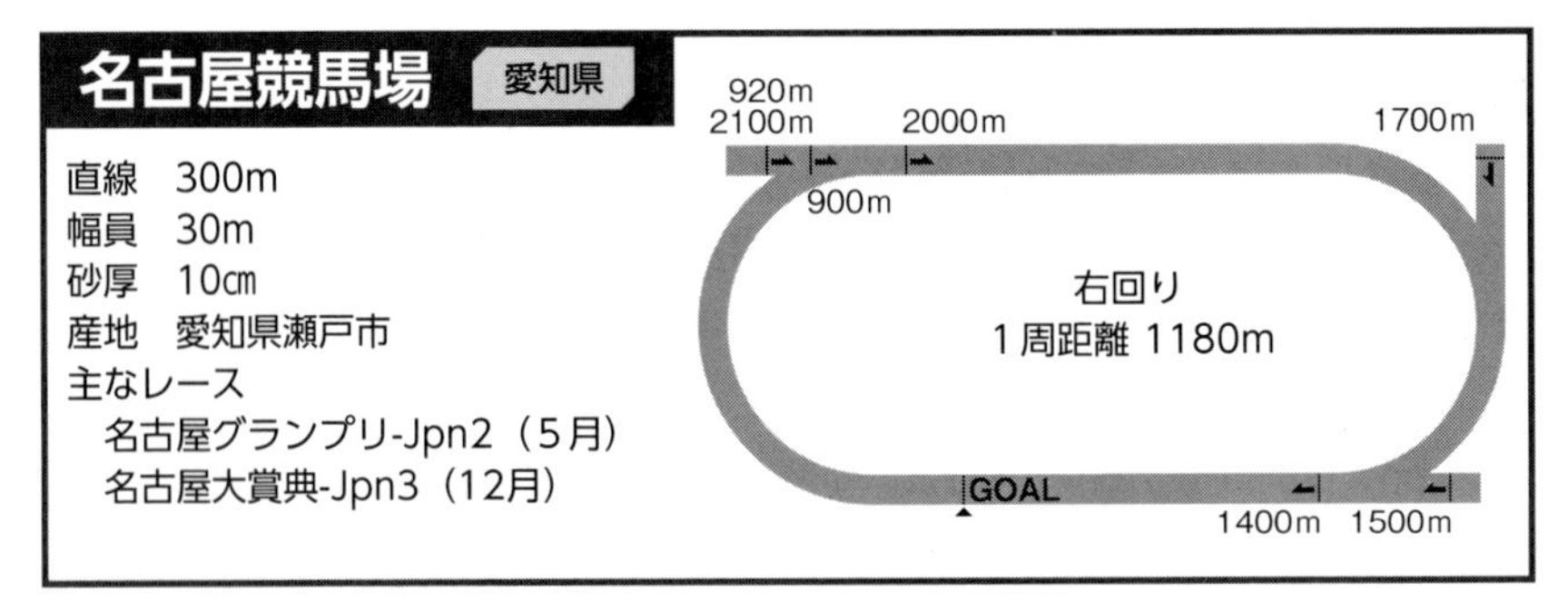

名古屋競馬場 愛知県

直線　300m
幅員　30m
砂厚　10㎝
産地　愛知県瀬戸市
主なレース
　名古屋グランプリ-Jpn2（5月）
　名古屋大賞典-Jpn3（12月）

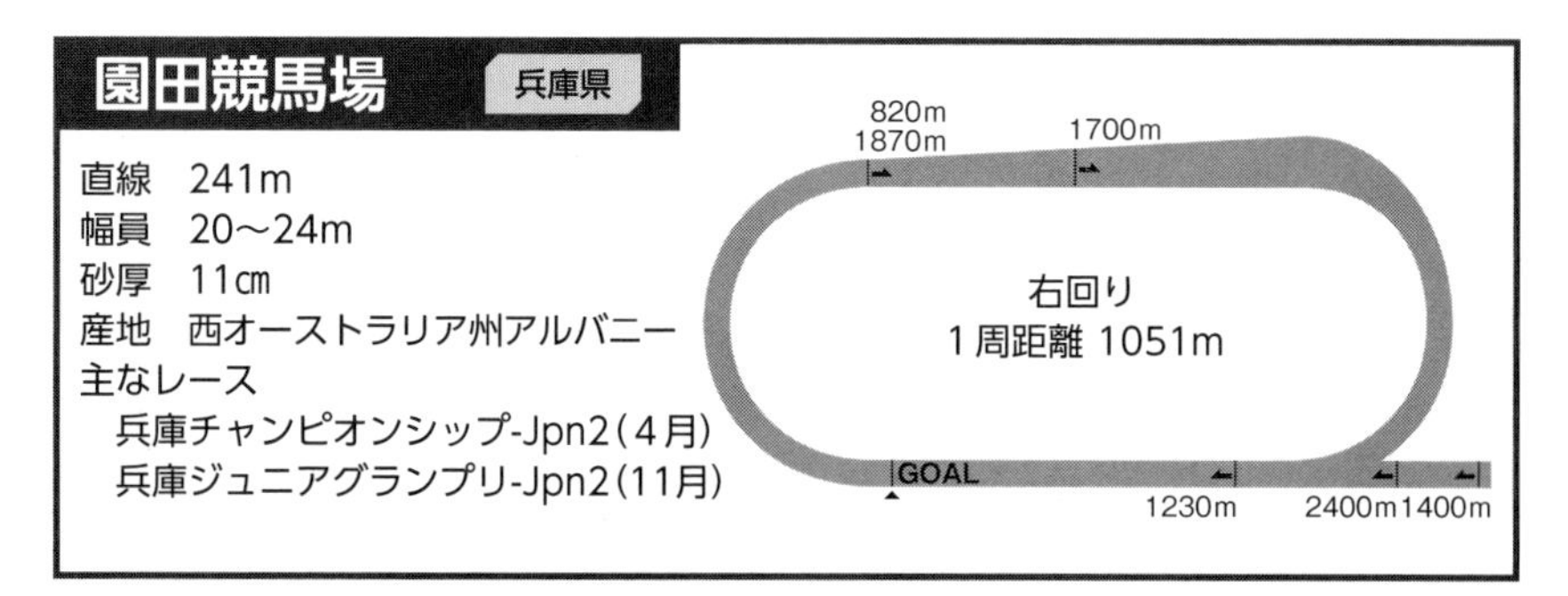
園田競馬場
兵庫県
直線　241m
幅員　20～24m
砂厚　11㎝
産地　西オーストラリア州アルバニー
主なレース
兵庫チャンピオンシップ-Jpn2（４月）
兵庫ジュニアグランプリ-Jpn2（11月）
820m
1870m
1700m
右回り
１周距離 1051m
GOAL
1230m
2400m
1400m

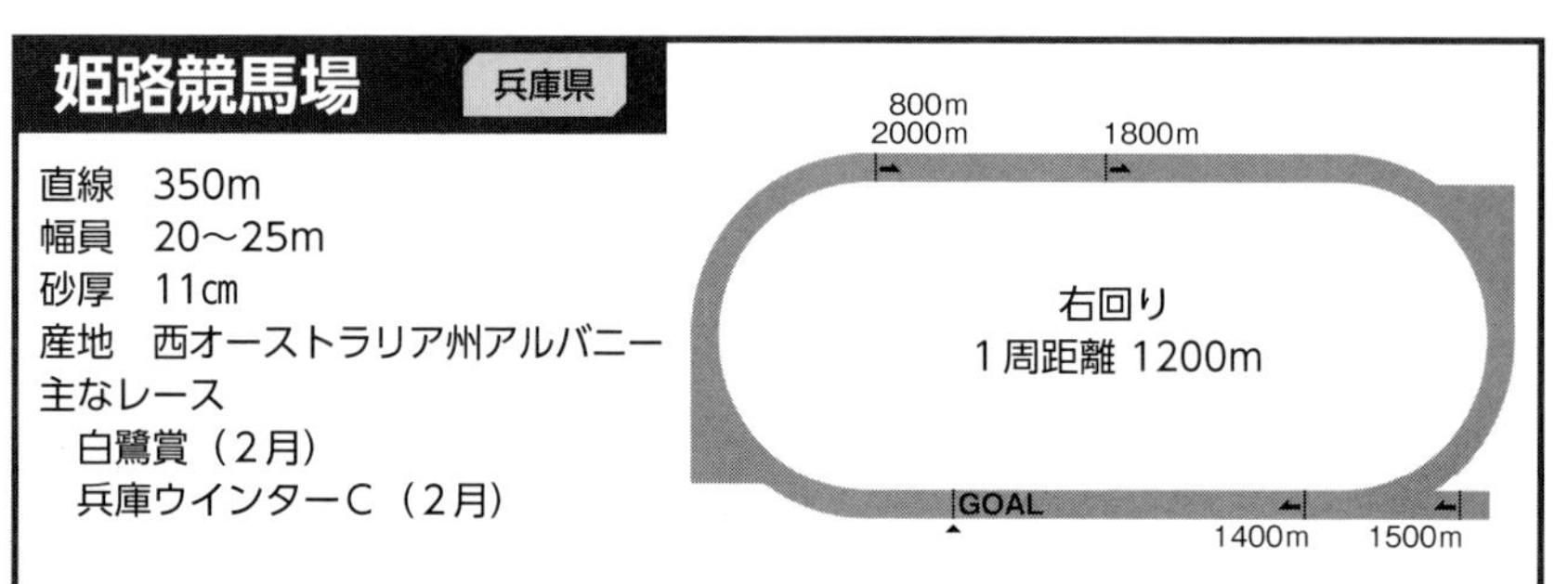
姫路競馬場
兵庫県
直線　350m
幅員　20～25m
砂厚　11㎝
産地　西オーストラリア州アルバニー
主なレース
白鷺賞（２月）
兵庫ウインターC（２月）
800m
2000m
1800m
右回り
１周距離 1200m
GOAL
1400m
1500m

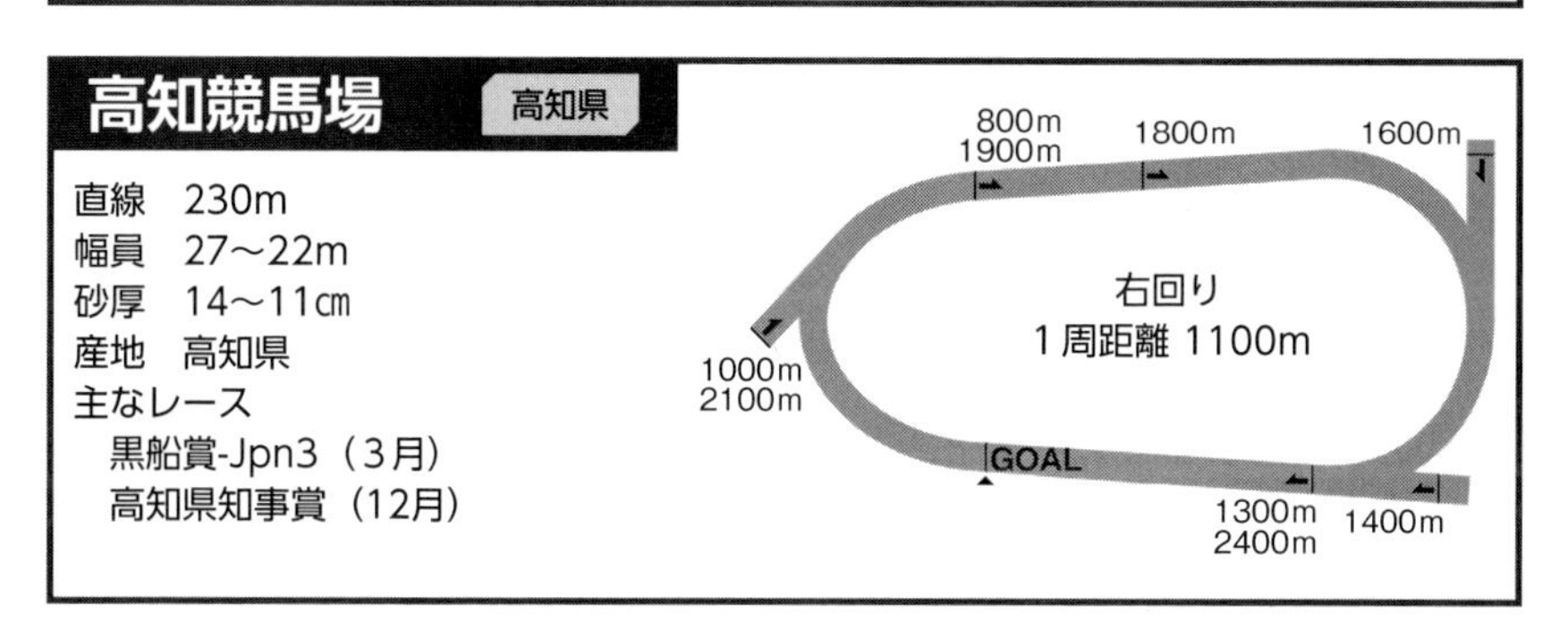
高知競馬場
高知県
直線　230m
幅員　27～22m
砂厚　14～11㎝
産地　高知県
主なレース
黒船賞-Jpn3（３月）
高知県知事賞（12月）
800m
1900m
1800m
1600m
右回り
１周距離 1100m
1000m
2100m
GOAL
1300m
2400m
1400m

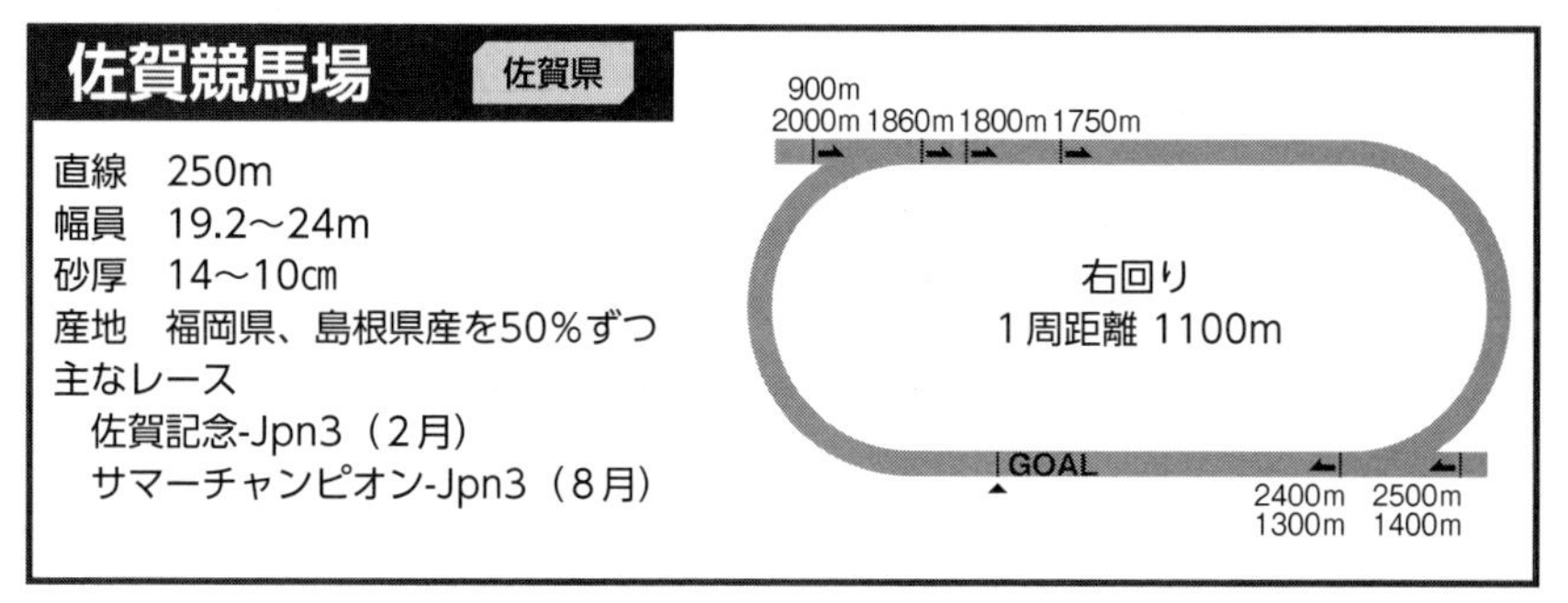
佐賀競馬場
佐賀県
直線　250m
幅員　19.2～24m
砂厚　14～10㎝
産地　福岡県、島根県産を50％ずつ
主なレース
佐賀記念-Jpn3（２月）
サマーチャンピオン-Jpn3（８月）
900m
2000m
1860m
1800m
1750m
右回り
１周距離 1100m
GOAL
2400m
1300m
2500m
1400m

2 日本と海外の馬場の違い

（「週刊競馬ブック２０２２年９月５日発売号」に執筆した記事を一部加筆して転載。文章中の肩書き、データなどは当時のものです）

近年、日本馬がどんどん海外のレースへ出走するようになっている。特に香港やドバイのレースにおける日本馬の活躍は目覚ましく、今年（２０２２年）３月にドバイ・メイダン競馬場で行われたドバイワールドカップデーでは８つの国際競走のうち、５つのレースを日本馬が制した。一方で凱旋門賞など、欧州を舞台にしたレースでは苦戦するケースが多く、その要因の一つとしてよく議論されるのが馬場の違いだ。そこで今回は定期的に世界各国の馬場を調査しているＪＲＡ施設部馬場土木課を訪ね、根岸清隆課長に日本と海外の芝コースの違いを伺った。

驚異的な高低差

「これはイギリスのエプソム競馬場、アスコット競馬場、フランスのパリロンシャン競馬場、香港のシャティン競馬場、日本の東京競馬場の芝２４００ｍの高低差を比較したものです（資料①）。横軸には各競馬場の芝２４００ｍのスタートからゴールまでの距離。縦軸には高低差を表示。そして、右上には各競馬場の芝２４００ｍのレコードタイムを示しています。高低差ではエプソムが４０ｍ、アス

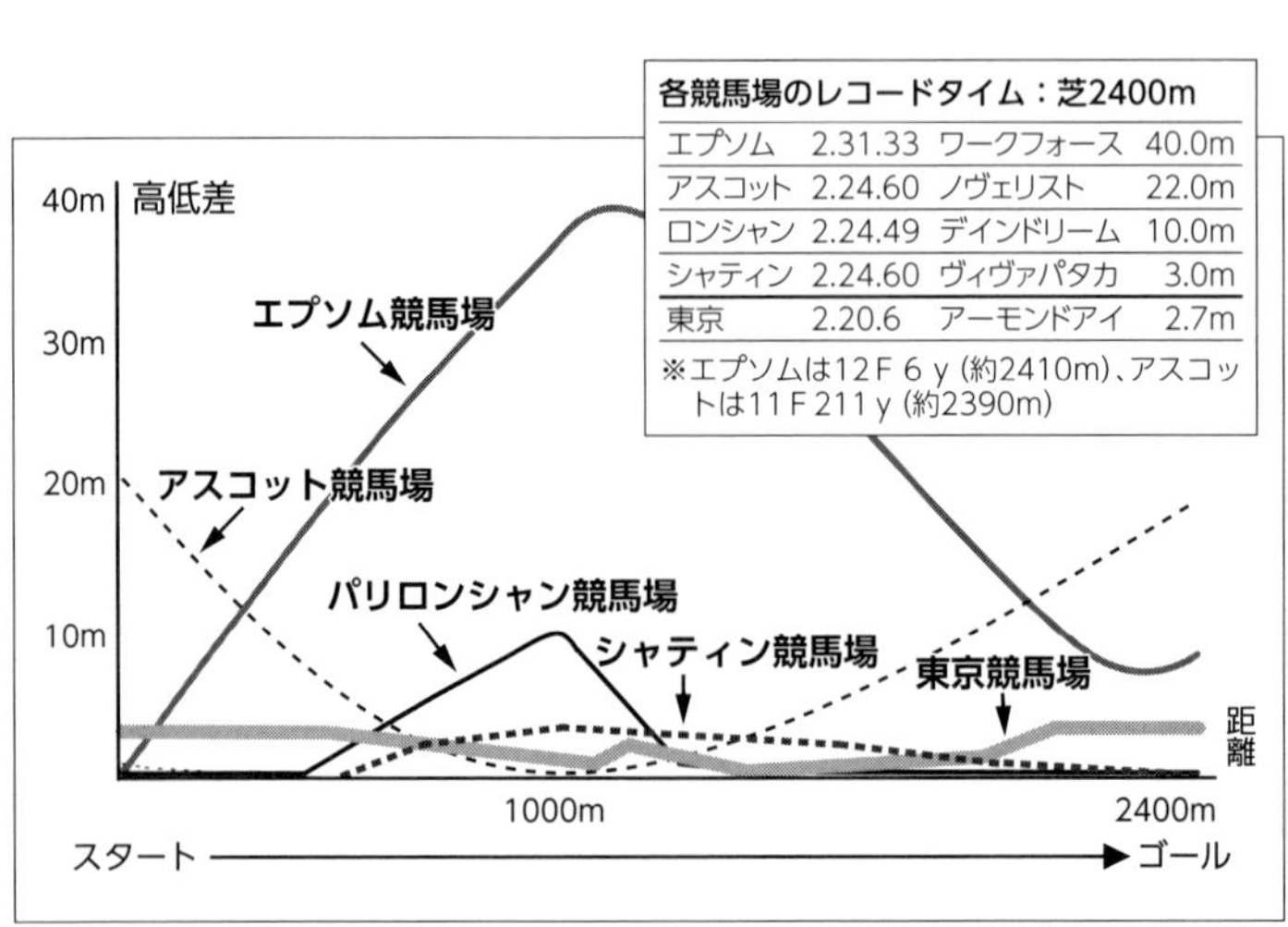

各競馬場のレコードタイム：芝2400m

エプソム	2.31.33	ワークフォース	40.0m
アスコット	2.24.60	ノヴェリスト	22.0m
ロンシャン	2.24.49	デインドリーム	10.0m
シャティン	2.24.60	ヴィヴァパタカ	3.0m
東京	2.20.6	アーモンドアイ	2.7m

※エプソムは12Ｆ６ｙ（約2410m）、アスコットは11Ｆ211ｙ（約2390m）

資料①　各競馬場の縦断図

コットが22m、パリロンシャンが10m、シャティンが3m、東京競馬場は2・7mですから、欧州の競馬場と比べると、ほぼ平坦であると言えます。以上のように、欧州の競馬場と日本の競馬場では高低差が大きく異なっており、これも日本の走破時計が速いと言われる一つの要因と考えています」

これを見ると、高低差が大きい競馬場ほど時計がかかる傾向にあるのは一目瞭然。特にエプソムの高低差には驚愕する。

「エプソムはすごかったです（写真①）。2016年7月に馬場を1周歩きましたが、高低差もさる事ながら、自然の地形を利用して造られているので、左右の高低差もあり（写真②）、立っていると平衡感覚がありました。実際に乗った場合とは違うのかもしれませんが、慣れないと難しいコースだろうなと感じましたね」

アスコットにも16年に訪れたそうだが、「実際に歩くと、この高低差以上に複雑なアップダウンがある印象で、やはり自然の地形を感じましたね」との事だった。

パリロンシャン（18年から新スタンドで施行されているが、馬場は以前とほぼ同じで改修は行われていない）へは15年に訪れたという根岸課

写真提供／ＪＲＡ施設部馬場土木課

写真①　エプソム競馬場（左回り）。スタンドから見た向正面の坂

写真②　エプソム競馬場芝コースの直線

長。凱旋門賞の舞台である２４００ｍの印象をこう振り返る。

「スタートして平坦が続いた後、３コーナーに向かって10ｍの勾配が続き、頂上に達します。ここが急激な上り坂で、登りきった後には、日本の馬場を歩いた時には経験した事がないくらい心臓がバクバクしました。この後はコーナーを下りながら回る感じで、京都競馬場を思わせる形状でしたね。そして、その後にあるフォルスストレートはまさにその名の通りで、歩いていても完全に最後の直線だと思いました。最後の直線は平坦でしたね」

続いて、12年に訪れたというシャティンはどんな印象だったのだろう。

「３ｍの高低差があるものの、歩いてみると、ほぼ平坦だなという印象でした」

そして、東京競馬場の高低差は２・７ｍ。日本の競馬場の中で一番、高低差があるのは中山競馬場の５・３ｍだが、欧州と比べると低い方である。

欧州と日本では路盤構造が違う

続いて根岸課長が１９８９年から２０２１年までのジャパンCと凱旋門賞の優勝タイム比較のグラフを見せてくれた（資料②）。これを見ると、凱旋門賞の時

ジャパンカップ	レコード2:20.6 (2018年 アーモンドアイ)
凱旋門賞(ロンシャン)	レコード2:24.49 (2011年 デインドリーム)
凱旋門賞(シャンティイ)	レコード2:23.61 (2016年 ファウンド)

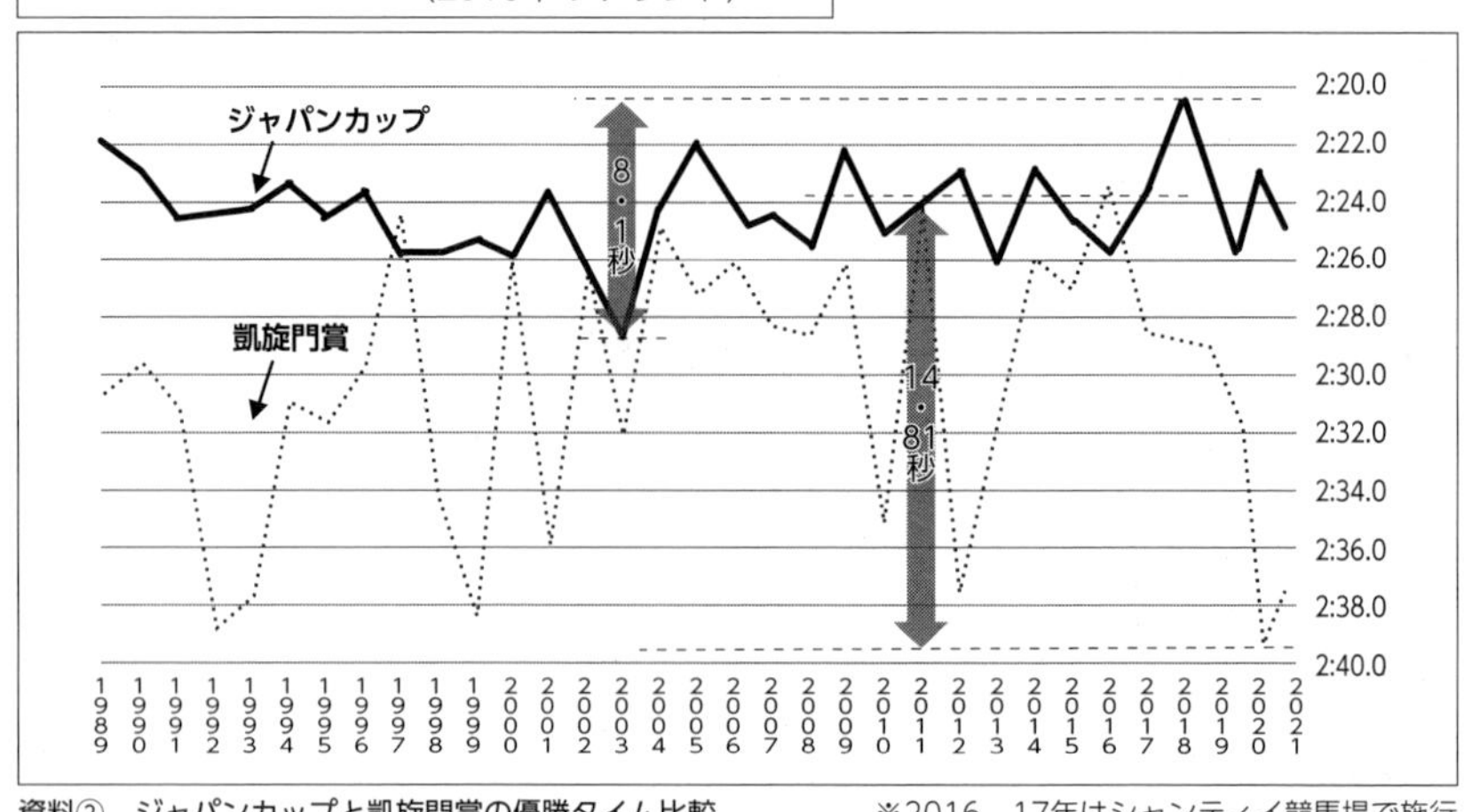

資料②　ジャパンカップと凱旋門賞の優勝タイム比較　※2016、17年はシャンティイ競馬場で施行

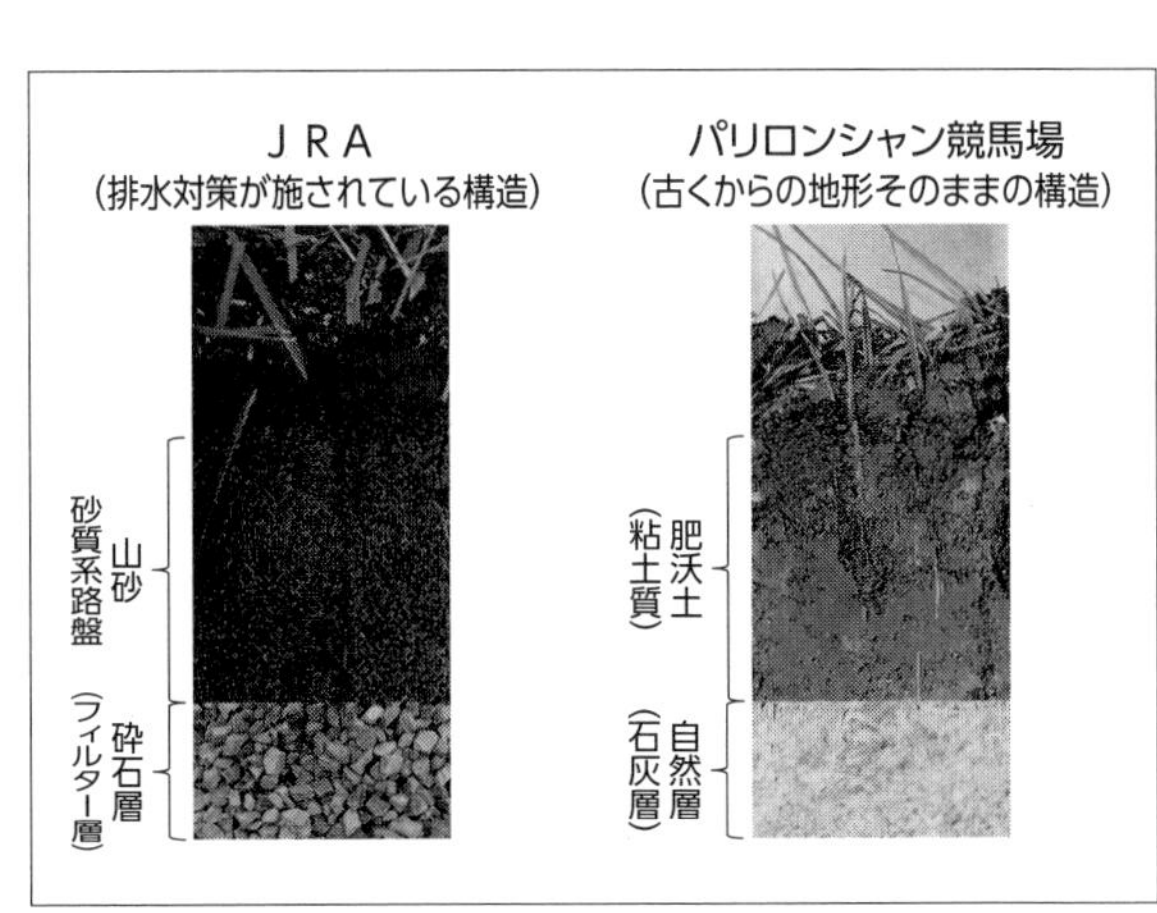

資料③　ＪＲＡとパリロンシャン競馬場の芝馬場路盤構造比較

計の出方が極端なのがわかる。ロンシャン競馬場で施行された凱旋門賞で最も速かった２０１１年（良馬場で2分24秒49）と一番時計を要した２０２０年（不良で2分39秒30）の差は14・81秒。一方、ＪＣは最も速い２０１８年（良馬場で２分20秒６）と一番時計を要した２００３年（重馬場で2分28秒7）の差は8・1秒。どうしてこんなにも開きがあるのだろうか。

「これはＪＲＡとパリロンシャン競馬場の路盤構造を比較したものです（資料③）。まず、パリロンシャンの路盤は下に、元々その土地にある自然層があり、その上に粘土質である肥沃土があって芝が生えています。雨が降ると、この粘土層の部分に水分がたまってドロドロになり、それで時計が非常にかかってしまうと考えられます。一方、一度水分が抜けきってしまうと、カチカチに硬くなってしまうため、担当者によると、それを防ぐために頻繁に散水を実施しているそうです。ただ適度に散水を行っても晴天が続けば、速い時計が出る時もあります。そのため欧州ではこれだけのタイムの差が出てしまうと思われます」

片や、ＪＲＡの馬場の路盤は砂状になっており、砂質系路盤が採用されている。

「昔の日本の馬場は土系の路盤で、芝の生育を良くするために黒土の層がありました。ただ、雨が降るとそこに水がたまり、ぬかるんでしまう。そこでＪＲＡの競馬場では排水性を重視し、１９８９年から２００１年にかけて順次、水はけの良い砂質系路盤に変更。さらにその下には排水性を促すための砕石層が設けられるようになりました。以降、重・不良になる割合が以前に比べると3分の１に減ったんですよ。日本は良と道悪時の状態の幅が狭い。ジャパンＣと凱旋門賞の時計の出方が違うのはこの路盤の性質の違いが影響しているからでしょう」

資料④は１９９４年から２０２１年までの東京芝１６００ｍ（良馬場。３歳以上１勝クラス）の走破時計推移だ。

「確かに、時計は速くなっています。しかし馬場の硬度は低くなってきており、つまり軟らかくなってきているんですよ。ＪＲＡでは２０１３年から軟らかい馬場造りを目指し、バーチドレンなどのエアレーション作業を積極的に行うようになっているので、その効果が出てきています」

だんだん時計が速くなっている理由として、根岸課長は次の３点を挙げる。

「一つ目は競走馬の能力向上。二つ目は調教技術の進歩と調教施設の整備。三つ目が馬場管理技術の向上。これらの様々な要因が重なっていると考えています」

馬場管理技術の向上でいえば、開催日の馬場作業員の数は海外に比べて多いと聞く。

「東京競馬場の場合、約１５０名体制で芝コースの補修を行っています。一方、我々が海外の競馬場に行った際に調べたところ、開催日における作業員人数はアスコット競馬場が約30名、パリロンシャン競馬場が約50名、シャ

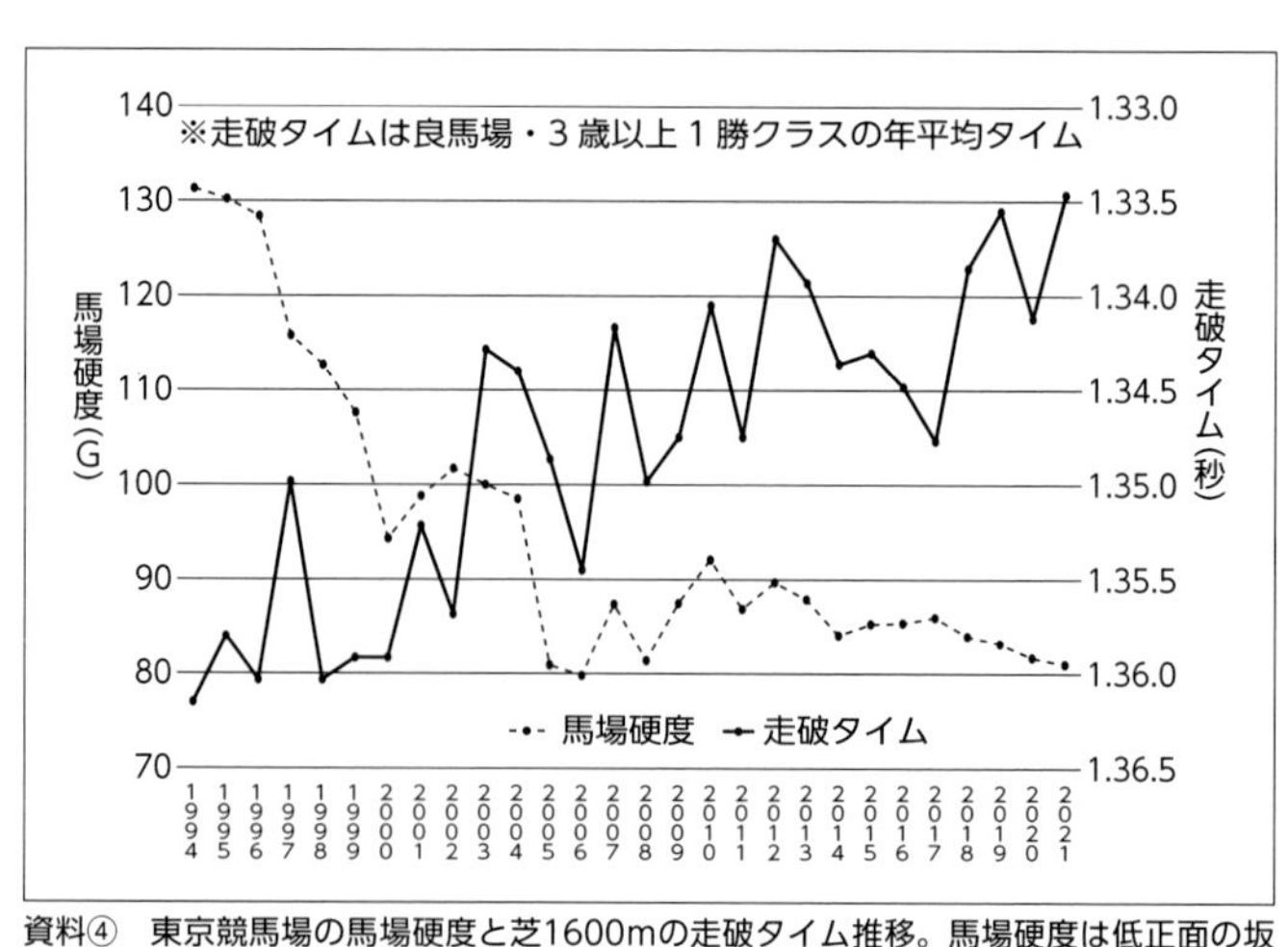

資料④　東京競馬場の馬場硬度と芝1600mの走破タイム推移。馬場硬度は低いほど軟らかい

ティン競馬場が約１００名でした」

この数字比較からも、日本の管理体制は世界一と言っても過言ではないだろう。

「やはり日本は十分な馬場管理体制の下、多くの作業員に作業してもらっています。その成果は大きいと思いますね」

私は開催日の馬場作業を一日、密着取材した経験がある。作業員の皆さんは限られた時間の中で馬場にできた蹄跡を一つでも多く直し、少しでも良い馬場で人馬に走ってもらいたいという強い意思を持って作業していた。日本人の真面目な気質が芝コースの維持管理につながり、走りやすい馬場になっている事が走破時計に反映している面もあるだろう。

ところ変われば芝変わる

日本と海外では路盤が違うのはわかった。では芝の種類はどうなっているのか。

「エプソムやアスコット、パリロンシャン競馬場は寒地型芝草のペレニアルライグラスです。シャティンは暖地型芝草のティフトンをベースにペレニアルライグラスをオーバーシードしていますね」

日本の場合、東京競馬場は暖地型芝草の野芝をベースにイタリアンライグラスをオーバーシードした馬場なのでシャティンに近い。一方、札幌と函館はペレニアルライグラス、ケンタッキーブルーグラス、トールフェスクの３種を混合しており、芝種自体は欧州の競馬場に近い。そのため、日本馬が凱旋門賞を勝つには北海道の馬場を欧州仕様にすればいいという意見を目にする事がある。これは可能だろうか？

「路盤を粘土層に変えて、人工的に数十ｍの坂を造る事はできたとしても、そうなると不良馬場の割合が増えて、結果として安全で公正な競馬施行からは遠ざかってしまいます。開催期間中を通して、大雨のような天候の際にもレースに支障がないような一定の馬場状態を保つ必要がある日本の馬場を欧州のようにするのは難しいと思います」

凱旋門賞制覇は日本競馬界の長年の悲願であり、欧州との馬場比較の議論が巻き起こるのは理解できる。しかし実は、過去の凱旋門賞で2着になった日本馬3頭は、エルコンドルパサー（1999年・不良）、ナカヤマフェスタ（2010年・重）、オルフェーヴル（2012年、13年・ともに重）とすべて道悪で結果を出していたのである。そして、この3頭の共通点は現地で前哨戦を走ってから凱旋門賞へ向かっていたという点。この事実はとても興味深い。

今回の取材で、馬場はその国の気象条件や地形に合わせて造られており、日本と海外の馬場はやはり違うという事が改めてわかった。ただ、根岸課長はその中でも「共通するものがある」と話す。

「各国の馬場担当者に馬場管理で一番大切にしている事を聞くと、皆さん〝人馬の安全〟と答えるんですよ。我々も普段から、これを第一に考えています。この思いは万国共通なのだなと感じましたね」

さて、今年（2022年）の凱旋門賞にも数頭の日本馬が出走を予定している。これだけ特徴が違うアウェイの馬場で勝負を挑むのだ。確かに壁は高い。でも出走しない限り、夢はつかめないのだ。これからも挑戦し続ける人馬に心からの尊敬の念とエールを送りたい。

世界の主要競馬場で使用されている芝の種類

WORLD RACECOURSES

※データは2019年に調査

フランス

パリロンシャン…………ペレニアルライグラス

イギリス

アスコット………………ペレニアルライグラス
エプソムダウンズ………ケンタッキーブルーグラス＋ペレニアルライグラス

アメリカ

チャーチルダウンズ……ブルーグラス＋ペレニアルライグラス
デルマー…………………バミューダグラス
サンタアニタパーク……バミューダグラス

香港

シャティン………………ティフトン＋ペレニアルライグラス
ハッピーバレー…………ティフトン＋ペレニアルライグラス

ドバイ

メイダン…………………ティフトン＋ペレニアルライグラス

オーストラリア

ランドウィック…………キクユグラス＋ペレニアルライグラス
ローズヒルガーデンズ…キクユグラス＋ペレニアルライグラス
フレミントン……………ケンタッキーブルーグラス＋ペレニアルライグラス
ムーニーバレー…………ケンタッキーブルーグラス＋ペレニアルライグラス
コーフィールド…………ケンタッキーブルーグラス＋ペレニアルライグラス

※上記で出てきた芝の種類の分類

- 寒地型（生育気温は約５～25度。ある程度の寒さに耐えられる）→ペレニアルライグラス、ケンタッキーブルーグラス
- 暖地型（生育気温は15～30度。暑い気候を好む）→バミューダグラス、ティフトン、キクユグラス
- ちなみに日本で使用される野芝は暖地型、洋芝（イタリアンライグラス）は寒地型に分類される

おわりに

あれは2023年8月3日の事でした。園田競馬場へ取材に行った帰りのバスの中で一通のメールに気づいたのです。開いてみると、「『馬場のすべて教えます』の第2弾の発売が決まりました」と書いてありました。その文面を読んだ瞬間、私は心の中で、（ついに、この話が来たか〜）と呟いて、天を仰ぎました。誤解を防ぐために書いておきますが、私は第2弾を書きたいと思っていたので、とても嬉しかったんですよ。しかし前作で経験した、まさに命を削って行った膨大な原稿作業の記憶が脳裏によみがえり、またあの大変な日々を過ごすのかと思うと、心がキュウと締めつけられたのです。それでも目線を前に戻し、「頑張るしかない！」とつぶやき、自分を奮い立たせたのでした。

今回も多くの競馬場へ取材に行きました。午前に阪神競馬場へ行った足で午後には中京競馬場で馬場取材をしたり、雪が舞う新潟競馬場で芝の張替作業を見たり。『第3章 ②開催日の馬場作業』でお世話になった中山競馬場では多くの作業員さんにお話を伺いました。休憩時間に皆さんとフランクにお話をしたり、お昼ご飯に中華丼を食べる事を楽しみにしている作業員さんがいたり。この第2弾を作り上げる機会がなければ、ここまで作業員さんと接する機会はなかったと思うので、本当に貴重な時間を過ごす事ができました。

原稿を書き進める前は、少しは前作と同じ内容のページもあるかなともくろんでいたのですが（苦笑）、結局多くが書き下ろしとなりました。それはまさしく、〝多くの馬場作業が進化している〟からだと思います。近年は芝コースの張替面積が増えたほか、張替作業の効率を上げるための様々な工夫が取り入れられています。また、ドローンを使って芝コースを分析するなど、最新の研究が進んでいる事には本当に驚きました。そして、これらの背景にあるのが〝人馬にとっての安全な馬場造り〟です。騎手の皆さんと競走馬がレースでベストを尽くす。その闘いの舞台である〝馬場〟を少しでも良い状態にしたい。そんな馬場作業に携わるすべての人の想いが、近年の馬場作業の変化や進化につながっているのだと、様々な取材を通して実感しました。

今回の取材、原稿執筆に関してはＪＲＡ施設部馬場土木課の森本哲郎課長、浅川敬之課長補佐、そして全国10カ所の競馬場、美浦・栗東トレセンの馬場造園課長、現場の馬場担当職員の皆さんに本当にお世話になりました。皆様の多岐にわたるご協力があったからこそ、この本が完成しました。また、浅川課長補佐にはご自身のお仕事が多忙だったのにもかかわらず、ほぼすべての文章をチェックしていただき、様々なアドバイスをいただきました。この第2弾でも馬場のプロフェッショナルの視点や知識が満載です。まさに〝馬場本の集大成〟になっていると実感しています。

そして、〝馬場座談会〟に参加して下さった川田将雅騎手、藤岡佑介騎手、坂井瑠星騎手には騎手ならではの視点で馬場を語っていただき、とても勉強になりました。皆さんから伺った貴重なお話は私の財産となっています。

今回は、草野仁さんが推薦文を書いて下さいました。草野さんは『週刊競馬ブック』で私が書いた記事に感想を寄せていただいたのがきっかけで、その後も時々メールを下さり、励ましていただいています。また本の最初のページに掲載されている京都芝コースを撮影するために寝そべる私を撮ってくれたのは京都競馬場馬場造園課の東良剛課長です。

多くの方にご協力をいただいている私は本当に恵まれています。改めて、感謝の気持ちでいっぱいです。最後に、この企画を進めて下さったサラブレッド血統センターの松井陽明社長、辻一郎さん、前作に続き今回も編集や進行管理など多岐にわたり助けて下さった平出貴昭さん、デザイン、制作を担当して下さった椎橋晶子さん、澤田真結さん、原稿の校正作業をして下さった岡安直子さん。皆様、本当にありがとうございました。

〝馬場〟は競馬予想における重要なファクターの一つです。本書を通じて、〝馬場の奥深さ〟が少しでも多くの方に伝わり、皆さんのレース予想の一助となれば嬉しいですね。私も生涯、馬場と競馬を楽しんでいきます。

２０２４年４月吉日　小島友実

小島 友実（こじま・ともみ）

競馬キャスター＆ライター。二松學舍大学附属高校を経て大妻女子大学短期大学部英文科卒。1996年、ラジオ短波（現ラジオNIKKEI）「中央競馬実況中継」のオーディションに合格し、競馬の仕事をスタート。以降、サラブレッドと騎手が織りなすドラマに魅せられ、プライベートでも競馬三昧の日々を送っている。2003年より始めた馬場取材はライフワーク。15年１月、小倉競馬場での馬場取材をもって、ＪＲＡ全10場の馬場を踏破。同年４月に著書『馬場のすべて教えます』を上梓。その頃から地方競馬場の馬場取材も始め、〝日本一馬場を歩くキャスター〟を自負している。現在出演中の番組は、ラジオNIKKEI「中央競馬実況中継」。また週刊競馬ブックで「小島友実の好奇心keibaそれ行け！現場」、JRA-VANスマホアプリ「小島友実の馬場予想」、亀谷競馬サロン「コジトモの馬場よもやま話」を連載中。タレントエージェンシーブレスユー（http://owblessyou.com/）所属。愛猫はスコティッシュフォールドのチコちゃん

小島友実オフィシャルブログ　http://ameblo.jp/tomomi-kojima0614/

株式会社サラブレッド血統センター

1970年創立。サラブレッドの牝系を分類した「サラブレッド血統大系」「競走馬ファミリーテーブル」やＪＲＡの全現役馬の競走成績を掲載した「競馬四季報」などの図書を出版、販売。現在は競馬週刊誌「競馬ブック」の企画・編集や、せり名簿、種馬場のスタリオンブック、生産牧場の繁殖牝馬名簿、共有クラブの募集馬カタログなどの制作や、牝系データ（ブラックタイプ）の提供なども行っている。https://thoroughbred-pc.com/

競馬道OnLine選書　010

馬場(ばば)のすべて教(おし)えます２　～ＪＲＡ全(ぜん)コース徹底解説(てっていかいせつ)～

2024年６月30日　第１刷発行

●著者　小島友実(こじまともみ)
株式会社(かぶしきがいしゃ)サラブレッド血統(けっとう)センター

●協力　ＪＲＡ日本中央競馬会 施設部馬場土木課

●本書の内容に関する問合せ　keibasupport@o-amuzio.co.jp

●デザイン　株式会社サラブレッド血統センター

●発行者　福島 智

●発行元　株式会社オーイズミ・アミュージオ
〒110-0015　東京都台東区東上野１-８-６　妙高酒造ビル５Ｆ

●発売元　株式会社主婦の友社
〒141-0021　東京都品川区上大崎３-１-１　目黒セントラルスクエア
電話：049-259-1236（販売）

●印刷・製本所　株式会社 Sun Fuerza

本のご注文は、お近くの書店または主婦の友社コールセンター（電話：0120-916-892）まで。
お問い合わせ受付時間　月～金（祝日を除く）10：00 ～ 16：00

※乱丁・落丁はお取り替えします。
※定価はカバーに表示してあります。

ISBN 978-4-07-347815-7